普通高等学校"十三五"数字化建设规划教材

经济数学基础学习指导
（线性代数）

内蒙古财经大学统计与数学学院 组 编
王瑞莲 杨 芳 胡格吉乐吐 主 编
刘万霞 邵颖丽 曹京平 副主编

北京大学出版社
PEKING UNIVERSITY PRESS

内 容 简 介

本书是与内蒙古财经大学统计与数学学院组编的《经济数学基础(线性代数)》配套使用的学习辅导书,主要面向经济管理类相关专业的教师和学生,同时也可供报考研究生的学生作为复习考试之用.

本书按章编排,每章内容包括基本概念与性质,重要定理、公式及结论,复习考试要求,典型例题,习题详解五个部分,并且与教材同步.典型例题是本书的核心内容,是学生自学的很好范例.

本书内容较为丰富,对培养和提高学生的学习兴趣以及分析问题和解决问题的能力将起到较大的作用.

图书在版编目(CIP)数据

经济数学基础学习指导. 线性代数/内蒙古财经大学统计与数学学院组编. —北京: 北京大学出版社, 2019. 7

ISBN 978-7-301-30573-7

Ⅰ. ①经… Ⅱ. ①内… Ⅲ. ①经济数学—高等学校—教学参考资料②线性代数—高等学校—教学参考资料 Ⅳ. ①F224. 0②O151. 2

中国版本图书馆 CIP 数据核字(2019)第 133417 号

书　　名 经济数学基础学习指导(线性代数)
JINGJI SHUXUE JICHU XUEXI ZHIDAO (XIANXING DAISHU)

著作责任者 内蒙古财经大学统计与数学学院　组编

责任编辑 尹照原

标准书号 ISBN 978-7-301-30573-7

出版发行 北京大学出版社

地　　址 北京市海淀区成府路 205 号　100871

网　　址 http://www. pup. cn

电子信箱 zpup@pup. cn

新浪微博 @北京大学出版社

电　　话 邮购部 010-62752015　发行部 010-62750672　编辑部 010-62752021

印 刷 者 长沙超峰印刷有限公司

经 销 者 新华书店

787 毫米×1092 毫米　16 开本　10 印张　250 千字

2019 年 7 月第 1 版　2019 年 7 月第 1 次印刷

定　　价 42. 00 元

前　言

线性代数是高等院校经济管理类专业学生的一门必修的重要基础理论课. 随着当今经济科学和管理科学的不断发展和深化,线性代数对经济科学和管理科学的发展起着突出的促进作用. 我们编写这本配套的学习辅导书,主要为了满足不同层次学生学习的需要,希望能提高学生的学习兴趣.

根据配套学习辅导书的编写要求,本书按章编排,并且与教材同步,每章内容包括基本概念与性质,重要定理、公式及结论,复习考试要求,典型例题,习题详解五个部分. 基本概念与性质,重要定理、公式及结论和复习考试要求这三部分主要是根据教育部颁布的《经济管理类本科数学基础课程教学基本要求》编写的. 基本概念与性质,重要定理、公式及结论这两部分主要对知识点进行总结,阐述基本理论及处理问题的规律和方法. 复习考试要求部分则沿用惯例,按"了解""理解""掌握"的次序表示学习程度的差异. 典型例题部分是本书的核心内容,是教师习题课和学生自学的很好范例. 此部分主要对解题技巧与方法进行归纳总结,将基本理论、解题技巧及教学难点都融入例题之中. 这些例题具有很好的典型性和范例性,注重分析解题思路,总结解题技巧与方法,以达到开阔思路之目的. 习题详解部分对教材课后习题给出较详细的分析及解答. 我们希望读者认真学习课程的基本内容后,先独立解题,再与习题解答进行对照、比较.

本书由内蒙古财经大学统计与数学学院组编,王瑞莲、杨芳、胡格吉乐吐主编,其中第一、二章由杨芳编写,第三、四章由王瑞莲编写,第五、六章由胡格吉乐吐编写,刘万霞、邵颖丽、曹京平为副主编. 全书由王瑞莲统稿. 我们在编写本书时,力求内容结构完整、重点突出、由浅入深、通俗易懂,使本书更具实用性.

本书在编写过程中参考了一些同类书籍(由于涉及书籍较多,我们未一一列出),汲取了其中的长处,对这些教材的作者表示感谢. 同时,本书在编写过程中得到了内蒙古财经大学统计与数学学院的领导和数学老师的大力支持,我们深表谢意.

本书的出版得到了北京大学出版社的大力支持,付小军编辑了教学资源,魏楠、苏娟提供了版式和装帧设计方案. 在此一并表示感谢!

虽然我们希望编写出一本质量较高、适合当前教学实际需要的配套学习用书,但限于水平,书中肯定仍有许多不妥之处,欢迎广大专家、同行和读者给予批评指正!

编　者

2019 年 4 月

目　录

第一章 行 列 式

一、基本概念与性质

（一）二阶与三阶行列式

1. 二阶行列式

$$\begin{vmatrix} a_{11} & a_{12} \\ a_{21} & a_{22} \end{vmatrix} = a_{11}a_{22} - a_{12}a_{21}.$$

2. 三阶行列式

$$\begin{vmatrix} a_{11} & a_{12} & a_{13} \\ a_{21} & a_{22} & a_{23} \\ a_{31} & a_{32} & a_{33} \end{vmatrix} = a_{11}a_{22}a_{33} + a_{12}a_{23}a_{31} + a_{13}a_{21}a_{32}$$

$$- a_{11}a_{23}a_{32} - a_{12}a_{21}a_{33} - a_{13}a_{22}a_{31}.$$

3. 排列

由 n 个数字 $1,2,\cdots,n$ 按照某种次序排成一列 $j_1j_2\cdots j_n$，则称 $j_1j_2\cdots j_n$ 为一个 **n 级排列**，简称**排列**.

4. 逆序

在一个排列中，如果一对数的前后位置与大小顺序相反，即前面的数大于后面的数，那么就称它们构成一个**逆序**. 一个排列中存在的逆序的总个数称为这个排列的**逆序数**.

（二）n 阶行列式

n 阶行列式的定义

$$\begin{vmatrix} a_{11} & a_{12} & \cdots & a_{1n} \\ a_{21} & a_{22} & \cdots & a_{2n} \\ \vdots & \vdots & & \vdots \\ a_{n1} & a_{n2} & \cdots & a_{nn} \end{vmatrix} = \sum_{j_1j_2\cdots j_n} (-1)^{\tau(j_1j_2\cdots j_n)} a_{1j_1}a_{2j_2}\cdots a_{nj_n}$$

$$= \sum_{i_1 i_2 \cdots i_n} (-1)^{\tau(i_1 i_2 \cdots i_n)} a_{i_1 1} a_{i_2 2} \cdots a_{i_n n}$$

$$= \sum_{\substack{i_1 i_2 \cdots i_n \\ (\text{或} j_1 j_2 \cdots j_n)}} (-1)^{\tau(i_1 i_2 \cdots i_n) + \tau(j_1 j_2 \cdots j_n)} a_{i_1 j_1} a_{i_2 j_2} \cdots a_{i_n j_n},$$

其中 $\sum\limits_{j_1 j_2 \cdots j_n}$ 表示对所有 n 级排列求和. 它表示所有取自不同行、不同列的 n 个元素乘积 $a_{1j_1} a_{2j_2} \cdots a_{nj_n}$ 的代数和.

(三) 行列式的性质

性质 1　行列式与它的转置行列式相等,即 $D = D^{\mathrm{T}}$.

性质 2　交换行列式的两行(列),行列式变号.

性质 3　行列式某一行(列)的所有元素都乘以数 k,等于用数 k 乘以此行列式,即

$$D_1 = \begin{vmatrix} a_{11} & a_{12} & \cdots & a_{1n} \\ \vdots & \vdots & & \vdots \\ ka_{i1} & ka_{i2} & \cdots & ka_{in} \\ \vdots & \vdots & & \vdots \\ a_{n1} & a_{n2} & \cdots & a_{nn} \end{vmatrix} = k \begin{vmatrix} a_{11} & a_{12} & \cdots & a_{1n} \\ \vdots & \vdots & & \vdots \\ a_{i1} & a_{i2} & \cdots & a_{in} \\ \vdots & \vdots & & \vdots \\ a_{n1} & a_{n2} & \cdots & a_{nn} \end{vmatrix} \triangleq kD.$$

性质 4　若行列式的某一行(列)的元素都是两数之和,则该行列式可以表示为两个行列式的和,即

$$\begin{vmatrix} a_{11} & a_{12} & \cdots & a_{1n} \\ \vdots & \vdots & & \vdots \\ b_{i1}+c_{i1} & b_{i2}+c_{i2} & \cdots & b_{in}+c_{in} \\ \vdots & \vdots & & \vdots \\ a_{n1} & a_{n2} & \cdots & a_{nn} \end{vmatrix} = \begin{vmatrix} a_{11} & a_{12} & \cdots & a_{1n} \\ \vdots & \vdots & & \vdots \\ b_{i1} & b_{i2} & \cdots & b_{in} \\ \vdots & \vdots & & \vdots \\ a_{n1} & a_{n2} & \cdots & a_{nn} \end{vmatrix} + \begin{vmatrix} a_{11} & a_{12} & \cdots & a_{1n} \\ \vdots & \vdots & & \vdots \\ c_{i1} & c_{i2} & \cdots & c_{in} \\ \vdots & \vdots & & \vdots \\ a_{n1} & a_{n2} & \cdots & a_{nn} \end{vmatrix}.$$

性质 5　将行列式某一行(列)的所有元素都乘以数 k 后加到另一行(列)对应位置的元素上,该行列式的值不变.

(四) 行列式按一行(列)展开

1. 余子式

在 n 阶行列式中,划去元素 a_{ij} 所在的行和列,余下的 $n-1$ 阶行列式(依原来的排法)称为元素 a_{ij} 的**余子式**,记为 M_{ij}.

2. 代数余子式

余子式前面冠以符号 $(-1)^{i+j}$ 称为元素 a_{ij} 的**代数余子式**,记为 A_{ij},即

$$A_{ij} = (-1)^{i+j} M_{ij}.$$

二、重要定理、公式及结论

定理 1 行列式等于它的任一行(列)的各元素与其对应的代数余子式乘积之和,即

$$D = a_{i1}A_{i1} + a_{i2}A_{i2} + \cdots + a_{in}A_{in} \quad (i = 1,2,\cdots,n)$$

或

$$D = a_{1j}A_{1j} + a_{2j}A_{2j} + \cdots + a_{nj}A_{nj} \quad (j = 1,2,\cdots,n).$$

推论 1 行列式某一个行(列)的各元素与另一行(列)各对应元素的代数余子式乘积之和等于零,即

$$a_{i1}A_{j1} + a_{i2}A_{j2} + \cdots + a_{in}A_{jn} = 0 \quad (i \neq j)$$

或

$$a_{1i}A_{1j} + a_{2i}A_{2j} + \cdots + a_{ni}A_{nj} = 0 \quad (i = j).$$

定理 2(拉普拉斯展开定理) 设在行列式 D 中任意选定 $k(1 \leqslant k \leqslant n-1)$ 行(列),则行列式 D 等于由这 k 行(列)元素组成的一切 k 阶子式与它们对应的代数余子式乘积之和.

定理 3(克拉默法则) 如果线性方程组

$$\begin{cases} a_{11}x_1 + a_{12}x_2 + \cdots + a_{1n}x_n = b_1, \\ a_{21}x_1 + a_{22}x_2 + \cdots + a_{2n}x_n = b_2, \\ \cdots\cdots \\ a_{n1}x_1 + a_{n2}x_2 + \cdots + a_{nn}x_n = b_n \end{cases}$$

的系数行列式 $D \neq 0$,则该方程组有唯一解为

$$x_1 = \frac{D_1}{D}, \quad x_2 = \frac{D_2}{D}, \quad \cdots, \quad x_n = \frac{D_n}{D}.$$

此处 $D_j(j = 1,2,\cdots,n)$ 是把行列式 D 的第 j 列元素换成该方程组的常数项 $b_1,b_2,\cdots,b_n$ 而得到的 n 阶行列式.

三、复习考试要求

1. 理解 n 阶行列式的定义.
2. 熟练掌握行列式的性质,会利用行列式的性质化简和计算行列式.
3. 熟练掌握利用行列式按行(列)展开的方法计算行列式.
4. 会用克拉默法则求解线性方程组.

四、典型例题

例 1 选择 i,k 使得排列 $1274i56k9$ 为偶排列.

解 对此问题，i,k 只有两种取法：$i=3,k=8$ 或者 $i=8,k=3$. 由于对换改变排列的奇偶性，因此上述两种取法得到的两个排列的奇偶性互异，我们只需计算其中一个即可. 由 $\tau(127435689)=5$，知当 $i=8,k=3$ 时，排列 127485639 必为偶排列.

例 2 计算行列式

$$D_n=\begin{vmatrix} a_{11} & 0 & \cdots & 0 \\ a_{21} & a_{22} & \cdots & 0 \\ \vdots & \vdots & & \vdots \\ a_{n1} & a_{n2} & \cdots & a_{nn} \end{vmatrix}.$$

解 根据行列式的定义，

$$\begin{vmatrix} a_{11} & a_{12} & \cdots & a_{1n} \\ a_{21} & a_{22} & \cdots & a_{2n} \\ \vdots & \vdots & & \vdots \\ a_{n1} & a_{n2} & \cdots & a_{nn} \end{vmatrix}=\sum_{j_1j_2\cdots j_n}(-1)^{\tau(j_1j_2\cdots j_n)}a_{1j_1}a_{2j_2}\cdots a_{nj_n}.$$

我们知道，在 D_n 展开式的一般项 $a_{1j_1}a_{2j_2}\cdots a_{nj_n}$ 中，只有当 $j_1=1,j_2=2,\cdots,j_n=n$ 时，该项的值不为零，其余各项的值均为零，因此

$$D_n=(-1)^{\tau(12\cdots n)}a_{11}a_{22}\cdots a_{nn}=a_{11}a_{22}\cdots a_{nn}.$$

例 3 计算行列式

$$D_n=\begin{vmatrix} 1 & 1 & 1 & \cdots & 1 \\ 1 & 2 & 0 & \cdots & 0 \\ 1 & 0 & 3 & \cdots & 0 \\ \vdots & \vdots & \vdots & & \vdots \\ 1 & 0 & 0 & \cdots & n \end{vmatrix}.$$

解 利用行列式的性质，从第 2 行提取公因数 2，第 3 行提取公因数 3，…，第 n 行提取公因数 n，然后将第 2 行、第 3 行、…、第 n 行的 -1 倍，都加到第 1 行上去，原行列式就变为下三角形行列式，即

$$D_n=\begin{vmatrix}1&1&1&\cdots&1\\1&2&0&\cdots&0\\1&0&3&\cdots&0\\\vdots&\vdots&\vdots&&\vdots\\1&0&0&\cdots&n\end{vmatrix}=2\cdot3\cdot\cdots\cdot n\begin{vmatrix}1&1&1&\cdots&1\\\frac{1}{2}&1&0&\cdots&0\\\frac{1}{3}&0&1&\cdots&0\\\vdots&\vdots&\vdots&&\vdots\\\frac{1}{n}&0&0&\cdots&1\end{vmatrix}$$

$$=n!\begin{vmatrix}1-\sum\limits_{i=2}^{n}\frac{1}{i}&0&0&\cdots&0\\\frac{1}{2}&1&0&\cdots&0\\\frac{1}{3}&0&1&\cdots&0\\\vdots&\vdots&\vdots&&\vdots\\\frac{1}{n}&0&0&\cdots&1\end{vmatrix}=n!\left(1-\sum_{i=2}^{n}\frac{1}{i}\right).$$

例 4 计算行列式

$$D=\begin{vmatrix}a&b&c&d\\b&a&d&c\\c&d&a&b\\d&c&b&a\end{vmatrix}.$$

解 $$D=\begin{vmatrix}a&b&c&d\\b&a&d&c\\c&d&a&b\\d&c&b&a\end{vmatrix}\xlongequal[\substack{r_1+r_3\\r_1+r_4}]{r_1+r_2}(a+b+c+d)\begin{vmatrix}1&1&1&1\\b&a&d&c\\c&d&a&b\\d&c&b&a\end{vmatrix}$$

$$=(a+b+c+d)\begin{vmatrix}1&0&0&0\\b&a-b&d-b&c-b\\c&d-c&a-c&b-c\\d&c-d&b-d&a-d\end{vmatrix}$$

$$=(a+b+c+d)\begin{vmatrix}a-b&d-b&c-b\\d-c&a-c&b-c\\c-d&b-d&a-d\end{vmatrix}$$

$$\xlongequal{r_1+r_2}(a+b+c+d)(a-b-c+d)\begin{vmatrix}1&1&0\\d-c&a-c&b-c\\c-d&b-d&a-d\end{vmatrix}$$

$$=(a+b+c+d)(a-b-c+d)\begin{vmatrix}1&0&0\\d-c&a-d&b-c\\c-d&b-c&a-d\end{vmatrix}$$

$$= (a+b+c+d)(a-b-c+d)\begin{vmatrix} a-d & b-c \\ b-c & a-d \end{vmatrix}$$

$$= (a+b+c+d)(a-b-c+d)(a+b-c-d)(a-b+c-d).$$

例 5 计算行列式

$$D = \begin{vmatrix} x_1+a_1^2 & a_1a_2 & \cdots & a_1a_n \\ a_1a_2 & x_2+a_2^2 & \cdots & a_2a_n \\ \vdots & \vdots & & \vdots \\ a_1a_n & a_2a_n & \cdots & x_n+a_n^2 \end{vmatrix},$$

其中 $x_1x_2\cdots x_n \neq 0$.

解 $$D = \begin{vmatrix} 1 & a_1 & a_2 & \cdots & a_n \\ 0 & x_1+a_1^2 & a_1a_2 & \cdots & a_1a_n \\ 0 & a_1a_2 & x_2+a_2^2 & \cdots & a_2a_n \\ \vdots & \vdots & \vdots & & \vdots \\ 0 & a_1a_n & a_2a_n & \cdots & x_n+a_n^2 \end{vmatrix} = \begin{vmatrix} 1 & a_1 & a_2 & \cdots & a_n \\ -a_1 & x_1 & 0 & \cdots & 0 \\ -a_2 & 0 & x_2 & \cdots & 0 \\ \vdots & \vdots & \vdots & & \vdots \\ -a_n & 0 & 0 & \cdots & x_n \end{vmatrix}$$

$$= x_1x_2\cdots x_n \begin{vmatrix} 1 & \frac{a_1}{x_1} & \frac{a_2}{x_2} & \cdots & \frac{a_n}{x_n} \\ -a_1 & 1 & 0 & \cdots & 0 \\ -a_2 & 0 & 1 & \cdots & 0 \\ \vdots & \vdots & \vdots & & \vdots \\ -a_n & 0 & 0 & \cdots & 1 \end{vmatrix}$$

$$= x_1x_2\cdots x_n \begin{vmatrix} 1+\sum_{i=1}^{n}\frac{a_i^2}{x_i} & \frac{a_1}{x_1} & \frac{a_2}{x_2} & \cdots & \frac{a_n}{x_n} \\ 0 & 1 & 0 & \cdots & 0 \\ 0 & 0 & 1 & \cdots & 0 \\ \vdots & \vdots & \vdots & & \vdots \\ 0 & 0 & 0 & \cdots & 1 \end{vmatrix}$$

$$= x_1x_2\cdots x_n\left(1+\sum_{i=1}^{n}\frac{a_i^2}{x_i}\right).$$

例 6 证明: $$\begin{vmatrix} a_0 & 1 & 1 & \cdots & 1 \\ 1 & a_1 & 0 & \cdots & 0 \\ 1 & 0 & a_2 & \cdots & 0 \\ \vdots & \vdots & \vdots & & \vdots \\ 1 & 0 & 0 & \cdots & a_n \end{vmatrix} = a_1a_2\cdots a_n\left(a_0-\sum_{i=1}^{n}\frac{1}{a_i}\right),$$ 其中 $a_1a_2\cdots a_n \neq 0$.

证明 $$\begin{vmatrix} a_0 & 1 & 1 & \cdots & 1 \\ 1 & a_1 & 0 & \cdots & 0 \\ 1 & 0 & a_2 & \cdots & 0 \\ \vdots & \vdots & \vdots & & \vdots \\ 1 & 0 & 0 & \cdots & a_n \end{vmatrix} = a_1a_2\cdots a_n \begin{vmatrix} a_0 - \sum\limits_{i=1}^{n}\frac{1}{a_i} & \frac{1}{a_1} & \frac{1}{a_2} & \cdots & \frac{1}{a_n} \\ 0 & 1 & 0 & \cdots & 0 \\ 0 & 0 & 1 & \cdots & 0 \\ \vdots & \vdots & \vdots & & \vdots \\ 0 & 0 & 0 & \cdots & 1 \end{vmatrix}$$

$$= a_1a_2\cdots a_n\left(a_0 - \sum_{i=1}^{n}\frac{1}{a_i}\right).$$

例 7 计算 n 阶三对角形行列式

$$D_n = \begin{vmatrix} a+b & ab & 0 & \cdots & 0 & 0 & 0 \\ 1 & a+b & ab & \cdots & 0 & 0 & 0 \\ 0 & 1 & a+b & \cdots & 0 & 0 & 0 \\ \vdots & \vdots & \vdots & & \vdots & \vdots & \vdots \\ 0 & 0 & 0 & \cdots & 1 & a+b & ab \\ 0 & 0 & 0 & \cdots & 0 & 1 & a+b \end{vmatrix}.$$

解 按照第 1 行展开得

$$D_n = (a+b)D_{n-1} - abD_{n-2}.$$

因 $D_1 = a+b, D_2 = a^2+ab+b^2$,故由上述递推公式得

$$D_n - aD_{n-1} = b(D_{n-1} - aD_{n-2}) = \cdots = b^n.$$

于是

$$D_n = b^n + aD_{n-1} = b^n + ab^{n-1} + a^2D_{n-2} = \cdots = b^n + ab^{n-1} + \cdots + a^{n-1}b + a^n.$$

例 8 计算行列式

$$D_{2n} = \begin{vmatrix} a & & & & & & b \\ & a & & & & b & \\ & & \ddots & & \iddots & & \\ & & & a & b & & \\ & & & b & a & & \\ & & \iddots & & & \ddots & \\ & b & & & & & a \\ b & & & & & & a \end{vmatrix}.$$

解 按照第 1 行展开得

$$D_{2n}=a\begin{vmatrix} a & & & & & b & 0 \\ & \ddots & & & \iddots & & \\ & & a & b & & & \\ & & b & a & & & \\ & \iddots & & & \ddots & & \\ b & & & & & a & \\ 0 & & & & & & a \end{vmatrix}-b\begin{vmatrix} 0 & a & & & & & b \\ & & \ddots & & & \iddots & \\ & & & a & b & & \\ & & & b & a & & \\ & & \iddots & & & \ddots & \\ 0 & b & & & & & a \\ b & & & & & & 0 \end{vmatrix}$$

$$=(a^2-b^2)D_{2n-2},$$

故当 $n=1$ 时,$D_2=a^2-b^2$;当 $n\geqslant 2$ 时,$D_{2n}=(a^2-b^2)^n$.

例 9　计算行列式

$$D_n=\begin{vmatrix} 1 & 1 & \cdots & 1 \\ x_1+1 & x_2+1 & \cdots & x_n+1 \\ x_1^2+x_1 & x_2^2+x_2 & \cdots & x_n^2+x_n \\ \vdots & \vdots & & \vdots \\ x_1^{n-1}+x_1^{n-2} & x_2^{n-1}+x_2^{n-2} & \cdots & x_n^{n-1}+x_n^{n-2} \end{vmatrix}.$$

解　将第 1 行的 -1 倍加到第 2 行,再将得到行列式的第 2 行的 -1 倍加到第 3 行,依次做下去,直到将得到行列式的第 $n-1$ 行的 -1 倍加到第 n 行,可得

$$D_n=\begin{vmatrix} 1 & 1 & \cdots & 1 \\ x_1 & x_2 & \cdots & x_n \\ x_1^2 & x_2^2 & \cdots & x_n^2 \\ \vdots & \vdots & & \vdots \\ x_1^{n-1} & x_2^{n-1} & \cdots & x_n^{n-1} \end{vmatrix}=\prod_{1\leqslant j<i\leqslant n}(x_i-x_j).$$

例 10　计算行列式

$$D=\begin{vmatrix} 1 & 1 & \cdots & 1 \\ x_1^2 & x_2^2 & \cdots & x_n^2 \\ \vdots & \vdots & & \vdots \\ x_1^n & x_2^n & \cdots & x_n^n \end{vmatrix}.$$

解　根据加边法,给该行列式加上一行一列将其变为范德蒙德行列式.记

$$D'=\begin{vmatrix} 1 & 1 & \cdots & 1 & 1 \\ x_1 & x_2 & \cdots & x_n & z \\ x_1^2 & x_2^2 & \cdots & x_n^2 & z^2 \\ \vdots & \vdots & & \vdots & \vdots \\ x_1^n & x_2^n & \cdots & x_n^n & z^n \end{vmatrix},$$

则易知原行列式的值乘以 $(-1)^{n+3}$ 恰好是该行列式展开式中 z 的系数. 又

$$D'=\prod_{1\leqslant k<i\leqslant n}(x_i-x_k)\prod_{i=1}^{n}(z-x_i),$$

故 z 的系数为 $(-1)^{n-1}\sum_{i=1}^{n}\frac{1}{x_i}\prod_{i=1}^{n}x_i\prod_{1\leqslant k<i\leqslant n}(x_i-x_k)$，因此

$$D=\sum_{i=1}^{n}\frac{1}{x_i}\prod_{i=1}^{n}x_i\prod_{1\leqslant k<i\leqslant n}(x_i-x_k).$$

例 11 如果齐次线性方程组

$$\begin{cases}\lambda x_1+x_2+x_3=0,\\ x_1+\lambda x_2+x_3=0,\\ x_1+x_2+\lambda x_3=0\end{cases}$$

有非零解，试求 λ.

解 由克拉默法则知，齐次线性方程组有非零解，只有当其系数行列式为零时才成立. 因此，由

$$D=\begin{vmatrix}\lambda & 1 & 1\\ 1 & \lambda & 1\\ 1 & 1 & \lambda\end{vmatrix}=(\lambda+2)(\lambda-1)^2$$

知，若原方程组有非零解，则 λ 只能取 -2 或 1.

例 12 行列式

$$D=\begin{vmatrix}1 & 1 & 1 & 0\\ 1 & 1 & 0 & 1\\ 1 & 0 & 1 & 1\\ 0 & 1 & 1 & 1\end{vmatrix}=\underline{\qquad\qquad}.$$

解 先将第 2、第 3 和第 4 行都加到第 1 行，再提取公因数，即

$$D=\begin{vmatrix}1 & 1 & 1 & 0\\ 1 & 1 & 0 & 1\\ 1 & 0 & 1 & 1\\ 0 & 1 & 1 & 1\end{vmatrix}=3\begin{vmatrix}1 & 1 & 1 & 1\\ 1 & 1 & 0 & 1\\ 1 & 0 & 1 & 1\\ 0 & 1 & 1 & 1\end{vmatrix}=3\begin{vmatrix}1 & 0 & 0 & 0\\ 0 & 1 & 0 & 0\\ 0 & 0 & 0 & 1\\ 0 & 0 & 1 & 0\end{vmatrix}=-3.$$

例 13 行列式

$$D=\begin{vmatrix}1 & -1 & 1 & x-1\\ 1 & -1 & x+1 & -1\\ 1 & x-1 & 1 & -1\\ x+1 & -1 & 1 & -1\end{vmatrix}=\underline{\qquad\qquad}.$$

解 方法同上，将第 2、第 3 和第 4 列都加到第 1 列，则

$$D=\begin{vmatrix}x & -1 & 1 & x-1\\ x & -1 & x+1 & -1\\ x & x-1 & 1 & -1\\ x & -1 & 1 & -1\end{vmatrix}=x\begin{vmatrix}1 & -1 & 1 & x-1\\ 1 & -1 & x+1 & -1\\ 1 & x-1 & 1 & -1\\ 1 & -1 & 1 & -1\end{vmatrix}$$

$$=x\begin{vmatrix}1&0&0&x\\1&0&x&0\\1&x&0&0\\1&0&0&0\end{vmatrix}=x^4.$$

例 14　五阶行列式

$$D_5=\begin{vmatrix}1-a&a&0&0&0\\-1&1-a&a&0&0\\0&-1&1-a&a&0\\0&0&-1&1-a&a\\0&0&0&-1&1-a\end{vmatrix}=\underline{\qquad\qquad}.$$

解　把各列都加到第 1 列,并按照第 1 列展开得到递推公式,即

$$D_5=\begin{vmatrix}1-a&a&0&0&0\\-1&1-a&a&0&0\\0&-1&1-a&a&0\\0&0&-1&1-a&a\\0&0&0&-1&1-a\end{vmatrix}=\begin{vmatrix}1&a&0&0&0\\0&1-a&a&0&0\\0&-1&1-a&a&0\\0&0&-1&1-a&a\\-a&0&0&-1&1-a\end{vmatrix}$$

$$=\begin{vmatrix}1-a&a&0&0\\-1&1-a&a&0\\0&-1&1-a&a\\0&0&-1&1-a\end{vmatrix}+(-a)(-1)^{1+5}\begin{vmatrix}a&0&0&0\\1-a&a&0&0\\-1&1-a&a&0\\0&-1&1-a&a\end{vmatrix}$$

$$=D_4+(-a)(-1)^{1+5}a^4.$$

类似可得 $D_4=D_3+(-a)(-1)^{1+4}a^3$,$D_3=D_2+(-a)(-1)^{1+3}a^2$,又

$$D_2=\begin{vmatrix}1-a&a\\-1&1-a\end{vmatrix}=1-a+a^2,$$

于是

$$D_5=1-a+a^2-a^3+a^4-a^5.$$

例 15　设行列式

$$D=\begin{vmatrix}3&0&4&0\\2&2&2&2\\0&-7&0&0\\5&3&-2&2\end{vmatrix},$$

则其第 4 行元素的余子式之和的值为__________.

解　设 M_{ij} 为 a_{ij} 的余子式,A_{ij} 为 a_{ij} 的代数余子式,则所求为

$$M_{41}+M_{42}+M_{43}+M_{44}=-A_{41}+A_{42}-A_{43}+A_{44}=\begin{vmatrix}3&0&4&0\\2&2&2&2\\0&-7&0&0\\-1&1&-1&1\end{vmatrix}=-28.$$

例 16 记行列式

$$\begin{vmatrix} x-2 & x-1 & x-2 & x-3 \\ 2x-2 & 2x-1 & 2x-2 & 2x-3 \\ 3x-3 & 3x-2 & 4x-5 & 3x-5 \\ 4x & 4x-3 & 5x-7 & 4x-3 \end{vmatrix}$$

为 $f(x)$,则方程 $f(x)=0$ 根的个数为__________.

解 利用行列式的性质进行化简,得

$$f(x)=\begin{vmatrix} x-2 & 1 & 0 & -1 \\ 2x-2 & 1 & 0 & -1 \\ 3x-3 & 1 & x-2 & -2 \\ 4x & -3 & x-7 & -3 \end{vmatrix}=\begin{vmatrix} x-2 & 1 & 0 & 0 \\ 2x-2 & 1 & 0 & 0 \\ 3x-3 & 1 & x-2 & -1 \\ 4x & -3 & x-7 & -6 \end{vmatrix}$$

$$=\begin{vmatrix} x-2 & 1 \\ 2x-2 & 1 \end{vmatrix}\cdot\begin{vmatrix} x-2 & -1 \\ x-7 & -6 \end{vmatrix}=-x(-5x+5),$$

故根的个数为 2.

五、习题详解

习题 1.1

1. 计算下列行列式:

(1) $\begin{vmatrix} 2 & 1 \\ -1 & 2 \end{vmatrix}$; (2) $\begin{vmatrix} 1 & 2 & 3 \\ 3 & 2 & 1 \\ 1 & 3 & 2 \end{vmatrix}$; (3) $\begin{vmatrix} 0 & a & 0 \\ b & 0 & c \\ 0 & d & 0 \end{vmatrix}$.

解 (1) $\begin{vmatrix} 2 & 1 \\ -1 & 2 \end{vmatrix}=2\times2-1\times(-1)=5.$

(2) $$\begin{vmatrix} 1 & 2 & 3 \\ 3 & 2 & 1 \\ 1 & 3 & 2 \end{vmatrix}=1\times2\times2+2\times1\times1+3\times3\times3$$
$$-3\times2\times1-1\times1\times3-2\times3\times2=12.$$

(3) $$\begin{vmatrix} 0 & a & 0 \\ b & 0 & c \\ 0 & d & 0 \end{vmatrix}=0\times0\times0+a\times c\times0+0\times b\times d$$
$$-0\times0\times0-0\times c\times d-a\times b\times0=0.$$

习题 1.2

1. 写出下列排列的逆序数：

(1) 3527641；　　(2) 698247513.

答案　(1) 12；　(2) 26.

分析　计算任意一个排列 $i_1 i_2 \cdots i_n$ 的逆序数的方法有两种.

方法一　$\tau(i_1 i_2 \cdots i_n)=i_1$ 后面比 i_1 小的数的个数 $+\,i_2$ 后面比 i_2 小的数的个数 $+\cdots+\,i_{n-1}$ 后面比 i_{n-1} 小的数的个数，即为逆序数.

方法二　$\tau(i_1 i_2 \cdots i_n)=i_n$ 前面比 i_n 大的数的个数 $+\,i_{n-1}$ 前面比 i_{n-1} 大的数的个数 $+\cdots+\,i_2$ 前面比 i_2 大的数的个数，即为逆序数.

2. (1) 若要使六级排列 $3i64j1$ 为偶排列，则 $i=$ __________，$j=$ __________；

(2) 若要使六级排列 $42i15j$ 为奇排列，则 $i=$ __________，$j=$ __________.

答案　(1) 2,5；　(2) 3,6.

分析　此类问题一般取小数在先，大数在后，如果符合题设要求即为所求，否则另一种情况即为所求.

3. 如果排列 $x_1 x_2 \cdots x_n$ 是奇排列，则排列 $x_n x_{n-1} \cdots x_1$ 的奇偶性如何？

答案　取决于 $(n-1)+(n-2)+\cdots+1$ 的奇偶性.

分析　利用排列的性质(对换改变排列的奇偶性)即可得出结论. 由排列 $x_1 x_2 \cdots x_n$ 到排列 $x_n x_{n-1} \cdots x_1$ 需要做 $(n-1)+(n-2)+\cdots+1$ 次相邻对换，因此排列 $x_n x_{n-1} \cdots x_1$ 的奇偶性由 $(n-1)+(n-2)+\cdots+1$ 的奇偶性决定.

4. (1) 在六阶行列式的展开式中，由元素 $a_{23}, a_{31}, a_{42}, a_{56}, a_{14}, a_{65}$ 构成的乘积项应带什么符号？

(2) 写出四阶行列式的展开式中带负号且含元素 a_{23} 和 a_{31} 的项.

解　(1) 计算得 $\tau(234516)+\tau(312645)=4+4=8$，故为正号.

(2) 含有 a_{23} 和 a_{31} 的项有 $a_{14}a_{23}a_{31}a_{42}$ 和 $a_{12}a_{23}a_{31}a_{44}$，计算得 $\tau(4312)=5$，$\tau(2314)=2$，故带负号的项为 $a_{14}a_{23}a_{31}a_{42}$.

5. 按照行列式的定义，计算行列式

$$\begin{vmatrix} 0 & \cdots & 0 & 1 & 0 \\ 0 & \cdots & 2 & 0 & 0 \\ \vdots & & \vdots & \vdots & \vdots \\ n-1 & \cdots & 0 & 0 & 0 \\ 0 & \cdots & 0 & 0 & n \end{vmatrix}.$$

答案　$(-1)^{\frac{(n-1)(n-2)}{2}} n!$.

分析　根据定义，乘积项中只有 $1\cdot 2\cdot \cdots \cdot n$ 这一项的值不为零，其他项的值均为零. 而此项行标按自然顺序排列，列标排列的逆序数为 $\tau((n-1)(n-2)\cdots 1n)=\dfrac{(n-1)(n-2)}{2}$.

6. 根据行列式的定义,写出行列式 $\begin{vmatrix} 2x & x & 1 & 2 \\ 1 & x & 1 & -1 \\ 3 & 2 & x & 1 \\ 1 & 1 & 1 & x \end{vmatrix}$ 的展开式中含 x^4 和含 x^3 的项.

答案　$2x^4, -x^3$.

分析　含 x^4 的项只能是 $a_{11}a_{22}a_{33}a_{44}$,含 x^3 的项只能是 $-a_{12}a_{21}a_{33}a_{44}$.

7. 若 n 阶行列式 $D_n = |a_{ij}| = a$,则 $D = |-a_{ij}| =$ ________.

答案　$(-1)^n a$.

分析　利用行列式的性质,每一行提取公因数 -1 即得.

习题 1.3

1. 利用行列式的性质计算下列行列式:

(1) $\begin{vmatrix} 1 & 2 & 3 & 4 \\ 2 & 3 & 4 & 1 \\ 3 & 4 & 1 & 2 \\ 4 & 1 & 2 & 3 \end{vmatrix}$;　　(2) $\begin{vmatrix} 2 & 1 & 4 & 1 \\ 3 & -1 & 2 & 1 \\ 1 & 2 & 3 & 2 \\ 5 & 0 & 6 & 2 \end{vmatrix}$;

(3) $\begin{vmatrix} a^2 & ab & b^2 \\ 2a & a+b & 2b \\ 1 & 1 & 1 \end{vmatrix}$;　　(4) $\begin{vmatrix} 2 & 1 & 1 & 1 \\ 4 & 2 & 1 & -1 \\ 201 & 102 & -99 & 98 \\ 1 & 2 & 1 & -2 \end{vmatrix}$;

(5) $\begin{vmatrix} 1+x & 1 & 1 & 1 \\ 1 & 1-x & 1 & 1 \\ 1 & 1 & 1+x & 1 \\ 1 & 1 & 1 & 1-x \end{vmatrix}$.

解　(1) 每行(列)只有元素排列的顺序不一样,此时通常先将其他行(列)都加到第 1 行(列)上,然后提取公因数,再利用行列式的性质来计算:

$$原式=\begin{vmatrix} 10 & 2 & 3 & 4 \\ 10 & 3 & 4 & 1 \\ 10 & 4 & 1 & 2 \\ 10 & 1 & 2 & 3 \end{vmatrix} = 10\begin{vmatrix} 1 & 2 & 3 & 4 \\ 1 & 3 & 4 & 1 \\ 1 & 4 & 1 & 2 \\ 1 & 1 & 2 & 3 \end{vmatrix} = 10\begin{vmatrix} 1 & 2 & 3 & 4 \\ 0 & 1 & 1 & -3 \\ 0 & 2 & -2 & -2 \\ 0 & -1 & -1 & -1 \end{vmatrix}$$

$$= 10\begin{vmatrix} 1 & 2 & 3 & 4 \\ 0 & 1 & 1 & -3 \\ 0 & 0 & -4 & 4 \\ 0 & 0 & 0 & -4 \end{vmatrix} = 160.$$

(2) 原式$\xlongequal[r_4+(-1)r_2]{r_4+(-1)r_1}\begin{vmatrix}2&1&4&1\\3&-1&2&1\\1&2&3&2\\0&0&0&0\end{vmatrix}=0.$

(3) 原式$=-\begin{vmatrix}1&1&1\\0&b-a&2(b-a)\\0&a(b-a)&(b-a)(b+a)\end{vmatrix}=-(b-a)^2\begin{vmatrix}1&1&1\\0&1&2\\0&a&b+a\end{vmatrix}$

$$=-(b-a)^2\begin{vmatrix}1&1&1\\0&1&2\\0&0&b-a\end{vmatrix}=(a-b)^3.$$

(4) 原式$\xlongequal{r_3+(-1)r_4}\begin{vmatrix}2&1&1&1\\4&2&1&-1\\200&100&-100&100\\1&2&1&-2\end{vmatrix}=100\begin{vmatrix}2&1&1&1\\4&2&1&-1\\2&1&-1&1\\1&2&1&-2\end{vmatrix}$

$$\xlongequal[r_2+r_3]{\substack{r_1+(-1)r_3\\c_1+(-2)c_2}}100\begin{vmatrix}0&0&2&0\\0&3&0&0\\0&1&-1&1\\-3&2&1&-2\end{vmatrix}=-1\,800\begin{vmatrix}0&0&1&0\\0&1&0&0\\0&1&-1&1\\1&2&1&-2\end{vmatrix}$$

$$=-1\,800\begin{vmatrix}0&0&1&0\\0&1&0&0\\0&0&0&1\\1&0&0&0\end{vmatrix}\xlongequal[r_3\leftrightarrow r_4]{r_1\leftrightarrow r_4}-1\,800\begin{vmatrix}1&0&0&0\\0&1&0&0\\0&0&1&0\\0&0&0&1\end{vmatrix}=-1\,800.$$

(5) 原式$=\begin{vmatrix}1&1&1&1&1\\0&1+x&1&1&1\\0&1&1-x&1&1\\0&1&1&1+x&1\\0&1&1&1&1-x\end{vmatrix}=\begin{vmatrix}1&1&1&1&1\\0&x&0&0&0\\0&0&-x&0&0\\0&0&0&x&0\\0&0&0&0&-x\end{vmatrix}=x^4.$

2. 若行列式

$$\begin{vmatrix}1&2&3&4\\5&6&7&8\\0&0&x&3\\0&0&4&5\end{vmatrix}=0,$$

求 x.

答案 $\dfrac{12}{5}$.

分析 首先算出行列式的值,然后解方程即可.

$$\text{左边} = \begin{vmatrix} 1 & 2 \\ 5 & 6 \end{vmatrix} \cdot \begin{vmatrix} x & 3 \\ 4 & 5 \end{vmatrix} = (-4)(5x-12).$$

习题 1.4

1. 在五阶行列式

$$\begin{vmatrix} a_{11} & a_{12} & a_{13} & a_{14} & a_{15} \\ a_{21} & a_{22} & a_{23} & a_{24} & a_{25} \\ a_{31} & a_{32} & a_{33} & a_{34} & a_{35} \\ a_{41} & a_{42} & a_{43} & a_{44} & a_{45} \\ a_{51} & a_{52} & a_{53} & a_{54} & a_{55} \end{vmatrix}$$

中，写出元素 a_{23} 对应的余子式 M_{23}，元素 a_{32} 对应的代数余子式 A_{32}.

解 $M_{23} = \begin{vmatrix} a_{11} & a_{12} & a_{14} & a_{15} \\ a_{31} & a_{32} & a_{34} & a_{35} \\ a_{41} & a_{42} & a_{44} & a_{45} \\ a_{51} & a_{52} & a_{54} & a_{55} \end{vmatrix}$, $A_{32} = -\begin{vmatrix} a_{11} & a_{13} & a_{14} & a_{15} \\ a_{21} & a_{23} & a_{24} & a_{25} \\ a_{41} & a_{43} & a_{44} & a_{45} \\ a_{51} & a_{53} & a_{54} & a_{55} \end{vmatrix}$.

2. 证明：行列式

$$D_5 = \begin{vmatrix} a_1 & a_2 & a_3 & a_4 & a_5 \\ b_1 & b_2 & b_3 & b_4 & b_5 \\ c_1 & c_2 & 0 & 0 & 0 \\ d_1 & d_2 & 0 & 0 & 0 \\ e_1 & e_2 & 0 & 0 & 0 \end{vmatrix} = 0.$$

证明 由题设知，当 $k \geqslant 3$ 时，$a_{3k} = a_{4k} = a_{5k} = 0$，而行列式展开式的一般项为 $a_{1j_1}a_{2j_2}a_{3j_3}a_{4j_4}a_{5j_5}$，由于 a_{3j_3}，a_{4j_4}，a_{5j_5} 中至少有一个为 0，因此行列式的展开式中的每一项都为 0. 故行列式 $D_5 = 0$.

3. 设四阶行列式

$$D_4 = \begin{vmatrix} a & b & c & d \\ c & b & d & a \\ d & b & c & a \\ a & b & d & c \end{vmatrix},$$

求 $A_{14} + A_{24} + A_{34} + A_{44}$.

解 利用行列式按行(列)展开的定义直接计算，将相关的表达式写成行列式的形式，计算所得行列式即可，并不需要将每一个代数余子式都计算出来.

$$A_{14} + A_{24} + A_{34} + A_{44} = \begin{vmatrix} a & b & c & 1 \\ c & b & d & 1 \\ d & b & c & 1 \\ a & b & d & 1 \end{vmatrix} = 0.$$

4. 设行列式

$$D=\begin{vmatrix}3&-5&2&1\\1&1&0&-1\\1&1&1&1\\2&-4&-1&-1\end{vmatrix},$$

求：

(1) $A_{11}+A_{12}+A_{13}+A_{14}$；

(2) $A_{11}-A_{12}+A_{13}-A_{14}$；

(3) $M_{11}+M_{21}+M_{31}+M_{41}$.

解　利用行列式按行(列)展开的定义直接计算，将相关的表达式写成行列式的形式，计算所得行列式即可，并不需要将每一个代数余子式都计算出来. 如果给出的是余子式的形式，首先还需要转化为代数余子式的代数和的形式，然后进行计算.

(1) $A_{11}+A_{12}+A_{13}+A_{14}=\begin{vmatrix}1&1&1&1\\1&1&0&-1\\1&1&1&1\\2&-4&-1&-1\end{vmatrix}=0.$

(2) $A_{11}-A_{12}+A_{13}-A_{14}=\begin{vmatrix}1&-1&1&-1\\1&1&0&-1\\1&1&1&1\\2&-4&-1&-1\end{vmatrix}=18.$

(3) $M_{11}+M_{21}+M_{31}+M_{41}=A_{11}-A_{21}+A_{31}-A_{41}$

$$=\begin{vmatrix}1&-5&2&1\\-1&1&0&-1\\1&1&1&1\\-1&-4&-1&-1\end{vmatrix}=0.$$

5. 计算下列行列式：

(1) $\begin{vmatrix}1+a_1&1&\cdots&1\\1&1+a_2&\cdots&1\\\vdots&\vdots&&\vdots\\1&1&\cdots&1+a_n\end{vmatrix}$，其中 $a_1a_2\cdots a_n\neq 0$；

(2) $D_n=\begin{vmatrix}x&y&0&\cdots&0&0\\0&x&y&\cdots&0&0\\\vdots&\vdots&\vdots&&\vdots&\vdots\\0&0&0&\cdots&x&y\\y&0&0&\cdots&0&x\end{vmatrix}$；

(3) $\begin{vmatrix} 1 & 2 & 2 & \cdots & 2 \\ 2 & 2 & 2 & \cdots & 2 \\ 2 & 2 & 3 & \cdots & 2 \\ \vdots & \vdots & \vdots & & \vdots \\ 2 & 2 & 2 & \cdots & n \end{vmatrix}$;

(4) $D_{n+1} = \begin{vmatrix} a^n & (a-1)^n & \cdots & (a-n)^n \\ a^{n-1} & (a-1)^{n-1} & \cdots & (a-n)^{n-1} \\ \vdots & \vdots & & \vdots \\ a & a-1 & \cdots & a-n \\ 1 & 1 & \cdots & 1 \end{vmatrix}$;

(5) $D_n = \begin{vmatrix} a_1+b_1 & a_1+b_2 & \cdots & a_1+b_n \\ a_2+b_1 & a_2+b_2 & \cdots & a_2+b_n \\ \vdots & \vdots & & \vdots \\ a_n+b_1 & a_n+b_2 & \cdots & a_n+b_n \end{vmatrix}$;

(6) $D_n = \begin{vmatrix} a & 0 & 0 & \cdots & 0 & 1 \\ 0 & a & 0 & \cdots & 0 & 0 \\ 0 & 0 & a & \cdots & 0 & 0 \\ \vdots & \vdots & \vdots & & \vdots & \vdots \\ 0 & 0 & 0 & \cdots & a & 0 \\ 1 & 0 & 0 & \cdots & 0 & a \end{vmatrix}$;

(7) $D_n = \begin{vmatrix} x & -1 & 0 & \cdots & 0 & 0 \\ 0 & x & -1 & \cdots & 0 & 0 \\ \vdots & \vdots & \vdots & & \vdots & \vdots \\ 0 & 0 & 0 & \cdots & x & -1 \\ a_n & a_{n-1} & a_{n-2} & \cdots & a_2 & a_1+x \end{vmatrix}$;

(8) $D_n = \begin{vmatrix} x+a_1 & a_2 & a_3 & \cdots & a_n \\ a_1 & x+a_2 & a_3 & \cdots & a_n \\ a_1 & a_2 & x+a_3 & \cdots & a_n \\ \vdots & \vdots & \vdots & & \vdots \\ a_1 & a_2 & a_3 & \cdots & x+a_n \end{vmatrix} (x \neq 0)$.

解 (1) 原式$= \begin{vmatrix} 1 & 1 & 1 & \cdots & 1 \\ 0 & 1+a_1 & 1 & \cdots & 1 \\ 0 & 1 & 1+a_2 & \cdots & 1 \\ \vdots & \vdots & \vdots & & \vdots \\ 0 & 1 & 1 & \cdots & 1+a_n \end{vmatrix} = \begin{vmatrix} 1 & 1 & 1 & \cdots & 1 \\ -1 & a_1 & 0 & \cdots & 0 \\ -1 & 0 & a_2 & \cdots & 0 \\ \vdots & \vdots & \vdots & & \vdots \\ -1 & 0 & 0 & \cdots & a_n \end{vmatrix}$

$$=a_1a_2\cdots a_n\begin{vmatrix}1 & \frac{1}{a_1} & \frac{1}{a_2} & \cdots & \frac{1}{a_n}\\ -1 & 1 & 0 & \cdots & 0\\ -1 & 0 & 1 & \cdots & 0\\ \vdots & \vdots & \vdots & & \vdots\\ -1 & 0 & 0 & \cdots & 1\end{vmatrix}$$

$$=a_1a_2\cdots a_n\begin{vmatrix}1+\sum\limits_{i=1}^{n}\frac{1}{a_i} & \frac{1}{a_1} & \frac{1}{a_2} & \cdots & \frac{1}{a_n}\\ 0 & 1 & 0 & \cdots & 0\\ 0 & 0 & 1 & \cdots & 0\\ \vdots & \vdots & \vdots & & \vdots\\ 0 & 0 & 0 & \cdots & 1\end{vmatrix}=a_1a_2\cdots a_n\left(1+\sum_{i=1}^{n}\frac{1}{a_i}\right).$$

(2) 将行列式按照第 1 列展开即可.

$$\text{原式}=x\begin{vmatrix}x & y & \cdots & 0\\ 0 & x & \cdots & 0\\ \vdots & \vdots & & \vdots\\ 0 & 0 & \cdots & x\end{vmatrix}+(-1)^{1+n}y\begin{vmatrix}y & 0 & \cdots & 0\\ x & y & \cdots & 0\\ \vdots & \vdots & & \vdots\\ 0 & 0 & \cdots & y\end{vmatrix}=x^n+(-1)^{1+n}y^n.$$

$$\text{(3) 原式}\xlongequal[\substack{r_3+(-1)r_2\\ \cdots\\ r_n+(-1)r_2}]{r_1+(-1)r_2}\begin{vmatrix}-1 & 0 & 0 & \cdots & 0\\ 2 & 2 & 2 & \cdots & 2\\ 0 & 0 & 1 & \cdots & 0\\ \vdots & \vdots & \vdots & & \vdots\\ 0 & 0 & 0 & \cdots & n-2\end{vmatrix}=-2(n-2)!.$$

(4) 将其通过交换行的操作化为范德蒙德行列式,直接利用公式计算即可.

$$\text{原式}=(-1)^{\frac{n(n+1)}{2}}\begin{vmatrix}1 & 1 & \cdots & 1\\ a & a-1 & \cdots & a-n\\ \vdots & \vdots & & \vdots\\ a^{n-1} & (a-1)^{n-1} & \cdots & (a-n)^{n-1}\\ a^n & (a-1)^n & \cdots & (a-n)^n\end{vmatrix}=n!(n-1)!\cdots 2!.$$

$$\text{(5) 原式}=\begin{vmatrix}a_1+b_1 & a_1+b_2 & \cdots & a_1+b_n\\ a_2-a_1 & a_2-a_1 & \cdots & a_2-a_1\\ \vdots & \vdots & & \vdots\\ a_n-a_1 & a_n-a_1 & \cdots & a_n-a_1\end{vmatrix}.$$

此时需要对其进行讨论:当 $n=1$ 时,$D_1=a_1+b_1$;当 $n=2$ 时,$D_2=(a_1-a_2)(b_2-b_1)$;当 $n\geqslant 3$ 时,最少有两行元素成比例(或者完全相同),根据行列式的性质知其值为零.

$$(6)\begin{vmatrix} a & 0 & 0 & \cdots & 0 & 1 \\ 0 & a & 0 & \cdots & 0 & 0 \\ 0 & 0 & a & \cdots & 0 & 0 \\ \vdots & \vdots & \vdots & & \vdots & \vdots \\ 0 & 0 & 0 & \cdots & a & 0 \\ 1 & 0 & 0 & \cdots & 0 & a \end{vmatrix} = aA_{11} + 1A_{1n} = aM_{11} + (-1)^{1+n}M_{1n}$$

$$= a^n + (-1)^{2n-1}a^{n-2} = a^n - a^{n-2}.$$

(7) 将行列式按照第 n 行展开即可.

$$\text{原式} = a_nA_{n1} + a_{n-1}A_{n2} + \cdots + a_2A_{n(n-1)} + (a_1 + x)A_{nn}$$
$$= a_n + a_{n-1}x + \cdots + a_2x^{n-2} + a_1x^{n-1} + x^n.$$

$$(8)\ D_n = \begin{vmatrix} x+\sum_{i=1}^n a_i & a_2 & a_3 & \cdots & a_n \\ x+\sum_{i=1}^n a_i & x+a_2 & a_3 & \cdots & a_n \\ x+\sum_{i=1}^n a_i & a_2 & x+a_3 & \cdots & a_n \\ \vdots & \vdots & \vdots & & \vdots \\ x+\sum_{i=1}^n a_i & a_2 & a_3 & \cdots & x+a_n \end{vmatrix}$$

$$= \left(x+\sum_{i=1}^n a_i\right)\begin{vmatrix} 1 & a_2 & a_3 & \cdots & a_n \\ 0 & x & 0 & \cdots & 0 \\ 0 & 0 & x & \cdots & 0 \\ \vdots & \vdots & \vdots & & \vdots \\ 0 & 0 & 0 & \cdots & x \end{vmatrix} = x^n\left(1+\sum_{i=1}^n \frac{a_i}{x}\right).$$

习题 1.5

1. 当 λ,μ 分别取何值时,齐次线性方程组

$$\begin{cases} \lambda x_1 + x_2 + x_3 = 0, \\ x_1 + \mu x_2 + x_3 = 0, \\ x_1 + 2\mu x_2 + x_3 = 0 \end{cases}$$

有非零解?

答案 $\lambda = 1,\mu = 0$.

分析 利用齐次线性方程组有非零解的充要条件是其系数行列式的值为零,因此首先计算系数行列式,令其等于零,解出 λ,μ 的值即可.

2. 确定二次多项式 $f(x) = ax^2 + bx + c$ 的系数,使得 $f(1) = 1, f(-1) = 9, f(2) = 3$.

答案 $f(x) = 2x^2 - 4x + 3$.

分析　利用克拉默法则解方程组$\begin{cases} f(1)=a+b+c=1, \\ f(-1)=a-b+c=9, \\ f(2)=4a+2b+c=3 \end{cases}$即可.

3. 用克拉默法则求解下列线性方程组:

(1) $\begin{cases} x_1+x_2+x_3+x_4=a, \\ x_1+x_2+x_3-x_4=b, \\ x_1+x_2-x_3-x_4=c, \\ x_1-x_2-x_3-x_4=d; \end{cases}$

(2) $\begin{cases} x_1+a_1x_2+a_1^2x_3+\cdots+a_1^{n-1}x_n=1, \\ x_1+a_2x_2+a_2^2x_3+\cdots+a_2^{n-1}x_n=1, \\ \cdots\cdots \\ x_1+a_nx_2+a_n^2x_3+\cdots+a_n^{n-1}x_n=1, \end{cases}$其中 $a_i\neq a_j(i\neq j;i,j=1,2,\cdots,n)$.

解　(1) 利用克拉默法则分别求得

$$D=\begin{vmatrix} 1 & 1 & 1 & 1 \\ 1 & 1 & 1 & -1 \\ 1 & 1 & -1 & -1 \\ 1 & -1 & -1 & -1 \end{vmatrix}=8,\quad D_1=\begin{vmatrix} a & 1 & 1 & 1 \\ b & 1 & 1 & -1 \\ c & 1 & -1 & -1 \\ d & -1 & -1 & -1 \end{vmatrix}=4(a+d),$$

$$D_2=\begin{vmatrix} 1 & a & 1 & 1 \\ 1 & b & 1 & -1 \\ 1 & c & -1 & -1 \\ 1 & d & -1 & -1 \end{vmatrix}=4(c-d),\quad D_3=\begin{vmatrix} 1 & 1 & a & 1 \\ 1 & 1 & b & -1 \\ 1 & 1 & c & -1 \\ 1 & -1 & d & -1 \end{vmatrix}=4(b-c),$$

$$D_4=\begin{vmatrix} 1 & 1 & 1 & a \\ 1 & 1 & 1 & b \\ 1 & 1 & -1 & c \\ 1 & -1 & -1 & d \end{vmatrix}=4(a-b),$$

故

$$x_1=\frac{D_1}{D}=\frac{a+d}{2},\quad x_2=\frac{D_2}{D}=\frac{c-d}{2},\quad x_3=\frac{D_3}{D}=\frac{b-c}{2},\quad x_4=\frac{D_4}{D}=\frac{a-b}{2}.$$

(2) 所给线性方程组的系数行列式为范德蒙德行列式,它的值不为零,利用克拉默法则易证 $D_1=D\neq 0,D_i=0(i=2,3,\cdots,n)$,所以 $x_1=1,x_2=0,x_3=0,\cdots,x_n=0$.

第二章 矩　　阵

一、基本概念与性质

（一）矩阵的概念

1. 数域

如果数集 F 满足条件：

(1) 0 与 1 在 F 中；

(2) F 中任意两个数的和、差、积、商(分母不为零) 仍在 F 中，

则称数集 F 为**数域**.

2. 矩阵

由 $m \times n$ 个数 $a_{ij}(i = 1,2,\cdots,m;j = 1,2,\cdots,n)$ 排成的一个 m 行 n 列的数表

$$\begin{pmatrix} a_{11} & a_{12} & \cdots & a_{1n} \\ a_{21} & a_{22} & \cdots & a_{2n} \\ \vdots & \vdots & & \vdots \\ a_{m1} & a_{m2} & \cdots & a_{mn} \end{pmatrix},$$

称为一个 m 行 n 列**矩阵**，简称 $m \times n$ 矩阵，记作 $\boldsymbol{A}$ 或 $\boldsymbol{A} = (a_{ij})_{m\times n}$，其中 a_{ij} 称为 $\boldsymbol{A}$ 的第 i 行第 j 列的**元素**$(i = 1,2,\cdots,m;j = 1,2,\cdots,n)$.

当 $m = n$ 时，称 $\boldsymbol{A}$ 为一个 n **阶矩阵**或 n **阶方阵**.

3. 零矩阵与负矩阵

(1) 若矩阵 $\boldsymbol{A} = (a_{ij})_{m\times n}$ 中的元素全为 0，则称此矩阵为**零矩阵**，记作 $\boldsymbol{O}$. 若 $\boldsymbol{A} \neq \boldsymbol{O}$，则 $\boldsymbol{A}$ 中至少有一个元素不为零.

(2) 设矩阵 $\boldsymbol{A} = (a_{ij})_{m\times n}$，称 $(-a_{ij})_{m\times n}$ 为矩阵 $\boldsymbol{A}$ 的**负矩阵**，记作 $-\boldsymbol{A}$.

（二）矩阵的运算及其性质

1. 矩阵相等

若两个具有相同行数与列数的矩阵 $\boldsymbol{A} = (a_{ij})_{m\times n}$，$\boldsymbol{B} = (b_{ij})_{m\times n}$ 的各对应元素相等，即

满足 $a_{ij}=b_{ij}(i=1,2,\cdots,m;j=1,2,\cdots,n)$，则称矩阵 $\boldsymbol{A}$ 与 $\boldsymbol{B}$ **相等**，记为 $\boldsymbol{A}=\boldsymbol{B}$.

2. 矩阵的加法

设矩阵 $\boldsymbol{A}=(a_{ij})_{m\times n}$，$\boldsymbol{B}=(b_{ij})_{m\times n}$，则

$$\boldsymbol{A}+\boldsymbol{B}=(a_{ij}+b_{ij})_{m\times n}.$$

根据矩阵加法的定义和负矩阵，可以定义矩阵的减法为

$$\boldsymbol{A}-\boldsymbol{B}=\boldsymbol{A}+(-\boldsymbol{B})=(a_{ij}-b_{ij})_{m\times n}.$$

矩阵的加法具有下述性质($\boldsymbol{A},\boldsymbol{B},\boldsymbol{C},\boldsymbol{O}$ 均为 $m\times n$ 矩阵)：

(1) $\boldsymbol{A}+\boldsymbol{B}=\boldsymbol{B}+\boldsymbol{A}$;

(2) $(\boldsymbol{A}+\boldsymbol{B})+\boldsymbol{C}=\boldsymbol{A}+(\boldsymbol{B}+\boldsymbol{C})$;

(3) $\boldsymbol{A}+\boldsymbol{O}=\boldsymbol{A}$;

(4) $\boldsymbol{A}+(-\boldsymbol{A})=\boldsymbol{O}$.

3. 数与矩阵的乘法

设矩阵 $\boldsymbol{A}=(a_{ij})_{m\times n}$，$k$ 是数域 F 中的数，则 $k\boldsymbol{A}=(ka_{ij})_{m\times n}$.

数与矩阵的乘法满足以下运算性质($\boldsymbol{A},\boldsymbol{B},\boldsymbol{O}$ 均为 $m\times n$ 矩阵，k,l 为常数)：

(1) $k(\boldsymbol{A}+\boldsymbol{B})=k\boldsymbol{A}+k\boldsymbol{B}$;

(2) $(k+l)\boldsymbol{A}=k\boldsymbol{A}+l\boldsymbol{A}$;

(3) $(kl)\boldsymbol{A}=k(l\boldsymbol{A})=l(k\boldsymbol{A})$;

(4) $1\boldsymbol{A}=\boldsymbol{A}$，$0\boldsymbol{A}=\boldsymbol{O}$，$(-1)\boldsymbol{A}=-\boldsymbol{A}$;

(5) 若 $k\neq 0$，$\boldsymbol{A}\neq\boldsymbol{O}$，则 $k\boldsymbol{A}\neq\boldsymbol{O}$.

4. 矩阵的乘法

设矩阵 $\boldsymbol{A}=(a_{ij})_{m\times s}$，$\boldsymbol{B}=(b_{ij})_{s\times n}$，定义 $\boldsymbol{A}$ 和 $\boldsymbol{B}$ 的乘积 $\boldsymbol{AB}$ 是一个 $m\times n$ 矩阵 $\boldsymbol{C}=(c_{ij})_{m\times n}$，其中

$$c_{ij}=a_{i1}b_{1j}+a_{i2}b_{2j}+\cdots+a_{is}b_{sj}=\sum_{k=1}^{s}a_{ik}b_{kj}\quad(i=1,2,\cdots,m;j=1,2,\cdots,n),$$

记作 $\boldsymbol{C}=\boldsymbol{AB}$.

注　(1) 矩阵的乘法一般不满足交换律. 也就是说，当 $\boldsymbol{AB}$ 有意义时，$\boldsymbol{BA}$ 不一定有意义，即使 $\boldsymbol{AB}$ 与 $\boldsymbol{BA}$ 都有意义，$\boldsymbol{AB}$ 与 $\boldsymbol{BA}$ 也不一定相等.

(2) 两个非零矩阵的乘积可能是零矩阵.

(3) 矩阵的乘法不满足消去律，即若 $\boldsymbol{AC}=\boldsymbol{BC}$，但 $\boldsymbol{A},\boldsymbol{B}$ 不一定相等.

矩阵的乘法满足以下运算性质：

(1) $(\boldsymbol{AB})\boldsymbol{C}=\boldsymbol{A}(\boldsymbol{BC})$;

(2) $\boldsymbol{A}(\boldsymbol{B}+\boldsymbol{C})=\boldsymbol{AB}+\boldsymbol{AC}$;

(3) $(\boldsymbol{B}+\boldsymbol{C})\boldsymbol{A}=\boldsymbol{BA}+\boldsymbol{CA}$;

(4) 对数域 F 中的任意数 k，$k(\boldsymbol{AB})=(k\boldsymbol{A})\boldsymbol{B}=\boldsymbol{A}(k\boldsymbol{B})$.

5. 矩阵的转置

设矩阵 $\boldsymbol{A}=(a_{ij})_{m\times n}$，则将 $\boldsymbol{A}$ 的行与列的位置互换，得到的 $n\times m$ 矩阵称为 $\boldsymbol{A}$ 的**转置矩阵**，记作 $\boldsymbol{A}^{\mathrm{T}}$ 或 $\boldsymbol{A}'$.

转置矩阵具有以下运算性质：

(1) $(\boldsymbol{A}^{\mathrm{T}})^{\mathrm{T}}=\boldsymbol{A}$；

(2) $(\boldsymbol{A}\pm\boldsymbol{B})^{\mathrm{T}}=\boldsymbol{A}^{\mathrm{T}}\pm\boldsymbol{B}^{\mathrm{T}}$；

(3) $(k\boldsymbol{A})^{\mathrm{T}}=k\boldsymbol{A}^{\mathrm{T}}$；

(4) $(\boldsymbol{AB})^{\mathrm{T}}=\boldsymbol{B}^{\mathrm{T}}\boldsymbol{A}^{\mathrm{T}}$；

(5) $(\boldsymbol{A}_1\boldsymbol{A}_2\cdots\boldsymbol{A}_s)^{\mathrm{T}}=\boldsymbol{A}_s^{\mathrm{T}}\cdots\boldsymbol{A}_2^{\mathrm{T}}\boldsymbol{A}_1^{\mathrm{T}}$，

其中 $\boldsymbol{A},\boldsymbol{B}$ 及 $\boldsymbol{A}_1,\boldsymbol{A}_2,\cdots,\boldsymbol{A}_s$ 为矩阵，k 为常数.

6. n 阶方阵的行列式

由 n 阶方阵 $\boldsymbol{A}$ 的元素构成的行列式(各元素的位置不变)称为**方阵 $\boldsymbol{A}$ 的行列式**，记作 $|\boldsymbol{A}|$ 或 $\det\boldsymbol{A}$.

设 $\boldsymbol{A},\boldsymbol{B},\boldsymbol{A}_1,\boldsymbol{A}_2,\cdots,\boldsymbol{A}_s$ 均为 n 阶方阵，k 为常数，则有下列 n 阶方阵行列式的运算性质：

(1) $|\boldsymbol{A}|=|\boldsymbol{A}^{\mathrm{T}}|$；

(2) $|k\boldsymbol{A}|=k^n|\boldsymbol{A}|$；

(3) $|\boldsymbol{AB}|=|\boldsymbol{A}||\boldsymbol{B}|=|\boldsymbol{B}||\boldsymbol{A}|=|\boldsymbol{BA}|$；

(4) $|\boldsymbol{A}_1\boldsymbol{A}_2\cdots\boldsymbol{A}_s|=|\boldsymbol{A}_1||\boldsymbol{A}_2|\cdots|\boldsymbol{A}_s|$.

7. n 阶方阵的幂

设 $\boldsymbol{A}$ 为 n 阶方阵，对于正整数 k，定义 $\boldsymbol{A}^k=\underbrace{\boldsymbol{AA}\cdots\boldsymbol{A}}_{k\text{个}\boldsymbol{A}}$，称为 $\boldsymbol{A}$ 的 **k 次幂**.

对于任意的正整数 k,l，有

$$\boldsymbol{A}^k\boldsymbol{A}^l=\boldsymbol{A}^{k+l},\quad (\boldsymbol{A}^k)^l=\boldsymbol{A}^{kl}.$$

注 $(\boldsymbol{AB})^k=\boldsymbol{A}^k\boldsymbol{B}^k$ 当且仅当 $\boldsymbol{A},\boldsymbol{B}$ 可交换时成立.

(三) 几种特殊的矩阵

1. 对角形矩阵

若 n 阶方阵 $\boldsymbol{A}=(a_{ij})$ 中的元素满足 $a_{ij}=0(i\neq j;i,j=1,2,\cdots,n)$，则称 $\boldsymbol{A}$ 为 **n 阶对角形矩阵**.

2. 数量矩阵

如果 n 阶对角形矩阵 $\boldsymbol{A}$ 中的元素 $a_{11}=a_{22}=\cdots=a_{nn}=a$，则称 $\boldsymbol{A}$ 为 **n 阶数量矩阵**.

3. 单位矩阵

当数量矩阵 $\boldsymbol{A}$ 中的元素 $a_{11}=a_{22}=\cdots=a_{nn}=a=1$ 时，称 $\boldsymbol{A}$ 为 **n 阶单位矩阵**，记作 $\boldsymbol{E}_n$.

单位矩阵满足 $\boldsymbol{A}_{m\times n}\boldsymbol{E}_n=\boldsymbol{A}_{m\times n},\boldsymbol{E}_m\boldsymbol{A}_{m\times n}=\boldsymbol{A}_{m\times n}$.

4. 三角形矩阵

如果 n 阶方阵 $\boldsymbol{A}=(a_{ij})$ 的主对角线下方的元素都等于零，则称此矩阵为**上三角形矩阵**；如果 n 阶方阵的主对角线上方的元素都等于零，则称此矩阵为**下三角形矩阵**.

5. 对称矩阵

如果 n 阶方阵 $\boldsymbol{A}$ 满足 $\boldsymbol{A}^{\mathrm{T}}=\boldsymbol{A}(a_{ij}=a_{ji},i,j=1,2,\cdots,n)$，则称 $\boldsymbol{A}$ 为**对称矩阵**.

对称矩阵的运算具有以下性质：

(1) 如果 $\boldsymbol{A},\boldsymbol{B}$ 是同阶对称矩阵，则 $\boldsymbol{A}\pm\boldsymbol{B}$ 也是对称矩阵；

(2) 数 k 与对称矩阵 $\boldsymbol{A}$ 的乘积 $k\boldsymbol{A}$ 也是对称矩阵.

注 两个同阶的对称矩阵的乘积不一定是对称矩阵. 可以证明，两个同阶的对称矩阵 $\boldsymbol{A}$ 与 $\boldsymbol{B}$ 的乘积仍是对称矩阵的充要条件是 $\boldsymbol{AB}=\boldsymbol{BA}$.

6. 反对称矩阵

如果 n 阶方阵 $\boldsymbol{A}$ 满足 $\boldsymbol{A}^{\mathrm{T}}=-\boldsymbol{A}(a_{ij}=-a_{ji},i,j=1,2,\cdots,n)$，则称 $\boldsymbol{A}$ 为**反对称矩阵**.

反对称矩阵的运算具有以下性质：

(1) 两个同阶反对称矩阵的和(差)仍是反对称矩阵；

(2) 数 k 与反对称矩阵的乘积仍是反对称矩阵.

注 两个同阶的反对称矩阵的乘积不一定是反对称矩阵. 可以证明，两个同阶的反对称矩阵 $\boldsymbol{A}$ 与 $\boldsymbol{B}$ 的乘积仍是反对称矩阵的充要条件是 $\boldsymbol{AB}=-\boldsymbol{BA}$.

(四) 分块矩阵

1. 矩阵的分块及分块矩阵的运算

两个分块矩阵 $\boldsymbol{A}$ 与 $\boldsymbol{B}$ 做加(减)法运算时，要求 $\boldsymbol{A}$ 与 $\boldsymbol{B}$ 的分块方法必须完全相同，即对应子块具有相同的行数和列数；数 k 与分块矩阵相乘时，数 k 应与分块矩阵的每一个子块相乘；两个分块矩阵 $\boldsymbol{A}$ 与 $\boldsymbol{B}$ 做乘法运算时，要求 $\boldsymbol{A}$ 的列的分块方法与 $\boldsymbol{B}$ 的行的分块方法相同，以保证 $\boldsymbol{AB}$ 的子块运算有意义，并且乘积矩阵的行的分块方法与 $\boldsymbol{A}$ 的相同，列的分块方法与 $\boldsymbol{B}$ 的相同；分块矩阵在转置时，不但要把行块与列块互换，而且每个子块也要转置.

2. 特殊的分块矩阵

对于方阵 $\boldsymbol{H}$，若可以分块为

$$\begin{pmatrix}\boldsymbol{A}_1 & \boldsymbol{O} & \cdots & \boldsymbol{O}\\ \boldsymbol{O} & \boldsymbol{A}_2 & \cdots & \boldsymbol{O}\\ \vdots & \vdots & & \vdots\\ \boldsymbol{O} & \boldsymbol{O} & \cdots & \boldsymbol{A}_t\end{pmatrix},$$

其中 $\boldsymbol{A}_i$ 为 k_i 阶方阵($i=1,2,\cdots,t$)，则称 $\boldsymbol{H}$ 为**准对角形矩阵**. 而准对角形矩阵在运算时，有如下运算性质：

(1) 同阶准对角形矩阵的和、差、积仍为准对角形矩阵；

(2) $|\boldsymbol{H}|=|\boldsymbol{A}_1||\boldsymbol{A}_2|\cdots|\boldsymbol{A}_t|$；

(3) $\boldsymbol{H}^{\mathrm{T}}=\begin{pmatrix}\boldsymbol{A}_1^{\mathrm{T}} & \boldsymbol{O} & \cdots & \boldsymbol{O}\\ \boldsymbol{O} & \boldsymbol{A}_2^{\mathrm{T}} & \cdots & \boldsymbol{O}\\ \vdots & \vdots & & \vdots\\ \boldsymbol{O} & \boldsymbol{O} & \cdots & \boldsymbol{A}_t^{\mathrm{T}}\end{pmatrix}$；

(4) 若 $|A_i|\neq 0(i=1,2,\cdots,t)$,则 $|A|\neq 0$,且

$$A^{-1}=\begin{pmatrix} A_1^{-1} & O & \cdots & O \\ O & A_2^{-1} & \cdots & O \\ \vdots & \vdots & & \vdots \\ O & O & \cdots & A_t^{-1} \end{pmatrix}.$$

(五) 逆矩阵

1. 逆矩阵

对于 n 阶方阵 A,如果存在方阵 B,使得 $AB=BA=E$,则称 A 为**可逆矩阵**,简称 A **可逆**,称 B 为 A 的**逆矩阵**,记作 $A^{-1}=B$.

2. 非退化矩阵

如果 n 阶方阵 A 的行列式 $|A|\neq 0$,则称 A 是**非奇异的**(或**非退化的**);否则,称 A 是**奇异的**(或**退化的**).

3. 伴随矩阵

设 $A=(a_{ij})_{n\times n}$,A_{ij} 是 $|A|$ 中元素 $a_{ij}(i,j=1,2,\cdots,n)$ 的代数余子式,则矩阵

$$A^*=\begin{pmatrix} A_{11} & A_{21} & \cdots & A_{n1} \\ A_{12} & A_{22} & \cdots & A_{n2} \\ \vdots & \vdots & & \vdots \\ A_{1n} & A_{2n} & \cdots & A_{nn} \end{pmatrix}$$

称为 A 的**伴随矩阵**.

(六) 矩阵的初等变换

1. 初等变换

对矩阵施以下列 3 种变换,称为**矩阵的初等行(列) 变换**.

(1) 交换矩阵的两行(列) 元素;

(2) 用一个非零的数 k 乘以矩阵的某一行(列) 所有元素;

(3) 把矩阵的某一行(列) 元素的 l 倍加到另一行(列) 的对应元素上.

矩阵的初等行变换与初等列变换,统称为**矩阵的初等变换**.

2. 初等矩阵

对单位矩阵 E 施以一次初等变换得到的矩阵,称为**初等矩阵**.

第一种初等矩阵:互换 E 的第 i,j 两行(或第 i,j 两列) 得到的矩阵,记作 $E(i,j)$;

第二种初等矩阵:把 E 的第 i 行(或第 i 列) 元素乘以非零常数 k 得到的矩阵,记作 $E[i(k)]$;

第三种初等矩阵:把 E 的第 j 行元素的 l 倍加到第 i 行的对应元素上(或 E 的第 i 列元素的 l 倍加到第 j 列的对应元素上) 得到的矩阵,记作 $E[i,j(l)]$.

初等矩阵具有下述性质：

(1) $\boldsymbol{E}(i,j)^{\mathrm{T}}=\boldsymbol{E}(i,j)$，$\boldsymbol{E}[i(k)]^{\mathrm{T}}=\boldsymbol{E}[i(k)]$，$\boldsymbol{E}[i,j(l)]^{\mathrm{T}}=\boldsymbol{E}[j,i(l)]$；

(2) $\boldsymbol{E}(i,j)^{-1}=\boldsymbol{E}(i,j)$，$\boldsymbol{E}[i(k)]^{-1}=\boldsymbol{E}\left[i\left(\frac{1}{k}\right)\right]$，$\boldsymbol{E}[i,j(l)]^{-1}=\boldsymbol{E}[i,j(-l)]$.

3. 等价标准形

将矩阵 $\boldsymbol{A}$ 通过初等变换化为形如

$$\boldsymbol{D}=\underbrace{\begin{pmatrix}1&0&\cdots&0&0&\cdots&0\\0&1&\cdots&0&0&\cdots&0\\\vdots&\vdots&&\vdots&\vdots&&\vdots\\0&0&\cdots&1&0&\cdots&0\\0&0&\cdots&0&0&\cdots&0\\\vdots&\vdots&&\vdots&\vdots&&\vdots\\0&0&\cdots&0&0&\cdots&0\end{pmatrix}}_{r\text{列}}\ r\text{行}$$

的矩阵，称之为矩阵 $\boldsymbol{A}$ 的**等价标准形**.

二、重要定理、公式及结论

1. 有关逆矩阵的结论

(1) $\boldsymbol{AA}^*=\boldsymbol{A}^*\boldsymbol{A}=|\boldsymbol{A}|\boldsymbol{E}$.

当 $\boldsymbol{A}$ 可逆时，

$$\boldsymbol{A}^*=|\boldsymbol{A}|\boldsymbol{A}^{-1},\qquad |\boldsymbol{A}^*|=|\boldsymbol{A}|^{n-1}(n\geqslant 2),$$
$$(\boldsymbol{A}^*)^*=|\boldsymbol{A}|^{n-2}\boldsymbol{A},\quad (\boldsymbol{A}^*)^{-1}=|\boldsymbol{A}|^{-1}\boldsymbol{A}.$$

(2) 方阵可逆的充要条件：

n 阶方阵 $\boldsymbol{A}$ 可逆 $\Leftrightarrow$ 存在方阵 $\boldsymbol{B}$，使得 $\boldsymbol{AB}=\boldsymbol{E}$(或 $\boldsymbol{BA}=\boldsymbol{E}$)

$\Leftrightarrow\det\boldsymbol{A}\neq 0$，即 $\boldsymbol{A}$ 是非奇异的(或非退化的)

$\Leftrightarrow\boldsymbol{A}$ 可以表示为有限个初等矩阵的乘积

$\Leftrightarrow\mathrm{r}(\boldsymbol{A})=n$.

(3) 几种特殊的分块矩阵的逆矩阵：设 $\boldsymbol{A},\boldsymbol{B}$ 分别为 m 阶、n 阶可逆矩阵，$\boldsymbol{C}$ 为任意 $m\times n$ 矩阵，$\boldsymbol{D}$ 为任意 $n\times m$ 矩阵，则

$$\begin{pmatrix}\boldsymbol{O}&\boldsymbol{A}\\\boldsymbol{B}&\boldsymbol{O}\end{pmatrix}^{-1}=\begin{pmatrix}\boldsymbol{O}&\boldsymbol{B}^{-1}\\\boldsymbol{A}^{-1}&\boldsymbol{O}\end{pmatrix},\qquad \begin{pmatrix}\boldsymbol{A}&\boldsymbol{O}\\\boldsymbol{O}&\boldsymbol{B}\end{pmatrix}^{-1}=\begin{pmatrix}\boldsymbol{A}^{-1}&\boldsymbol{O}\\\boldsymbol{O}&\boldsymbol{B}^{-1}\end{pmatrix},$$

$$\begin{pmatrix}\boldsymbol{A}&\boldsymbol{O}\\\boldsymbol{D}&\boldsymbol{B}\end{pmatrix}^{-1}=\begin{pmatrix}\boldsymbol{A}^{-1}&\boldsymbol{O}\\-\boldsymbol{B}^{-1}\boldsymbol{D}\boldsymbol{A}^{-1}&\boldsymbol{B}^{-1}\end{pmatrix},\quad \begin{pmatrix}\boldsymbol{A}&\boldsymbol{C}\\\boldsymbol{O}&\boldsymbol{B}\end{pmatrix}^{-1}=\begin{pmatrix}\boldsymbol{A}^{-1}&-\boldsymbol{A}^{-1}\boldsymbol{C}\boldsymbol{B}^{-1}\\\boldsymbol{O}&\boldsymbol{B}^{-1}\end{pmatrix}.$$

2. 初等矩阵及初等变换的相关结论与公式

(1) 设 $\boldsymbol{A}=(a_{ij})_{m\times n}$，则

① 对矩阵 $\boldsymbol{A}$ 施以一次初等行变换所得到的矩阵等于用同种的 m 阶初等矩阵左乘 $\boldsymbol{A}$；

② 对矩阵 $\boldsymbol{A}$ 施以一次初等列变换所得到的矩阵等于用同种的 n 阶初等矩阵右乘 $\boldsymbol{A}$.

(2) 任意一个矩阵 $\boldsymbol{A}=(a_{ij})_{m\times n}$ 都可以经过有限次初等变换，化为它的等价标准形；若 $\boldsymbol{A}$ 为 n 阶可逆矩阵，则其等价标准形 $\boldsymbol{D}=\boldsymbol{E}$.

(3) 求逆矩阵的初等行(列)变换法：

$$(\boldsymbol{A}\mid\boldsymbol{E})\xrightarrow{\text{初等行变换}}(\boldsymbol{E}\mid\boldsymbol{A}^{-1});\qquad \begin{pmatrix}\boldsymbol{A}\\ \hdashline \boldsymbol{E}\end{pmatrix}\xrightarrow[\text{初等列变换}]{}\begin{pmatrix}\boldsymbol{E}\\ \hdashline \boldsymbol{A}^{-1}\end{pmatrix}.$$

(4) 求 $\boldsymbol{A}^{-1}\boldsymbol{B},\boldsymbol{B}\boldsymbol{A}^{-1}$ 的初等行(列)变换法：

$$(\boldsymbol{A}\mid\boldsymbol{B})\xrightarrow{\text{初等行变换}}(\boldsymbol{E}\mid\boldsymbol{A}^{-1}\boldsymbol{B});\qquad \begin{pmatrix}\boldsymbol{A}\\ \hdashline \boldsymbol{B}\end{pmatrix}\xrightarrow[\text{初等列变换}]{}\begin{pmatrix}\boldsymbol{E}\\ \hdashline \boldsymbol{B}\boldsymbol{A}^{-1}\end{pmatrix}.$$

(5) 两个 $s\times n$ 矩阵 $\boldsymbol{A},\boldsymbol{B}$ 等价的充要条件是存在 s 阶可逆矩阵 $\boldsymbol{P}$ 与 n 阶可逆矩阵 $\boldsymbol{Q}$，使得 $\boldsymbol{A}=\boldsymbol{PBQ}$.

三、复习考试要求

1. 正确理解和掌握矩阵的概念，掌握零矩阵、单位矩阵、对角形矩阵、上(下)三角形矩阵等特殊矩阵.

2. 掌握矩阵的加法、数与矩阵的乘法、矩阵与矩阵的乘法、矩阵的转置、方阵的行列式、分块矩阵及其运算规则，能熟练正确地进行矩阵的运算.

3. 理解可逆矩阵的概念、性质，以及方阵可逆的充要条件. 了解伴随矩阵的概念及其性质，会用伴随矩阵求方阵的逆矩阵.

4. 理解初等矩阵的概念及其性质，了解初等矩阵与初等变换的联系，掌握用初等变换求方阵的逆矩阵的方法.

四、典型例题

例 1　设 $\boldsymbol{A},\boldsymbol{B}$ 均为三阶方阵，$\boldsymbol{E}$ 是三阶单位矩阵，已知 $\boldsymbol{AB}=2\boldsymbol{A}+\boldsymbol{B}$，$\boldsymbol{B}=\begin{pmatrix}2&0&2\\0&4&0\\2&0&2\end{pmatrix}$，则 $(\boldsymbol{A}-\boldsymbol{E})^{-1}=$ ________.

解　由 $AB=2A+B$,得 $(A-E)(B-2E)=2E$,于是

$$(A-E)^{-1}=\frac{1}{2}(B-2E)=\begin{pmatrix}0&0&1\\0&1&0\\1&0&0\end{pmatrix}.$$

例 2　设矩阵

$$A=\begin{pmatrix}0&-1&0\\1&0&0\\0&0&-1\end{pmatrix},\quad B=P^{-1}AP,$$

其中 P 为三阶可逆矩阵,则 $B^{2\,004}-2A^2=$ ________.

解　因为

$$A^2=\begin{pmatrix}-1&0&0\\0&-1&0\\0&0&1\end{pmatrix},\quad A^4=(A^2)^2=E,$$

所以

$$B^{2\,004}=P^{-1}A^{2\,004}P=P^{-1}(A^4)^{501}P=P^{-1}EP=E.$$

因此

$$B^{2\,004}-2A^2=\begin{pmatrix}3&0&0\\0&3&0\\0&0&-1\end{pmatrix}.$$

例 3　设 A 是 $n(n\geqslant 2)$ 阶可逆矩阵,A^* 为矩阵 A 的伴随矩阵,则行列式 $||A^*|A|=$ ________.

解　因为 A 可逆,所以

$$A^*=|A|A^{-1},\quad |A^*|=||A|A^{-1}|=|A|^n|A^{-1}|=|A|^{n-1}.$$

故

$$||A^*|A|=||A|^{n-1}A|=|A|^{(n-1)n}|A|=|A|^{n^2-n+1}.$$

例 4　设 A,B 均为二阶方阵,A^*,B^* 分别为 A,B 的伴随矩阵,若 $|A|=2$,$|B|=3$,则分块矩阵 $\begin{pmatrix}O&A\\B&O\end{pmatrix}$ 的伴随矩阵为(　　).

(A) $\begin{pmatrix}O&3B^*\\2A^*&O\end{pmatrix}$　　(B) $\begin{pmatrix}O&2B^*\\3A^*&O\end{pmatrix}$

(C) $\begin{pmatrix}O&3A^*\\2B^*&O\end{pmatrix}$　　(D) $\begin{pmatrix}O&2A^*\\3B^*&O\end{pmatrix}$

解　因为 $CC^*=|C|E$,$C^*=|C|C^{-1}$,$C^{-1}=\dfrac{1}{|C|}C^*$,且分块矩阵 $\begin{pmatrix}O&A\\B&O\end{pmatrix}$ 的行列式 $\begin{vmatrix}O&A\\B&O\end{vmatrix}=(-1)^{2+2}|A||B|=2\times3=6$,即分块矩阵可逆,所以

$$\begin{pmatrix} O & A \\ B & O \end{pmatrix}^* = \begin{vmatrix} O & A \\ B & O \end{vmatrix} \begin{pmatrix} O & A \\ B & O \end{pmatrix}^{-1} = 6\begin{pmatrix} O & B^{-1} \\ A^{-1} & O \end{pmatrix}$$

$$= 6\begin{pmatrix} O & \frac{1}{|B|}B^* \\ \frac{1}{|A|}A^* & O \end{pmatrix} = \begin{pmatrix} O & 2B^* \\ 3A^* & O \end{pmatrix}.$$

故答案为 B.

例 5 设 A,B 为同阶可逆矩阵,则(　　)成立.

(A) $AB = BA$　　(B) 存在可逆矩阵 P,使 $P^{-1}AP = B$

(C) 存在可逆矩阵 C,使 $C^{\mathrm{T}}AC = B$　　(D) 存在可逆矩阵 P,Q,使 $PAQ = B$

解 对任意两个同阶可逆矩阵,两者等价,即可经过一系列初等行、列变换互化,也即存在可逆矩阵 P,Q,使 $PAQ = B$. 故答案为 D.

例 6 设方阵

$$A = \begin{pmatrix} 0 & a_1 & 0 & \cdots & 0 \\ 0 & 0 & a_2 & \cdots & 0 \\ \vdots & \vdots & \vdots & & \vdots \\ 0 & 0 & 0 & \cdots & a_{n-1} \\ a_n & 0 & 0 & \cdots & 0 \end{pmatrix},$$

其中 $a_i \neq 0(i = 1,2,\cdots,n)$,则 $A^{-1} =$ ________.

解 利用初等行变换法,

$$(A \mid E) = \left(\begin{array}{ccccc|ccccc} 0 & a_1 & 0 & \cdots & 0 & 1 & 0 & \cdots & 0 & 0 \\ 0 & 0 & a_2 & \cdots & 0 & 0 & 1 & \cdots & 0 & 0 \\ \vdots & \vdots & \vdots & & \vdots & \vdots & \vdots & & \vdots & \vdots \\ 0 & 0 & 0 & \cdots & a_{n-1} & 0 & 0 & \cdots & 1 & 0 \\ a_n & 0 & 0 & \cdots & 0 & 0 & 0 & \cdots & 0 & 1 \end{array}\right)$$

$$\to \left(\begin{array}{ccccc|ccccc} 0 & a_1 & 0 & \cdots & 0 & 1 & 0 & \cdots & 0 & 0 \\ 0 & 0 & a_2 & \cdots & 0 & 0 & 1 & \cdots & 0 & 0 \\ \vdots & \vdots & \vdots & & \vdots & \vdots & \vdots & & \vdots & \vdots \\ a_n & 0 & 0 & \cdots & 0 & 0 & 0 & \cdots & 0 & 1 \\ 0 & 0 & 0 & \cdots & a_{n-1} & 0 & 0 & \cdots & 1 & 0 \end{array}\right)$$

$$\to \cdots \to \left(\begin{array}{ccccc|ccccc} a_n & 0 & \cdots & 0 & 0 & 0 & \cdots & 0 & 0 & 1 \\ 0 & a_1 & \cdots & 0 & 0 & 1 & \cdots & 0 & 0 & 0 \\ \vdots & \vdots & & \vdots & \vdots & \vdots & & \vdots & \vdots & \vdots \\ 0 & 0 & \cdots & a_{n-2} & 0 & 0 & \cdots & 1 & 0 & 0 \\ 0 & 0 & \cdots & 0 & a_{n-1} & 0 & \cdots & 0 & 1 & 0 \end{array}\right)$$

$$\rightarrow\left(\begin{array}{ccccc:ccccc} 1 & 0 & \cdots & 0 & 0 & 0 & \cdots & 0 & 0 & \frac{1}{a_n} \\ 0 & 1 & \cdots & 0 & 0 & \frac{1}{a_1} & \cdots & 0 & 0 & 0 \\ \vdots & \vdots & & \vdots & \vdots & \vdots & & \vdots & \vdots & \vdots \\ 0 & 0 & \cdots & 1 & 0 & 0 & \cdots & \frac{1}{a_{n-2}} & 0 & 0 \\ 0 & 0 & \cdots & 0 & 1 & 0 & \cdots & 0 & \frac{1}{a_{n-1}} & 0 \end{array}\right)$$

$$=(\boldsymbol{E} \vdots \boldsymbol{A}^{-1}),$$

所以 $\boldsymbol{A}^{-1}=\begin{pmatrix} 0 & \cdots & 0 & 0 & \frac{1}{a_n} \\ \frac{1}{a_1} & \cdots & 0 & 0 & 0 \\ \vdots & & \vdots & \vdots & \vdots \\ 0 & \cdots & \frac{1}{a_{n-2}} & 0 & 0 \\ 0 & \cdots & 0 & \frac{1}{a_{n-1}} & 0 \end{pmatrix}$.

例 7　设 $n(n\geqslant 3)$ 阶可逆矩阵 $\boldsymbol{A}$ 的伴随矩阵为 $\boldsymbol{A}^*$，常数 $k\neq 0,\pm 1$，则 $(k\boldsymbol{A})^*=$ (　　).

(A) $k\boldsymbol{A}^*$　　(B) $k^{n-1}\boldsymbol{A}^*$　　(C) $k^n\boldsymbol{A}^*$　　(D) $k^{-1}\boldsymbol{A}^*$

解　因为 $\boldsymbol{A}$ 可逆，所以由 $\boldsymbol{A}^*=|\boldsymbol{A}|\boldsymbol{A}^{-1}$，且 $k\neq 0$ 可得

$$(k\boldsymbol{A})^*=|k\boldsymbol{A}|(k\boldsymbol{A})^{-1}=k^n|\boldsymbol{A}|\cdot\frac{1}{k}\boldsymbol{A}^{-1}=k^{n-1}\boldsymbol{A}^*.$$

因此答案为 B.

例 8　设 $\boldsymbol{A},\boldsymbol{B}$ 分别为 m 阶、n 阶可逆矩阵，若分块矩阵 $\boldsymbol{C}=\begin{pmatrix}\boldsymbol{A} & \boldsymbol{O}\\ \boldsymbol{O} & \boldsymbol{B}\end{pmatrix}$，则 $\boldsymbol{C}$ 的伴随矩阵 $\boldsymbol{C}^*=$ (　　).

(A) $\begin{pmatrix}\boldsymbol{A}^* & \boldsymbol{O}\\ \boldsymbol{O} & \boldsymbol{B}^*\end{pmatrix}$　　(B) $\begin{pmatrix}|\boldsymbol{A}|\boldsymbol{A}^* & \boldsymbol{O}\\ \boldsymbol{O} & |\boldsymbol{B}|\boldsymbol{B}^*\end{pmatrix}$

(C) $\begin{pmatrix}|\boldsymbol{B}|\boldsymbol{A}^* & \boldsymbol{O}\\ \boldsymbol{O} & |\boldsymbol{A}|\boldsymbol{B}^*\end{pmatrix}$　　(D) $\begin{pmatrix}|\boldsymbol{A}||\boldsymbol{B}|\boldsymbol{A}^* & \boldsymbol{O}\\ \boldsymbol{O} & |\boldsymbol{A}||\boldsymbol{B}|\boldsymbol{B}^*\end{pmatrix}$

解　由于 $\boldsymbol{A},\boldsymbol{B}$ 可逆，因此分块矩阵 $\boldsymbol{C}$ 可逆，则 $\boldsymbol{C}^*=|\boldsymbol{C}|\boldsymbol{C}^{-1}$. 而

$$|\boldsymbol{C}|=|\boldsymbol{A}||\boldsymbol{B}|,\quad \boldsymbol{C}^{-1}=\begin{pmatrix}\boldsymbol{A}^{-1} & \boldsymbol{O}\\ \boldsymbol{O} & \boldsymbol{B}^{-1}\end{pmatrix},$$

故

$$\boldsymbol{C}^*=|\boldsymbol{A}||\boldsymbol{B}|\begin{pmatrix}\boldsymbol{A}^{-1} & \boldsymbol{O}\\ \boldsymbol{O} & \boldsymbol{B}^{-1}\end{pmatrix}=\begin{pmatrix}|\boldsymbol{A}||\boldsymbol{B}|\boldsymbol{A}^{-1} & \boldsymbol{O}\\ \boldsymbol{O} & |\boldsymbol{A}||\boldsymbol{B}|\boldsymbol{B}^{-1}\end{pmatrix}$$

$$=\begin{pmatrix} |B|A^* & O \\ O & |A|B^* \end{pmatrix}.$$

因此答案为 C.

例 9 设 A 为 n 阶实矩阵，且满足 $AA^T=E$，证明：

(1) 若 $|A|=-1$，则 $|E+A|=0$；

(2) 若 $|A|=1$，且 n 为奇数，则 $|E-A|=0$.

证明 (1) 由 $AA^T=E$，可知

$$E+A=AA^T+A=A(A^T+E)=A(A+E)^T,$$

所以

$$|E+A|=|A(A+E)^T|=|A||(A+E)^T|=|A||A+E|.$$

而 $|A|=-1$，$|E+A|=-|A+E|$，则 $|E+A|=0$.

(2) 由 $AA^T=E$，可知 $E-A=AA^T-A=A(A^T-E)=A(A-E)^T$，所以

$$|E-A|=|A(A-E)^T|=|A||(A-E)^T|=|A||A-E|.$$

而 $|A|=1$，$|E-A|=|A-E|=(-1)^n|E-A|$，而 n 为奇数，所以

$$|E-A|=0.$$

例 10 利用初等变换法求解下列矩阵方程：

(1) $\begin{pmatrix} -5 & 2 \\ 4 & 1 \end{pmatrix}X=\begin{pmatrix} 1 & 8 & -8 \\ -6 & -9 & 9 \end{pmatrix}$；

(2) $X\begin{pmatrix} 1 & 4 \\ 3 & 2 \end{pmatrix}=\begin{pmatrix} 1 & -1 \\ 3 & 4 \\ 0 & 2 \end{pmatrix}$；

(3) $\begin{pmatrix} 1 & 2 \\ 3 & 4 \end{pmatrix}X\begin{pmatrix} 2 & -1 \\ 1 & 0 \end{pmatrix}=\begin{pmatrix} -3 & 2 \\ 1 & 1 \end{pmatrix}$.

解 (1) $X=\begin{pmatrix} -5 & 2 \\ 4 & 1 \end{pmatrix}^{-1}\begin{pmatrix} 1 & 8 & -8 \\ -6 & -9 & 9 \end{pmatrix}$，

利用初等行变换法得

$$(A\,\vdots\,B)=\left(\begin{array}{cc:ccc} -5 & 2 & 1 & 8 & -8 \\ 4 & 1 & -6 & -9 & 9 \end{array}\right)\to\left(\begin{array}{cc:ccc} 1 & -\frac{2}{5} & -\frac{1}{5} & -\frac{8}{5} & \frac{8}{5} \\ 4 & 1 & -6 & -9 & 9 \end{array}\right)$$

$$\to\left(\begin{array}{cc:ccc} 1 & -\frac{2}{5} & -\frac{1}{5} & -\frac{8}{5} & \frac{8}{5} \\ 0 & \frac{13}{5} & -\frac{26}{5} & -\frac{13}{5} & \frac{13}{5} \end{array}\right)\to\left(\begin{array}{cc:ccc} 1 & 0 & -1 & -2 & 2 \\ 0 & 1 & -2 & -1 & 1 \end{array}\right),$$

则

$$X=\begin{pmatrix} -1 & -2 & 2 \\ -2 & -1 & 1 \end{pmatrix}.$$

(2) $X=\begin{pmatrix} 1 & -1 \\ 3 & 4 \\ 0 & 2 \end{pmatrix}\begin{pmatrix} 1 & 4 \\ 3 & 2 \end{pmatrix}^{-1}$，

利用初等列变换法得

$$\begin{pmatrix} \boldsymbol{A} \\ \hdashline \boldsymbol{B} \end{pmatrix} = \begin{pmatrix} 1 & 4 \\ 3 & 2 \\ \hdashline 1 & -1 \\ 3 & 4 \\ 0 & 2 \end{pmatrix} \to \begin{pmatrix} 1 & 0 \\ 3 & -10 \\ \hdashline 1 & -5 \\ 3 & -8 \\ 0 & 2 \end{pmatrix} \to \begin{pmatrix} 1 & 0 \\ 3 & 1 \\ \hdashline 1 & \frac{1}{2} \\ 3 & \frac{4}{5} \\ 0 & -\frac{1}{5} \end{pmatrix} \to \begin{pmatrix} 1 & 0 \\ 0 & 1 \\ \hdashline -\frac{1}{2} & \frac{1}{2} \\ \frac{3}{5} & \frac{4}{5} \\ \frac{3}{5} & -\frac{1}{5} \end{pmatrix},$$

则

$$\boldsymbol{X} = \begin{pmatrix} -\frac{1}{2} & \frac{1}{2} \\ \frac{3}{5} & \frac{4}{5} \\ \frac{3}{5} & -\frac{1}{5} \end{pmatrix}.$$

(3) 记

$$\boldsymbol{AXB} = \begin{pmatrix} 1 & 2 \\ 3 & 4 \end{pmatrix} \boldsymbol{X} \begin{pmatrix} 2 & -1 \\ 1 & 0 \end{pmatrix} = \begin{pmatrix} -3 & 2 \\ 1 & 1 \end{pmatrix} = \boldsymbol{C},$$

则 $\boldsymbol{X} = \boldsymbol{A}^{-1}\boldsymbol{C}\boldsymbol{B}^{-1}$. 首先利用初等行变换法计算 $\boldsymbol{A}^{-1}\boldsymbol{C} = \begin{pmatrix} 1 & 2 \\ 3 & 4 \end{pmatrix}^{-1} \begin{pmatrix} -3 & 2 \\ 1 & 1 \end{pmatrix}$ 如下：

$$(\boldsymbol{A} \mid \boldsymbol{C}) = \left(\begin{array}{cc:cc} 1 & 2 & -3 & 2 \\ 3 & 4 & 1 & 1 \end{array}\right) \to \left(\begin{array}{cc:cc} 1 & 2 & -3 & 2 \\ 0 & -2 & 10 & -5 \end{array}\right) \to \left(\begin{array}{cc:cc} 1 & 0 & 7 & -3 \\ 0 & 1 & -5 & \frac{5}{2} \end{array}\right).$$

再利用初等列变换法计算 $(\boldsymbol{A}^{-1}\boldsymbol{C})\boldsymbol{B}^{-1} = \begin{pmatrix} 7 & -3 \\ -5 & \frac{5}{2} \end{pmatrix} \begin{pmatrix} 2 & -1 \\ 1 & 0 \end{pmatrix}^{-1}$ 如下：

$$\begin{pmatrix} \boldsymbol{B} \\ \hdashline \boldsymbol{A}^{-1}\boldsymbol{C} \end{pmatrix} = \begin{pmatrix} 2 & -1 \\ 1 & 0 \\ \hdashline 7 & -3 \\ -5 & \frac{5}{2} \end{pmatrix} \to \begin{pmatrix} 0 & 1 \\ 1 & 0 \\ \hdashline 1 & 3 \\ 0 & -\frac{5}{2} \end{pmatrix} \to \begin{pmatrix} 1 & 0 \\ 0 & 1 \\ \hdashline 3 & 1 \\ -\frac{5}{2} & 0 \end{pmatrix},$$

则

$$\boldsymbol{X} = \begin{pmatrix} 3 & 1 \\ -\frac{5}{2} & 0 \end{pmatrix}.$$

例 11　已知 n 阶方阵 $\boldsymbol{A}, \boldsymbol{B}$ 与 $\boldsymbol{A}+\boldsymbol{B}$ 均为可逆矩阵，证明：$\boldsymbol{A}^{-1}+\boldsymbol{B}^{-1}$ 也是可逆矩阵，并求出 $\boldsymbol{A}^{-1}+\boldsymbol{B}^{-1}$ 的逆矩阵.

证明　由于

$$A^{-1}+B^{-1}=A^{-1}BB^{-1}+A^{-1}AB^{-1}=A^{-1}(B+A)B^{-1}=A^{-1}(A+B)B^{-1},$$

而 A^{-1},B^{-1} 与 $A+B$ 均为可逆矩阵，则它们的行列式均不为零，因此

$$|A^{-1}+B^{-1}|=|A^{-1}(A+B)B^{-1}|=|A^{-1}||A+B||B^{-1}|\neq 0,$$

即 $A^{-1}+B^{-1}$ 也可逆. 再将 $A^{-1}+B^{-1}=A^{-1}(A+B)B^{-1}$ 两边分别求逆可得

$$(A^{-1}+B^{-1})^{-1}=[A^{-1}(A+B)B^{-1}]^{-1}=B(A+B)^{-1}A.$$

例 12　(1) 证明：对任意 $m\times n$ 矩阵 A，矩阵 A^TA 和 AA^T 都是对称矩阵；

(2) 证明：对任意 n 阶方阵 A，$A+A^T$ 为对称矩阵，而 $A-A^T$ 为反对称矩阵.

证明　(1) 因为 $(A^TA)^T=A^T(A^T)^T=A^TA$，所以 A^TA 是对称矩阵.

又因为 $(AA^T)^T=(A^T)^TA^T=AA^T$，所以 AA^T 也是对称矩阵.

(2) 因为 $(A+A^T)^T=A^T+(A^T)^T=A^T+A=A+A^T$，所以 $A+A^T$ 为对称矩阵. 又因为 $(A-A^T)^T=A^T-(A^T)^T=A^T-A=-(A-A^T)$，所以 $A-A^T$ 为反对称矩阵.

例 13　设方阵

$$A=\begin{pmatrix}1&1&1&1\\1&1&-1&-1\\1&-1&1&-1\\1&-1&-1&1\end{pmatrix},$$

(1) 求 A^2；

(2) 证明：方阵 A 可逆，并求 A^{-1}；

(3) 求 $(A^*)^{-1}$.

证明　(1) $A^2=\begin{pmatrix}1&1&1&1\\1&1&-1&-1\\1&-1&1&-1\\1&-1&-1&1\end{pmatrix}\begin{pmatrix}1&1&1&1\\1&1&-1&-1\\1&-1&1&-1\\1&-1&-1&1\end{pmatrix}$

$$=\begin{pmatrix}4&0&0&0\\0&4&0&0\\0&0&4&0\\0&0&0&4\end{pmatrix}=4E.$$

(2) 由于 $A^2=4E$，则 $\frac{1}{4}AA=E$，因此 A 可逆，且 $A^{-1}=\frac{1}{4}A$.

(3) 由 $A^*=|A|A^{-1}$，可知 $(A^*)^{-1}=(|A|A^{-1})^{-1}=\frac{1}{|A|}A$. 下面求 $|A|$.

$$|A|=\begin{vmatrix}1&1&1&1\\1&1&-1&-1\\1&-1&1&-1\\1&-1&-1&1\end{vmatrix}=\begin{vmatrix}1&1&1&1\\0&0&-2&-2\\0&-2&0&-2\\0&-2&-2&0\end{vmatrix}$$

$$=\begin{vmatrix}1&1&1&1\\0&0&-2&-2\\0&-2&0&-2\\0&0&-2&2\end{vmatrix}=\begin{vmatrix}1&1&1&1\\0&-2&0&-2\\0&0&-2&-2\\0&0&0&4\end{vmatrix}=16,$$

所以

$$(\boldsymbol{A}^*)^{-1}=\frac{1}{|\boldsymbol{A}|}\boldsymbol{A}=\frac{1}{16}\boldsymbol{A}.$$

例 14 设方阵

$$\boldsymbol{A}=\begin{pmatrix}1&3&0&0&0\\0&1&0&0&0\\0&0&2&0&0\\0&0&0&3&0\\0&0&0&1&3\end{pmatrix},$$

求 $\boldsymbol{A}^{\mathrm{T}}$, $|\boldsymbol{A}|$, $\boldsymbol{A}\boldsymbol{A}^{\mathrm{T}}$, $\boldsymbol{A}^{-1}$.

解 将 $\boldsymbol{A}$ 分块为

$$\boldsymbol{A}=\left(\begin{array}{cc:c:cc}1&3&0&0&0\\0&1&0&0&0\\ \hdashline 0&0&2&0&0\\ \hdashline 0&0&0&3&0\\0&0&0&1&3\end{array}\right)=\begin{pmatrix}\boldsymbol{A}_1&\boldsymbol{O}&\boldsymbol{O}\\\boldsymbol{O}&\boldsymbol{A}_2&\boldsymbol{O}\\\boldsymbol{O}&\boldsymbol{O}&\boldsymbol{A}_3\end{pmatrix},$$

其中 $\boldsymbol{A}_1=\begin{pmatrix}1&3\\0&1\end{pmatrix}$, $\boldsymbol{A}_2=(2)$, $\boldsymbol{A}_3=\begin{pmatrix}3&0\\1&3\end{pmatrix}$,则

$$\boldsymbol{A}^{\mathrm{T}}=\begin{pmatrix}\boldsymbol{A}_1^{\mathrm{T}}&&\\&\boldsymbol{A}_2^{\mathrm{T}}&\\&&\boldsymbol{A}_3^{\mathrm{T}}\end{pmatrix}=\begin{pmatrix}1&0&0&0&0\\3&1&0&0&0\\0&0&2&0&0\\0&0&0&3&1\\0&0&0&0&3\end{pmatrix},$$

$$|\boldsymbol{A}|=\begin{vmatrix}\boldsymbol{A}_1&&\\&\boldsymbol{A}_2&\\&&\boldsymbol{A}_3\end{vmatrix}=|\boldsymbol{A}_1||\boldsymbol{A}_2||\boldsymbol{A}_3|=1\times2\times9=18,$$

$$\boldsymbol{A}\boldsymbol{A}^{\mathrm{T}}=\begin{pmatrix}\boldsymbol{A}_1&&\\&\boldsymbol{A}_2&\\&&\boldsymbol{A}_3\end{pmatrix}\begin{pmatrix}\boldsymbol{A}_1^{\mathrm{T}}&&\\&\boldsymbol{A}_2^{\mathrm{T}}&\\&&\boldsymbol{A}_3^{\mathrm{T}}\end{pmatrix}=\begin{pmatrix}\boldsymbol{A}_1\boldsymbol{A}_1^{\mathrm{T}}&&\\&\boldsymbol{A}_2\boldsymbol{A}_2^{\mathrm{T}}&\\&&\boldsymbol{A}_3\boldsymbol{A}_3^{\mathrm{T}}\end{pmatrix}$$

$$=\begin{pmatrix}10&3&0&0&0\\3&1&0&0&0\\0&0&4&0&0\\0&0&0&9&3\\0&0&0&3&10\end{pmatrix},$$

$$\boldsymbol{A}^{-1}=\begin{pmatrix}\boldsymbol{A}_1^{-1}&&\\&\boldsymbol{A}_2^{-1}&\\&&\boldsymbol{A}_3^{-1}\end{pmatrix},$$

而

$$\boldsymbol{A}_1^{-1}=\begin{pmatrix}1&-3\\0&1\end{pmatrix},\quad \boldsymbol{A}_2^{-1}=\begin{pmatrix}\frac{1}{2}\end{pmatrix},\quad \boldsymbol{A}_3^{-1}=\begin{pmatrix}\frac{1}{3}&0\\-\frac{1}{9}&\frac{1}{3}\end{pmatrix},$$

故

$$\boldsymbol{A}^{-1}=\begin{pmatrix}\boldsymbol{A}_1^{-1}&&\\&\boldsymbol{A}_2^{-1}&\\&&\boldsymbol{A}_3^{-1}\end{pmatrix}=\begin{pmatrix}1&-3&0&0&0\\0&1&0&0&0\\0&0&\frac{1}{2}&0&0\\0&0&0&\frac{1}{3}&0\\0&0&0&-\frac{1}{9}&\frac{1}{3}\end{pmatrix}.$$

例 15 已知矩阵 $\boldsymbol{A}=\begin{pmatrix}1&0&0\\1&1&0\\1&1&1\end{pmatrix}$，$\boldsymbol{B}=\begin{pmatrix}0&1&1\\1&0&1\\1&1&0\end{pmatrix}$，且矩阵 $\boldsymbol{X}$ 满足

$$\boldsymbol{AXA}+\boldsymbol{BXB}=\boldsymbol{AXB}+\boldsymbol{BXA},$$

求 $\boldsymbol{X}$.

解 由 $\boldsymbol{AXA}+\boldsymbol{BXB}=\boldsymbol{AXB}+\boldsymbol{BXA}$，可得

$$\boldsymbol{AXA}-\boldsymbol{AXB}=\boldsymbol{BXA}-\boldsymbol{BXB},$$

即 $\boldsymbol{AX}(\boldsymbol{A}-\boldsymbol{B})=\boldsymbol{BX}(\boldsymbol{A}-\boldsymbol{B})$，所以 $(\boldsymbol{A}-\boldsymbol{B})\boldsymbol{X}(\boldsymbol{A}-\boldsymbol{B})=\boldsymbol{O}$. 而

$$\boldsymbol{A}-\boldsymbol{B}=\begin{pmatrix}1&-1&-1\\0&1&-1\\0&0&1\end{pmatrix},$$

显然 $\boldsymbol{A}-\boldsymbol{B}$ 可逆，所以 $\boldsymbol{X}=\boldsymbol{O}$.

五、习题详解

习题 2.2

1. 设矩阵 $\boldsymbol{A}=\begin{pmatrix}2&1&3&-2\\0&8&6&2\\3&2&0&-3\end{pmatrix}$，$\boldsymbol{B}=\begin{pmatrix}-2&1&1&1\\1&2&3&4\\4&2&5&3\end{pmatrix}$，求 $3\boldsymbol{A}+2\boldsymbol{B}$.

解 $3\boldsymbol{A}+2\boldsymbol{B}=3\begin{pmatrix}2&1&3&-2\\0&8&6&2\\3&2&0&-3\end{pmatrix}+2\begin{pmatrix}-2&1&1&1\\1&2&3&4\\4&2&5&3\end{pmatrix}=\begin{pmatrix}2&5&11&-4\\2&28&24&14\\17&10&10&-3\end{pmatrix}$.

2. 设矩阵

$$\boldsymbol{A}=\begin{pmatrix}2&3&6&8\\4&7&-2&5\end{pmatrix},\quad \boldsymbol{B}=\begin{pmatrix}8&5&2&-4\\6&3&-4&5\end{pmatrix},$$

且有 $\boldsymbol{A}+2\boldsymbol{X}=\boldsymbol{B}$，求矩阵 $\boldsymbol{X}$.

解 由于 $\boldsymbol{A}+2\boldsymbol{X}=\boldsymbol{B}$，因此

$$\boldsymbol{X}=\frac{1}{2}(\boldsymbol{B}-\boldsymbol{A})=\frac{1}{2}\left(\begin{pmatrix}8&5&2&-4\\6&3&-4&5\end{pmatrix}-\begin{pmatrix}2&3&6&8\\4&7&-2&5\end{pmatrix}\right)$$

$$=\begin{pmatrix}3&1&-2&-6\\1&-2&-1&0\end{pmatrix}.$$

3. 计算：

(1) $\begin{pmatrix}0&0&0\\a&b&c\end{pmatrix}\begin{pmatrix}a_1&0\\b_1&0\\c_1&0\end{pmatrix}$； (2) $\begin{pmatrix}a_1&0\\b_1&0\\c_1&0\end{pmatrix}\begin{pmatrix}0&0&0\\a&b&c\end{pmatrix}$；

(3) $\begin{pmatrix}1&2&4\\0&3&2\end{pmatrix}\begin{pmatrix}1&2&0\\4&0&8\\3&6&5\end{pmatrix}$； (4) $\begin{pmatrix}1\\2\\3\\4\end{pmatrix}(3,2,1,5)$ 与 $(1,2,3,4)\begin{pmatrix}3\\2\\1\\5\end{pmatrix}$；

(5) $\begin{pmatrix}3&1&2&-1\\0&3&1&0\end{pmatrix}\begin{pmatrix}1&0&5\\0&2&0\\1&0&1\\0&3&0\end{pmatrix}\begin{pmatrix}-1&0\\1&5\\0&2\end{pmatrix}$.

解 (1) $\begin{pmatrix}0&0&0\\a&b&c\end{pmatrix}\begin{pmatrix}a_1&0\\b_1&0\\c_1&0\end{pmatrix}=\begin{pmatrix}0&0\\aa_1+bb_1+cc_1&0\end{pmatrix}$.

(2) $\begin{pmatrix} a_1 & 0 \\ b_1 & 0 \\ c_1 & 0 \end{pmatrix}\begin{pmatrix} 0 & 0 & 0 \\ a & b & c \end{pmatrix} = \begin{pmatrix} 0 & 0 & 0 \\ 0 & 0 & 0 \\ 0 & 0 & 0 \end{pmatrix}$.

注 由(1),(2)题可见,一般地,$\boldsymbol{AB} \neq \boldsymbol{BA}$.

(3) $\begin{pmatrix} 1 & 2 & 4 \\ 0 & 3 & 2 \end{pmatrix}\begin{pmatrix} 1 & 2 & 0 \\ 4 & 0 & 8 \\ 3 & 6 & 5 \end{pmatrix} = \begin{pmatrix} 21 & 26 & 36 \\ 18 & 12 & 34 \end{pmatrix}$.

(4) $\begin{pmatrix} 1 \\ 2 \\ 3 \\ 4 \end{pmatrix}(3,2,1,5) = \begin{pmatrix} 3 & 2 & 1 & 5 \\ 6 & 4 & 2 & 10 \\ 9 & 6 & 3 & 15 \\ 12 & 8 & 4 & 20 \end{pmatrix}$;$(1,2,3,4)\begin{pmatrix} 3 \\ 2 \\ 1 \\ 5 \end{pmatrix} = 30$.

(5) $$\begin{pmatrix} 3 & 1 & 2 & -1 \\ 0 & 3 & 1 & 0 \end{pmatrix}\begin{pmatrix} 1 & 0 & 5 \\ 0 & 2 & 0 \\ 1 & 0 & 1 \\ 0 & 3 & 0 \end{pmatrix}\begin{pmatrix} -1 & 0 \\ 1 & 5 \\ 0 & 2 \end{pmatrix} = \begin{pmatrix} 5 & -1 & 17 \\ 1 & 6 & 1 \end{pmatrix}\begin{pmatrix} -1 & 0 \\ 1 & 5 \\ 0 & 2 \end{pmatrix}$$
$$= \begin{pmatrix} -6 & 29 \\ 5 & 32 \end{pmatrix}.$$

4. 计算:

(1) 设矩阵 $\boldsymbol{A} = \begin{pmatrix} 0 & 1 & 1 \\ 2 & 1 & 0 \end{pmatrix}$,$\boldsymbol{B} = \begin{pmatrix} 1 & -1 \\ 2 & 0 \\ 1 & 1 \end{pmatrix}$,求:① $\boldsymbol{AB}$,$\boldsymbol{BA}$;② $\boldsymbol{A}^{\mathrm{T}}\boldsymbol{B}^{\mathrm{T}}$;

(2) 设矩阵 $\boldsymbol{A} = \begin{pmatrix} 1 & 1 & 1 \\ 2 & -1 & 0 \\ 1 & 0 & 1 \end{pmatrix}$,$\boldsymbol{B} = \begin{pmatrix} 1 & 0 & 0 \\ 2 & 1 & 0 \\ 0 & 2 & 1 \end{pmatrix}$,求$(\boldsymbol{AB})^{\mathrm{T}} - \boldsymbol{A}^{\mathrm{T}}\boldsymbol{B}^{\mathrm{T}}$.

解 (1) ① $\boldsymbol{AB} = \begin{pmatrix} 0 & 1 & 1 \\ 2 & 1 & 0 \end{pmatrix}\begin{pmatrix} 1 & -1 \\ 2 & 0 \\ 1 & 1 \end{pmatrix} = \begin{pmatrix} 3 & 1 \\ 4 & -2 \end{pmatrix}$,

$$\boldsymbol{BA} = \begin{pmatrix} 1 & -1 \\ 2 & 0 \\ 1 & 1 \end{pmatrix}\begin{pmatrix} 0 & 1 & 1 \\ 2 & 1 & 0 \end{pmatrix} = \begin{pmatrix} -2 & 0 & 1 \\ 0 & 2 & 2 \\ 2 & 2 & 1 \end{pmatrix};$$

② $\boldsymbol{A}^{\mathrm{T}}\boldsymbol{B}^{\mathrm{T}} = \begin{pmatrix} 0 & 2 \\ 1 & 1 \\ 1 & 0 \end{pmatrix}\begin{pmatrix} 1 & 2 & 1 \\ -1 & 0 & 1 \end{pmatrix} = \begin{pmatrix} -2 & 0 & 2 \\ 0 & 2 & 2 \\ 1 & 2 & 1 \end{pmatrix}$.

(2) $(\boldsymbol{AB})^{\mathrm{T}} - \boldsymbol{A}^{\mathrm{T}}\boldsymbol{B}^{\mathrm{T}} = \boldsymbol{B}^{\mathrm{T}}\boldsymbol{A}^{\mathrm{T}} - \boldsymbol{A}^{\mathrm{T}}\boldsymbol{B}^{\mathrm{T}} = \begin{pmatrix} 3 & 0 & 1 \\ 3 & -1 & 2 \\ 1 & 0 & 1 \end{pmatrix} - \begin{pmatrix} 1 & 4 & 5 \\ 1 & 1 & -2 \\ 1 & 2 & 1 \end{pmatrix}$

$$=\begin{pmatrix}2&-4&-4\\2&-2&4\\0&-2&0\end{pmatrix}.$$

5. 设矩阵 $A=\begin{pmatrix}-1&-1&2\\-1&2&0\\0&1&1\end{pmatrix}$，求：(1) $|3A|$；(2) $3|A|$；(3) $|kA|$（k 是一个常数）.

解　(1) $|3A|=3^3|A|=27\times(-5)=-135$.

(2) $3|A|=-15$.

(3) $|kA|=-5k^3$.

6. 求所有与 A 可交换的矩阵：

(1) $A=\begin{pmatrix}1&0&0\\0&1&2\\0&1&-2\end{pmatrix}$；　　(2) $A=\begin{pmatrix}1&1&0\\0&1&1\\0&0&1\end{pmatrix}$.

解　(1) 把矩阵 A 分块为 $A=\left(\begin{array}{c:cc}1&0&0\\\hdashline 0&1&2\\0&1&-2\end{array}\right)=\begin{pmatrix}1&O\\O&A_2\end{pmatrix}$，设与 A 可交换的矩阵 $X=\begin{pmatrix}X_1&X_2\\X_3&X_4\end{pmatrix}$，其中 X_1 是一个数，X_2，X_3 分别是 1×2 和 2×1 矩阵，X_4 是二阶方阵，所以

$$AX=\begin{pmatrix}1&O\\O&A_2\end{pmatrix}\begin{pmatrix}X_1&X_2\\X_3&X_4\end{pmatrix}=\begin{pmatrix}X_1&X_2\\A_2X_3&A_2X_4\end{pmatrix},$$

$$XA=\begin{pmatrix}X_1&X_2\\X_3&X_4\end{pmatrix}\begin{pmatrix}1&O\\O&A_2\end{pmatrix}=\begin{pmatrix}X_1&X_2A_2\\X_3&X_4A_2\end{pmatrix}.$$

由 $AX=XA$，得

$$\begin{cases}X_1=X_1,\\X_2=X_2A_2,\\X_3=A_2X_3,\\X_4A_2=A_2X_4.\end{cases}$$

因此，X_1 为任意数，记为 $X_1=a$；由 $X_2=X_2A_2$，得 $X_2(E-A_2)=O$，而 $E-A_2$ 可逆，则 $X_2=O$；同理 $X_3=O$；由于 $X_4A_2=A_2X_4$，可设 $X_4=\begin{pmatrix}x_{11}&x_{12}\\x_{21}&x_{22}\end{pmatrix}$，因此 $\begin{cases}x_{12}=2x_{21},\\x_{22}=x_{11}-3x_{21},\end{cases}$ 记 $x_{11}=c$，$x_{21}=b$，则 $X_4=\begin{pmatrix}c&2b\\b&c-3b\end{pmatrix}$.

综上可知，所有与 A 可交换的矩阵为 $X=\begin{pmatrix}a&0&0\\0&c&2b\\0&b&c-3b\end{pmatrix}$（$a,b,c$ 为任意常数）.

(2) 类似于(1) 的方法,可得所有与 $\boldsymbol{A}$ 可交换的矩阵为

$$\boldsymbol{X}=\begin{pmatrix}a&b&c\\0&a&b\\0&0&a\end{pmatrix}\quad(a,b,c\text{ 为任意常数}).$$

7. 计算:

(1) $\begin{pmatrix}1&3\\0&1\end{pmatrix}^n$;　　(2) $\begin{pmatrix}1&-1&-1&-1\\-1&1&-1&-1\\-1&-1&1&-1\\-1&-1&-1&1\end{pmatrix}^n$.

解 (1) 设 $\boldsymbol{A}=\begin{pmatrix}1&3\\0&1\end{pmatrix}$,则 $\boldsymbol{A}=\begin{pmatrix}1&0\\0&1\end{pmatrix}+\begin{pmatrix}0&3\\0&0\end{pmatrix}=\boldsymbol{E}+\boldsymbol{B}$,其中 $\boldsymbol{B}=\begin{pmatrix}0&3\\0&0\end{pmatrix}$. 显然 $\boldsymbol{B}^2=\boldsymbol{O}$,因此

$$\begin{aligned}\boldsymbol{A}^n&=(\boldsymbol{E}+\boldsymbol{B})^n=\boldsymbol{E}^n+n\boldsymbol{E}^{n-1}\boldsymbol{B}+\frac{n(n-1)}{2!}\boldsymbol{E}^{n-2}\boldsymbol{B}^2+\cdots+\boldsymbol{B}^n\\&=\boldsymbol{E}+n\boldsymbol{B}=\begin{pmatrix}1&3n\\0&1\end{pmatrix}.\end{aligned}$$

(2) 记 $\boldsymbol{A}=\begin{pmatrix}1&-1&-1&-1\\-1&1&-1&-1\\-1&-1&1&-1\\-1&-1&-1&1\end{pmatrix}$.

当 $n=2$ 时,$\boldsymbol{A}^2=2^2\boldsymbol{E}$;当 $n=3$ 时,$\boldsymbol{A}^3=\boldsymbol{A}^2\boldsymbol{A}=2^2\boldsymbol{A}$. 以此类推可知

若 n 为偶数,则 $\boldsymbol{A}^n=(\boldsymbol{A}^2)^{\frac{n}{2}}=(2^2\boldsymbol{E})^{\frac{n}{2}}=2^n\boldsymbol{E}$;

若 n 为奇数,则 $\boldsymbol{A}^n=(\boldsymbol{A}^2)^{\frac{n-1}{2}}\boldsymbol{A}=(2^2\boldsymbol{E})^{\frac{n-1}{2}}\boldsymbol{A}=2^{n-1}\boldsymbol{A}$.

综上可知

$$\boldsymbol{A}^n=\begin{cases}2^n\boldsymbol{E}, & n\text{ 为偶数},\\2^{n-1}\boldsymbol{A}, & n\text{ 为奇数}.\end{cases}$$

习题 2.3

1. 设 $f(x)=ax^2+bx+c$,$\boldsymbol{A}$ 为 n 阶方阵,$\boldsymbol{E}$ 为 n 阶单位矩阵,定义

$$f(\boldsymbol{A})=a\boldsymbol{A}^2+b\boldsymbol{A}+c\boldsymbol{E}.$$

(1) 已知 $f(x)=x^2+x-1$,$\boldsymbol{A}=\begin{pmatrix}1&2&1\\2&1&3\\1&0&1\end{pmatrix}$,求 $f(\boldsymbol{A})$;

(2) 已知 $f(x)=x^2-5x+3$,$\boldsymbol{A}=\begin{pmatrix}2&1\\3&4\end{pmatrix}$,求 $f(\boldsymbol{A})$.

解 (1) $f(\boldsymbol{A})=\boldsymbol{A}^2+\boldsymbol{A}-\boldsymbol{E}$

$$=\begin{pmatrix}1&2&1\\2&1&3\\1&0&1\end{pmatrix}^2+\begin{pmatrix}1&2&1\\2&1&3\\1&0&1\end{pmatrix}-\begin{pmatrix}1&0&0\\0&1&0\\0&0&1\end{pmatrix}=\begin{pmatrix}6&6&9\\9&5&11\\3&2&2\end{pmatrix}.$$

(2) $f(\boldsymbol{A})=\boldsymbol{A}^2-5\boldsymbol{A}+3\boldsymbol{E}=\begin{pmatrix}2&1\\3&4\end{pmatrix}^2-5\begin{pmatrix}2&1\\3&4\end{pmatrix}+3\begin{pmatrix}1&0\\0&1\end{pmatrix}=\begin{pmatrix}0&1\\3&2\end{pmatrix}.$

2. 已知矩阵 $\boldsymbol{A}$ 为 n 阶反对称矩阵，$\boldsymbol{B}$ 为 n 阶对称矩阵，试问：$\boldsymbol{BA}-\boldsymbol{AB}$ 是对称矩阵还是反对称矩阵？并给予证明.

证明　由于

$$(\boldsymbol{BA}-\boldsymbol{AB})^{\mathrm{T}}=(\boldsymbol{BA})^{\mathrm{T}}-(\boldsymbol{AB})^{\mathrm{T}}=\boldsymbol{A}^{\mathrm{T}}\boldsymbol{B}^{\mathrm{T}}-\boldsymbol{B}^{\mathrm{T}}\boldsymbol{A}^{\mathrm{T}}=-\boldsymbol{AB}+\boldsymbol{BA}=\boldsymbol{BA}-\boldsymbol{AB},$$

因此 $\boldsymbol{BA}-\boldsymbol{AB}$ 是对称矩阵.

3. 设 $\boldsymbol{A}$ 为 $m\times n$ 实矩阵，证明：若 $\boldsymbol{AA}^{\mathrm{T}}=\boldsymbol{O}$，则 $\boldsymbol{A}=\boldsymbol{O}$.

证明　设 $\boldsymbol{A}=(a_{ij})_{m\times n}$，$\boldsymbol{C}=(c_{ij})_{m\times m}=\boldsymbol{AA}^{\mathrm{T}}=\boldsymbol{O}$，所以

$$c_{ij}=a_{i1}a_{j1}+a_{i2}a_{j2}+\cdots+a_{in}a_{jn}=0\quad(i,j=1,2,\cdots,m),$$

则 $c_{ii}=a_{i1}^2+a_{i2}^2+\cdots+a_{in}^2=0(i=1,2,\cdots,m)$. 于是 $a_{ij}=0(i=1,2,\cdots,m;j=1,2,\cdots,n)$，故 $\boldsymbol{A}=\boldsymbol{O}$.

习题 2.5

1. 判断下列方阵是否可逆；若可逆，求其逆矩阵：

(1) $\begin{pmatrix}1&2&-1\\3&4&-2\\5&-4&1\end{pmatrix}$；　　(2) $\begin{pmatrix}2&2&2\\1&2&3\\1&3&6\end{pmatrix}$；

(3) $\begin{pmatrix}1&2&3\\0&1&2\\0&0&1\end{pmatrix}$；　　(4) $\begin{pmatrix}1&0&0&0\\1&2&0&0\\2&1&3&0\\1&2&1&4\end{pmatrix}$.

解　(1) 设 $\boldsymbol{A}=\begin{pmatrix}1&2&-1\\3&4&-2\\5&-4&1\end{pmatrix}$，则 $|\boldsymbol{A}|=2\neq0$，所以 $\boldsymbol{A}$ 可逆. 而

$$A_{11}=-4,\quad A_{12}=-13,\quad A_{13}=-32,$$
$$A_{21}=2,\quad A_{22}=6,\quad A_{23}=14,$$
$$A_{31}=0,\quad A_{32}=-1,\quad A_{33}=-2,$$

所以

$$\boldsymbol{A}^{-1}=\frac{1}{|\boldsymbol{A}|}\boldsymbol{A}^*=\begin{pmatrix}-2&1&0\\-\frac{13}{2}&3&-\frac{1}{2}\\-16&7&-1\end{pmatrix}.$$

(2) 设 $\boldsymbol{A}=\begin{pmatrix}2&2&2\\1&2&3\\1&3&6\end{pmatrix}$,则 $|\boldsymbol{A}|=2\neq 0$,所以 $\boldsymbol{A}$ 可逆. 而

$$A_{11}=3,\quad A_{12}=-3,\quad A_{13}=1,$$
$$A_{21}=-6,\quad A_{22}=10,\quad A_{23}=-4,$$
$$A_{31}=2,\quad A_{32}=-4,\quad A_{33}=2,$$

所以

$$\boldsymbol{A}^{-1}=\frac{1}{|\boldsymbol{A}|}\boldsymbol{A}^{*}=\begin{pmatrix}\frac{3}{2}&-3&1\\-\frac{3}{2}&5&-2\\\frac{1}{2}&-2&1\end{pmatrix}.$$

(3) 设 $\boldsymbol{A}=\begin{pmatrix}1&2&3\\0&1&2\\0&0&1\end{pmatrix}$,则 $|\boldsymbol{A}|=1\neq 0$,所以 $\boldsymbol{A}$ 可逆. 而

$$A_{11}=1,\quad A_{12}=0,\quad A_{13}=0,$$
$$A_{21}=-2,\quad A_{22}=1,\quad A_{23}=0,$$
$$A_{31}=1,\quad A_{32}=-2,\quad A_{33}=1,$$

所以

$$\boldsymbol{A}^{-1}=\frac{1}{|\boldsymbol{A}|}\boldsymbol{A}^{*}=\begin{pmatrix}1&-2&1\\0&1&-2\\0&0&1\end{pmatrix}.$$

(4) 设 $\boldsymbol{A}=\begin{pmatrix}1&0&0&0\\1&2&0&0\\2&1&3&0\\1&2&1&4\end{pmatrix}$,则 $|\boldsymbol{A}|=24\neq 0$,所以 $\boldsymbol{A}$ 可逆. 而

$$A_{11}=24,\quad A_{12}=-12,\quad A_{13}=-12,\quad A_{14}=3,$$
$$A_{21}=0,\quad A_{22}=12,\quad A_{23}=-4,\quad A_{24}=-5,$$
$$A_{31}=0,\quad A_{32}=0,\quad A_{33}=8,\quad A_{34}=-2,$$
$$A_{41}=0,\quad A_{42}=0,\quad A_{43}=0,\quad A_{44}=6,$$

所以

$$\boldsymbol{A}^{-1}=\frac{1}{|\boldsymbol{A}|}\boldsymbol{A}^{*}=\begin{pmatrix}1&0&0&0\\-\frac{1}{2}&\frac{1}{2}&0&0\\-\frac{1}{2}&-\frac{1}{6}&\frac{1}{3}&0\\\frac{1}{8}&-\frac{5}{24}&-\frac{1}{12}&\frac{1}{4}\end{pmatrix}.$$

2. 设矩阵 $\boldsymbol{A}$ 满足 $\boldsymbol{A}^2+\boldsymbol{A}-2\boldsymbol{E}=\boldsymbol{O}$,证明:$\boldsymbol{A}$ 和 $\boldsymbol{A}-2\boldsymbol{E}$ 都可逆,并求其逆矩阵.

证明 由 $\boldsymbol{A}^2+\boldsymbol{A}-2\boldsymbol{E}=\boldsymbol{O}$,可得 $\frac{1}{2}\boldsymbol{A}(\boldsymbol{A}+\boldsymbol{E})=\boldsymbol{E}$,所以 $\boldsymbol{A}$ 可逆,且

$$\boldsymbol{A}^{-1}=\frac{1}{2}(\boldsymbol{A}+\boldsymbol{E}).$$

又由 $\boldsymbol{A}^2+\boldsymbol{A}-2\boldsymbol{E}=\boldsymbol{O}$,可得 $\boldsymbol{A}^2-4\boldsymbol{E}+\boldsymbol{A}-2\boldsymbol{E}=-4\boldsymbol{E}$. 由于 $\boldsymbol{A}$ 与 $2\boldsymbol{E}$ 可交换,因此

$$(\boldsymbol{A}-2\boldsymbol{E})(\boldsymbol{A}+2\boldsymbol{E})+(\boldsymbol{A}-2\boldsymbol{E})=-4\boldsymbol{E},$$

$$-\frac{1}{4}(\boldsymbol{A}-2\boldsymbol{E})(\boldsymbol{A}+3\boldsymbol{E})=\boldsymbol{E}.$$

所以 $\boldsymbol{A}-2\boldsymbol{E}$ 可逆,且

$$(\boldsymbol{A}-2\boldsymbol{E})^{-1}=-\frac{1}{4}(\boldsymbol{A}+3\boldsymbol{E}).$$

3. 已知三阶方阵 $\boldsymbol{A}$ 的逆矩阵为

$$\boldsymbol{A}^{-1}=\begin{pmatrix}1&1&1\\1&2&1\\1&1&3\end{pmatrix},$$

试求伴随矩阵 $\boldsymbol{A}^*$ 的逆矩阵 $(\boldsymbol{A}^*)^{-1}$.

解 由 $\boldsymbol{A}^{-1}=\frac{1}{|\boldsymbol{A}|}\boldsymbol{A}^*$,可知 $(\boldsymbol{A}^*)^{-1}=\frac{1}{|\boldsymbol{A}|}\boldsymbol{A}$. 而

$$|\boldsymbol{A}^{-1}|=2,\quad \boldsymbol{A}=(\boldsymbol{A}^{-1})^{-1}=\frac{1}{2}\begin{pmatrix}5&-2&-1\\-2&2&0\\-1&0&1\end{pmatrix},$$

所以

$$(\boldsymbol{A}^*)^{-1}=\frac{1}{|\boldsymbol{A}|}\boldsymbol{A}=\begin{pmatrix}5&-2&-1\\-2&2&0\\-1&0&1\end{pmatrix}.$$

4. 设 $\boldsymbol{A}$ 是三阶方阵,已知 $|\boldsymbol{A}|=\frac{1}{2}$,求 $|(3\boldsymbol{A})^{-1}-2\boldsymbol{A}^*|$ 的值.

解 $$|(3\boldsymbol{A})^{-1}-2\boldsymbol{A}^*|=\left|\frac{1}{3}\boldsymbol{A}^{-1}-2|\boldsymbol{A}|\boldsymbol{A}^{-1}\right|=\left|\frac{1}{3}\boldsymbol{A}^{-1}-\boldsymbol{A}^{-1}\right|$$

$$=\left|-\frac{2}{3}\boldsymbol{A}^{-1}\right|=\left(-\frac{2}{3}\right)^3\times 2=-\frac{16}{27}.$$

5. 设 $\boldsymbol{A},\boldsymbol{B},\boldsymbol{A}+\boldsymbol{B}$ 均为 n 阶可逆矩阵,证明:

(1) $\boldsymbol{A}^{-1}+\boldsymbol{B}^{-1}$ 可逆,且 $(\boldsymbol{A}^{-1}+\boldsymbol{B}^{-1})^{-1}=\boldsymbol{A}(\boldsymbol{A}+\boldsymbol{B})^{-1}\boldsymbol{B}$;

(2) $\boldsymbol{A}(\boldsymbol{A}+\boldsymbol{B})^{-1}\boldsymbol{B}=\boldsymbol{B}(\boldsymbol{A}+\boldsymbol{B})^{-1}\boldsymbol{A}$.

证明 (1) 因为

$$\begin{aligned}(\boldsymbol{A}^{-1}+\boldsymbol{B}^{-1})[\boldsymbol{A}(\boldsymbol{A}+\boldsymbol{B})^{-1}\boldsymbol{B}]&=\boldsymbol{A}^{-1}\boldsymbol{A}(\boldsymbol{A}+\boldsymbol{B})^{-1}\boldsymbol{B}+\boldsymbol{B}^{-1}\boldsymbol{A}(\boldsymbol{A}+\boldsymbol{B})^{-1}\boldsymbol{B}\\&=(\boldsymbol{A}+\boldsymbol{B})^{-1}\boldsymbol{B}+\boldsymbol{B}^{-1}\boldsymbol{A}(\boldsymbol{A}+\boldsymbol{B})^{-1}\boldsymbol{B}=(\boldsymbol{E}+\boldsymbol{B}^{-1}\boldsymbol{A})(\boldsymbol{A}+\boldsymbol{B})^{-1}\boldsymbol{B}\\&=(\boldsymbol{B}^{-1}\boldsymbol{B}+\boldsymbol{B}^{-1}\boldsymbol{A})(\boldsymbol{A}+\boldsymbol{B})^{-1}\boldsymbol{B}=\boldsymbol{B}^{-1}(\boldsymbol{B}+\boldsymbol{A})(\boldsymbol{A}+\boldsymbol{B})^{-1}\boldsymbol{B}=\boldsymbol{E},\end{aligned}$$

所以 $\boldsymbol{A}^{-1}+\boldsymbol{B}^{-1}$ 可逆,且 $(\boldsymbol{A}^{-1}+\boldsymbol{B}^{-1})^{-1}=\boldsymbol{A}(\boldsymbol{A}+\boldsymbol{B})^{-1}\boldsymbol{B}$.

(2) $(\boldsymbol{A}^{-1}+\boldsymbol{B}^{-1})[\boldsymbol{B}(\boldsymbol{A}+\boldsymbol{B})^{-1}\boldsymbol{A}]=\boldsymbol{A}^{-1}\boldsymbol{B}(\boldsymbol{A}+\boldsymbol{B})^{-1}\boldsymbol{A}+\boldsymbol{B}^{-1}\boldsymbol{B}(\boldsymbol{A}+\boldsymbol{B})^{-1}\boldsymbol{A}$

$$=(\boldsymbol{A}^{-1}\boldsymbol{B}+\boldsymbol{E})(\boldsymbol{A}+\boldsymbol{B})^{-1}\boldsymbol{A}=(\boldsymbol{A}^{-1}\boldsymbol{B}+\boldsymbol{A}^{-1}\boldsymbol{A})(\boldsymbol{A}+\boldsymbol{B})^{-1}\boldsymbol{A}$$
$$=\boldsymbol{A}^{-1}(\boldsymbol{B}+\boldsymbol{A})(\boldsymbol{A}+\boldsymbol{B})^{-1}\boldsymbol{A}=\boldsymbol{E},$$

所以 $\boldsymbol{A}^{-1}+\boldsymbol{B}^{-1}$ 可逆,且 $(\boldsymbol{A}^{-1}+\boldsymbol{B}^{-1})^{-1}=\boldsymbol{B}(\boldsymbol{A}+\boldsymbol{B})^{-1}\boldsymbol{A}$. 于是由(1)可知

$$\boldsymbol{A}(\boldsymbol{A}+\boldsymbol{B})^{-1}\boldsymbol{B}=\boldsymbol{B}(\boldsymbol{A}+\boldsymbol{B})^{-1}\boldsymbol{A}.$$

6. 已知 $\boldsymbol{A}^3=2\boldsymbol{E},\boldsymbol{B}=\boldsymbol{A}^2-2\boldsymbol{A}+2\boldsymbol{E}$,证明:$\boldsymbol{B}$ 可逆,并求其逆矩阵.

证明 由 $\boldsymbol{B}=\boldsymbol{A}^2-2\boldsymbol{A}+2\boldsymbol{E},\boldsymbol{A}^3=2\boldsymbol{E}$,可得

$$\begin{aligned}\boldsymbol{B}&=\boldsymbol{A}^2-2\boldsymbol{A}+2\boldsymbol{E}=\boldsymbol{A}^2-2\boldsymbol{A}+\boldsymbol{A}^3=\boldsymbol{A}^3-\boldsymbol{A}+\boldsymbol{A}^2-\boldsymbol{A}\\&=\boldsymbol{A}(\boldsymbol{A}^2-\boldsymbol{E})+\boldsymbol{A}(\boldsymbol{A}-\boldsymbol{E})=\boldsymbol{A}(\boldsymbol{A}-\boldsymbol{E})(\boldsymbol{A}+\boldsymbol{E})+\boldsymbol{A}(\boldsymbol{A}-\boldsymbol{E})\\&=\boldsymbol{A}(\boldsymbol{A}-\boldsymbol{E})(\boldsymbol{A}+2\boldsymbol{E}).\end{aligned}$$

又由 $\boldsymbol{A}^3=2\boldsymbol{E}$,知 $\boldsymbol{A}$ 可逆,且 $\boldsymbol{A}^{-1}=\frac{1}{2}\boldsymbol{A}^2$. 将 $\boldsymbol{A}^3=2\boldsymbol{E}$ 变形为

$$\boldsymbol{A}^3-\boldsymbol{E}=\boldsymbol{E},\quad 即\quad (\boldsymbol{A}-\boldsymbol{E})(\boldsymbol{A}^2+\boldsymbol{A}+\boldsymbol{E})=\boldsymbol{E},$$

所以 $\boldsymbol{A}-\boldsymbol{E}$ 可逆,且

$$(\boldsymbol{A}-\boldsymbol{E})^{-1}=\boldsymbol{A}^2+\boldsymbol{A}+\boldsymbol{E}.$$

将 $\boldsymbol{A}^3=2\boldsymbol{E}$ 变形为 $\boldsymbol{A}^3+8\boldsymbol{E}=10\boldsymbol{E}$,则 $(\boldsymbol{A}+2\boldsymbol{E})(\boldsymbol{A}^2-2\boldsymbol{A}+4\boldsymbol{E})=10\boldsymbol{E}$,所以 $\boldsymbol{A}+2\boldsymbol{E}$ 可逆,且

$$(\boldsymbol{A}+2\boldsymbol{E})^{-1}=\frac{1}{10}(\boldsymbol{A}^2-2\boldsymbol{A}+4\boldsymbol{E}).$$

因此 $\boldsymbol{B}$ 可逆,且

$$\begin{aligned}\boldsymbol{B}^{-1}&=(\boldsymbol{A}+2\boldsymbol{E})^{-1}(\boldsymbol{A}-\boldsymbol{E})^{-1}\boldsymbol{A}^{-1}=\frac{1}{10}(\boldsymbol{A}^2-2\boldsymbol{A}+4\boldsymbol{E})(\boldsymbol{A}^2+\boldsymbol{A}+\boldsymbol{E})\frac{1}{2}\boldsymbol{A}^2\\&=\frac{1}{10}(\boldsymbol{A}^2+3\boldsymbol{A}+4\boldsymbol{E}).\end{aligned}$$

7. 设方阵 $\boldsymbol{A}$ 可逆,且 $\boldsymbol{A}^*\boldsymbol{B}=\boldsymbol{A}^{-1}+\boldsymbol{B}$,证明:$\boldsymbol{B}$ 可逆,又当 $\boldsymbol{A}=\begin{pmatrix}2&6&0\\0&2&6\\0&0&2\end{pmatrix}$ 时,求 $\boldsymbol{B}$.

证明 因为 $\boldsymbol{A}^*=|\boldsymbol{A}|\boldsymbol{A}^{-1}$,由已知 $|\boldsymbol{A}|=8$,所以 $\boldsymbol{A}^*=8\boldsymbol{A}^{-1}$. 将其代入 $\boldsymbol{A}^*\boldsymbol{B}=\boldsymbol{A}^{-1}+\boldsymbol{B}$,得

$$8\boldsymbol{A}^{-1}\boldsymbol{B}=\boldsymbol{A}^{-1}+\boldsymbol{B}. \tag{*}$$

将(*)式两边左乘 $\boldsymbol{A}$,得 $8\boldsymbol{B}=\boldsymbol{E}+\boldsymbol{A}\boldsymbol{B}$,所以 $\boldsymbol{B}=(8\boldsymbol{E}-\boldsymbol{A})^{-1}$,即 $\boldsymbol{B}$ 可逆.

因为 $\boldsymbol{A}=\begin{pmatrix}2&6&0\\0&2&6\\0&0&2\end{pmatrix}$,所以

$$8\boldsymbol{E}-\boldsymbol{A}=\begin{pmatrix}6&-6&0\\0&6&-6\\0&0&6\end{pmatrix}.$$

故

$$\boldsymbol{B}=(8\boldsymbol{E}-\boldsymbol{A})^{-1}=\frac{1}{6}\begin{pmatrix}1&1&1\\0&1&1\\0&0&1\end{pmatrix}.$$

8. 用矩阵分块的方法，证明下列方阵可逆，并求其逆矩阵：

(1) $\begin{pmatrix}1&2&0&0&0\\2&5&0&0&0\\0&0&3&0&0\\0&0&0&2&0\\0&0&0&0&4\end{pmatrix}$；　(2) $\begin{pmatrix}0&0&3&-1\\0&0&2&1\\2&1&0&0\\-2&3&0&0\end{pmatrix}$；　(3) $\begin{pmatrix}2&0&1&0&2\\0&2&0&1&3\\0&0&1&0&0\\0&0&0&\frac{1}{2}&0\\0&0&0&0&7\end{pmatrix}$.

解　(1) 设 $\boldsymbol{A}=\left(\begin{array}{cc:ccc}1&2&0&0&0\\2&5&0&0&0\\\hdashline 0&0&3&0&0\\0&0&0&2&0\\0&0&0&0&4\end{array}\right)=\begin{pmatrix}\boldsymbol{A}_1&\boldsymbol{O}\\\boldsymbol{O}&\boldsymbol{A}_2\end{pmatrix}$，其中

$$\boldsymbol{A}_1=\begin{pmatrix}1&2\\2&5\end{pmatrix},\quad \boldsymbol{A}_2=\begin{pmatrix}3&0&0\\0&2&0\\0&0&4\end{pmatrix}.$$

因为

$$\boldsymbol{A}_1^{-1}=\begin{pmatrix}5&-2\\-2&1\end{pmatrix},\quad \boldsymbol{A}_2^{-1}=\begin{pmatrix}\frac{1}{3}&0&0\\0&\frac{1}{2}&0\\0&0&\frac{1}{4}\end{pmatrix},$$

所以

$$\boldsymbol{A}^{-1}=\begin{pmatrix}\boldsymbol{A}_1^{-1}&\boldsymbol{O}\\\boldsymbol{O}&\boldsymbol{A}_2^{-1}\end{pmatrix}=\begin{pmatrix}5&-2&0&0&0\\-2&1&0&0&0\\0&0&\frac{1}{3}&0&0\\0&0&0&\frac{1}{2}&0\\0&0&0&0&\frac{1}{4}\end{pmatrix}.$$

(2) 设 $\boldsymbol{A}=\left(\begin{array}{cc:cc}0&0&3&-1\\0&0&2&1\\\hdashline 2&1&0&0\\-2&3&0&0\end{array}\right)=\begin{pmatrix}\boldsymbol{O}&\boldsymbol{B}\\\boldsymbol{C}&\boldsymbol{O}\end{pmatrix}$，其中

$$\boldsymbol{B}=\begin{pmatrix}3 & -1\\ 2 & 1\end{pmatrix},\quad \boldsymbol{C}=\begin{pmatrix}2 & 1\\ -2 & 3\end{pmatrix}.$$

因为

$$\boldsymbol{B}^{-1}=\begin{pmatrix}\frac{1}{5} & \frac{1}{5}\\ -\frac{2}{5} & \frac{3}{5}\end{pmatrix},\quad \boldsymbol{C}^{-1}=\begin{pmatrix}\frac{3}{8} & -\frac{1}{8}\\ \frac{1}{4} & \frac{1}{4}\end{pmatrix},$$

所以

$$\boldsymbol{A}^{-1}=\begin{pmatrix}\boldsymbol{O} & \boldsymbol{C}^{-1}\\ \boldsymbol{B}^{-1} & \boldsymbol{O}\end{pmatrix}=\begin{pmatrix}0 & 0 & \frac{3}{8} & -\frac{1}{8}\\ 0 & 0 & \frac{1}{4} & \frac{1}{4}\\ \frac{1}{5} & \frac{1}{5} & 0 & 0\\ -\frac{2}{5} & \frac{3}{5} & 0 & 0\end{pmatrix}.$$

(3) 设 $\boldsymbol{A}=\left(\begin{array}{cc:ccc}2 & 0 & 1 & 0 & 2\\ 0 & 2 & 0 & 1 & 3\\ \hdashline 0 & 0 & 1 & 0 & 0\\ 0 & 0 & 0 & \frac{1}{2} & 0\\ 0 & 0 & 0 & 0 & 7\end{array}\right)=\begin{pmatrix}\boldsymbol{B} & \boldsymbol{C}\\ \boldsymbol{O} & \boldsymbol{D}\end{pmatrix}$,其中

$$\boldsymbol{B}=\begin{pmatrix}2 & 0\\ 0 & 2\end{pmatrix},\quad \boldsymbol{C}=\begin{pmatrix}1 & 0 & 2\\ 0 & 1 & 3\end{pmatrix},\quad \boldsymbol{D}=\begin{pmatrix}1 & 0 & 0\\ 0 & \frac{1}{2} & 0\\ 0 & 0 & 7\end{pmatrix}.$$

因为

$$\boldsymbol{B}^{-1}=\begin{pmatrix}\frac{1}{2} & 0\\ 0 & \frac{1}{2}\end{pmatrix},\quad \boldsymbol{D}^{-1}=\begin{pmatrix}1 & 0 & 0\\ 0 & 2 & 0\\ 0 & 0 & \frac{1}{7}\end{pmatrix},$$

所以

$$\boldsymbol{A}^{-1}=\begin{pmatrix}\boldsymbol{B} & \boldsymbol{C}\\ \boldsymbol{O} & \boldsymbol{D}\end{pmatrix}^{-1}=\begin{pmatrix}\boldsymbol{B}^{-1} & -\boldsymbol{B}^{-1}\boldsymbol{C}\boldsymbol{D}^{-1}\\ \boldsymbol{O} & \boldsymbol{D}^{-1}\end{pmatrix}=\begin{pmatrix}\frac{1}{2} & 0 & -\frac{1}{2} & 0 & -\frac{1}{7}\\ 0 & \frac{1}{2} & 0 & -1 & -\frac{3}{14}\\ 0 & 0 & 1 & 0 & 0\\ 0 & 0 & 0 & 2 & 0\\ 0 & 0 & 0 & 0 & \frac{1}{7}\end{pmatrix}.$$

习题 2.6

1.用初等变换法化下列矩阵为等价标准形：

(1) $\begin{pmatrix} 3 & 2 & -4 \\ 3 & 2 & -4 \\ 1 & 2 & -1 \end{pmatrix}$；　(2) $\begin{pmatrix} 1 & -1 & 2 & 1 & 0 \\ 2 & -2 & 4 & 2 & 0 \\ 3 & 0 & 6 & -1 & 1 \\ 3 & 0 & 6 & 3 & 1 \end{pmatrix}$；

(3) $\begin{pmatrix} 2 & 3 \\ 1 & -1 \\ -1 & 2 \end{pmatrix}$；　(4) $\begin{pmatrix} 1 & 2 & 3 \\ 3 & 1 & 2 \\ 2 & 3 & 1 \end{pmatrix}$.

解 (1) $\begin{pmatrix} 3 & 2 & -4 \\ 3 & 2 & -4 \\ 1 & 2 & -1 \end{pmatrix} \to \begin{pmatrix} 0 & -4 & -1 \\ 0 & 0 & 0 \\ 1 & 2 & -1 \end{pmatrix} \to \begin{pmatrix} 0 & -4 & -1 \\ 0 & 0 & 0 \\ 1 & 0 & 0 \end{pmatrix} \to \begin{pmatrix} 1 & 0 & 0 \\ 0 & 1 & 0 \\ 0 & 0 & 0 \end{pmatrix}$.

(2) $\begin{pmatrix} 1 & -1 & 2 & 1 & 0 \\ 2 & -2 & 4 & 2 & 0 \\ 3 & 0 & 6 & -1 & 1 \\ 3 & 0 & 6 & 3 & 1 \end{pmatrix} \to \begin{pmatrix} 1 & -1 & 2 & 1 & 0 \\ 0 & 0 & 0 & 0 & 0 \\ 0 & 3 & 0 & -4 & 1 \\ 0 & 3 & 0 & 0 & 1 \end{pmatrix}$

$\to \begin{pmatrix} 1 & 0 & 0 & 0 & 0 \\ 0 & 0 & 0 & 0 & 0 \\ 0 & 3 & 0 & -4 & 1 \\ 0 & 0 & 0 & 4 & 0 \end{pmatrix} \to \begin{pmatrix} 1 & 0 & 0 & 0 & 0 \\ 0 & 1 & 0 & 0 & 0 \\ 0 & 0 & 1 & 0 & 0 \\ 0 & 0 & 0 & 0 & 0 \end{pmatrix}$.

(3) $\begin{pmatrix} 2 & 3 \\ 1 & -1 \\ -1 & 2 \end{pmatrix} \to \begin{pmatrix} 1 & -1 \\ 2 & 3 \\ -1 & 2 \end{pmatrix} \to \begin{pmatrix} 1 & -1 \\ 0 & 5 \\ 0 & 1 \end{pmatrix} \to \begin{pmatrix} 1 & 0 \\ 0 & 1 \\ 0 & 0 \end{pmatrix}$.

(4) $\begin{pmatrix} 1 & 2 & 3 \\ 3 & 1 & 2 \\ 2 & 3 & 1 \end{pmatrix} \to \begin{pmatrix} 1 & 2 & 3 \\ 0 & -5 & -7 \\ 0 & -1 & -5 \end{pmatrix} \to \begin{pmatrix} 1 & 0 & 0 \\ 0 & 0 & 18 \\ 0 & 1 & 5 \end{pmatrix} \to \begin{pmatrix} 1 & 0 & 0 \\ 0 & 1 & 0 \\ 0 & 0 & 1 \end{pmatrix}$.

2.用初等变换法求下列方阵的逆矩阵：

(1) $\begin{pmatrix} 1 & 0 & 1 \\ 2 & 1 & 0 \\ -3 & 2 & -5 \end{pmatrix}$；　(2) $\begin{pmatrix} 1 & 2 & 3 \\ 4 & 5 & 8 \\ 3 & 4 & 6 \end{pmatrix}$；

(3) $\begin{pmatrix} 1 & -1 & 3 \\ 2 & -1 & 4 \\ -1 & 2 & -4 \end{pmatrix}$；　(4) $\begin{pmatrix} 1 & 1 & 1 & 1 \\ 1 & 1 & 1 & 0 \\ 1 & 1 & 0 & 0 \\ 1 & 0 & 0 & 0 \end{pmatrix}$.

解 (1) 设 $\boldsymbol{A} = \begin{pmatrix} 1 & 0 & 1 \\ 2 & 1 & 0 \\ -3 & 2 & -5 \end{pmatrix}$,则

$$(\boldsymbol{A} \mid \boldsymbol{E}) = \left(\begin{array}{ccc|ccc} 1 & 0 & 1 & 1 & 0 & 0 \\ 2 & 1 & 0 & 0 & 1 & 0 \\ -3 & 2 & -5 & 0 & 0 & 1 \end{array}\right) \to \left(\begin{array}{ccc|ccc} 1 & 0 & 1 & 1 & 0 & 0 \\ 0 & 1 & -2 & -2 & 1 & 0 \\ 0 & 2 & -2 & 3 & 0 & 1 \end{array}\right)$$

$$\to \left(\begin{array}{ccc|ccc} 1 & 0 & 1 & 1 & 0 & 0 \\ 0 & 1 & -2 & -2 & 1 & 0 \\ 0 & 0 & 2 & 7 & -2 & 1 \end{array}\right) \to \left(\begin{array}{ccc|ccc} 1 & 0 & 0 & -\frac{5}{2} & 1 & -\frac{1}{2} \\ 0 & 1 & 0 & 5 & -1 & 1 \\ 0 & 0 & 1 & \frac{7}{2} & -1 & \frac{1}{2} \end{array}\right),$$

所以

$$\boldsymbol{A}^{-1} = \begin{pmatrix} -\frac{5}{2} & 1 & -\frac{1}{2} \\ 5 & -1 & 1 \\ \frac{7}{2} & -1 & \frac{1}{2} \end{pmatrix}.$$

(2) 设 $\boldsymbol{A} = \begin{pmatrix} 1 & 2 & 3 \\ 4 & 5 & 8 \\ 3 & 4 & 6 \end{pmatrix}$,则

$$(\boldsymbol{A} \mid \boldsymbol{E}) = \left(\begin{array}{ccc|ccc} 1 & 2 & 3 & 1 & 0 & 0 \\ 4 & 5 & 8 & 0 & 1 & 0 \\ 3 & 4 & 6 & 0 & 0 & 1 \end{array}\right) \to \left(\begin{array}{ccc|ccc} 1 & 2 & 3 & 1 & 0 & 0 \\ 0 & -3 & -4 & -4 & 1 & 0 \\ 0 & -2 & -3 & -3 & 0 & 1 \end{array}\right)$$

$$\to \left(\begin{array}{ccc|ccc} 1 & 0 & 0 & -2 & 0 & 1 \\ 0 & 1 & \frac{4}{3} & \frac{4}{3} & -\frac{1}{3} & 0 \\ 0 & 0 & -\frac{1}{3} & -\frac{1}{3} & -\frac{2}{3} & 1 \end{array}\right) \to \left(\begin{array}{ccc|ccc} 1 & 0 & 0 & -2 & 0 & 1 \\ 0 & 1 & 0 & 0 & -3 & 4 \\ 0 & 0 & 1 & 1 & 2 & -3 \end{array}\right),$$

所以

$$\boldsymbol{A}^{-1} = \begin{pmatrix} -2 & 0 & 1 \\ 0 & -3 & 4 \\ 1 & 2 & -3 \end{pmatrix}.$$

(3) 设 $\boldsymbol{A} = \begin{pmatrix} 1 & -1 & 3 \\ 2 & -1 & 4 \\ -1 & 2 & -4 \end{pmatrix}$,则

$$(\boldsymbol{A} \mid \boldsymbol{E}) = \left(\begin{array}{ccc|ccc} 1 & -1 & 3 & 1 & 0 & 0 \\ 2 & -1 & 4 & 0 & 1 & 0 \\ -1 & 2 & -4 & 0 & 0 & 1 \end{array}\right) \to \left(\begin{array}{ccc|ccc} 1 & -1 & 3 & 1 & 0 & 0 \\ 0 & 1 & -2 & -2 & 1 & 0 \\ 0 & 1 & -1 & 1 & 0 & 1 \end{array}\right)$$

$$\to \left(\begin{array}{ccc|ccc} 1 & 0 & 1 & -1 & 1 & 0 \\ 0 & 1 & -2 & -2 & 1 & 0 \\ 0 & 0 & 1 & 3 & -1 & 1 \end{array}\right) \to \left(\begin{array}{ccc|ccc} 1 & 0 & 0 & -4 & 2 & -1 \\ 0 & 1 & 0 & 4 & -1 & 2 \\ 0 & 0 & 1 & 3 & -1 & 1 \end{array}\right),$$

所以

$$A^{-1}=\begin{pmatrix}-4 & 2 & -1\\ 4 & -1 & 2\\ 3 & -1 & 1\end{pmatrix}.$$

(4) 设 $A=\begin{pmatrix}1&1&1&1\\1&1&1&0\\1&1&0&0\\1&0&0&0\end{pmatrix}$,则

$$(A\,\vdots\,E)=\left(\begin{array}{cccc:cccc}1&1&1&1&1&0&0&0\\1&1&1&0&0&1&0&0\\1&1&0&0&0&0&1&0\\1&0&0&0&0&0&0&1\end{array}\right)\to\left(\begin{array}{cccc:cccc}0&0&0&1&1&-1&0&0\\0&0&1&0&0&1&-1&0\\0&1&0&0&0&0&1&-1\\1&0&0&0&0&0&0&1\end{array}\right)$$

$$\to\left(\begin{array}{cccc:cccc}1&0&0&0&0&0&0&1\\0&1&0&0&0&0&1&-1\\0&0&1&0&0&1&-1&0\\0&0&0&1&1&-1&0&0\end{array}\right),$$

所以

$$A^{-1}=\begin{pmatrix}0&0&0&1\\0&0&1&-1\\0&1&-1&0\\1&-1&0&0\end{pmatrix}.$$

3. 设 A,B 均为三阶方阵,E 为三阶单位矩阵,已知 $AB=2A+B$,$B=\begin{pmatrix}2&0&2\\0&4&0\\2&0&2\end{pmatrix}$,求 $(A-E)^{-1}$.

解 由 $AB=2A+B$,得 $AB-B=2A-2E+2E$,即 $(A-E)B=2(A-E)+2E$,所以

$$(A-E)\left(\frac{1}{2}B-E\right)=E,$$

则

$$(A-E)^{-1}=\frac{1}{2}B-E=\begin{pmatrix}0&0&1\\0&1&0\\1&0&0\end{pmatrix}.$$

4. 解下列矩阵方程:

(1) $\begin{pmatrix}1&2&3\\0&1&2\\4&5&3\end{pmatrix}X=\begin{pmatrix}1&2\\0&1\\-1&0\end{pmatrix}$;　　(2) $X\begin{pmatrix}2&1&-1\\2&1&1\\1&-1&-1\end{pmatrix}=\begin{pmatrix}2&-1&3\\1&0&2\end{pmatrix}$;

(3) $\begin{pmatrix}0&1&0\\1&0&0\\0&0&1\end{pmatrix}\boldsymbol{X}\begin{pmatrix}1&0&0\\0&0&1\\0&1&0\end{pmatrix}=\begin{pmatrix}0&-4&3\\2&0&-1\\1&-2&0\end{pmatrix}$;

(4) 已知矩阵

$$\boldsymbol{A}=\begin{pmatrix}2&1&0\\1&2&1\\0&1&2\end{pmatrix},\quad \boldsymbol{B}=\begin{pmatrix}1&2\\2&3\end{pmatrix},\quad \boldsymbol{C}=\begin{pmatrix}1&2\\3&4\\2&1\end{pmatrix},$$

求解矩阵方程 ① $\boldsymbol{AX}=\boldsymbol{X}+\boldsymbol{C}$; ② $\boldsymbol{AXB}=\boldsymbol{C}$.

解　(1) 由于 $\begin{pmatrix}1&2&3\\0&1&2\\4&5&3\end{pmatrix}\boldsymbol{X}=\begin{pmatrix}1&2\\0&1\\-1&0\end{pmatrix}$,因此 $\boldsymbol{X}=\begin{pmatrix}1&2&3\\0&1&2\\4&5&3\end{pmatrix}^{-1}\begin{pmatrix}1&2\\0&1\\-1&0\end{pmatrix}$.

$$\left(\begin{array}{ccc:cc}1&2&3&1&2\\0&1&2&0&1\\4&5&3&-1&0\end{array}\right)\xrightarrow{\text{初等行变换}}\left(\begin{array}{ccc:cc}1&2&3&1&2\\0&1&2&0&1\\0&-3&-9&-5&-8\end{array}\right)$$

$$\xrightarrow{\text{初等行变换}}\left(\begin{array}{ccc:cc}1&2&3&1&2\\0&1&2&0&1\\0&0&-3&-5&-5\end{array}\right)\xrightarrow{\text{初等行变换}}\left(\begin{array}{ccc:cc}1&0&0&\frac{8}{3}&\frac{5}{3}\\0&1&0&-\frac{10}{3}&-\frac{7}{3}\\0&0&1&\frac{5}{3}&\frac{5}{3}\end{array}\right),$$

所以

$$\boldsymbol{X}=\begin{pmatrix}\frac{8}{3}&\frac{5}{3}\\-\frac{10}{3}&-\frac{7}{3}\\\frac{5}{3}&\frac{5}{3}\end{pmatrix}.$$

(2) 由于 $\boldsymbol{X}\begin{pmatrix}2&1&-1\\2&1&1\\1&-1&-1\end{pmatrix}=\begin{pmatrix}2&-1&3\\1&0&2\end{pmatrix}$,因此

$$\boldsymbol{X}=\begin{pmatrix}2&-1&3\\1&0&2\end{pmatrix}\begin{pmatrix}2&1&-1\\2&1&1\\1&-1&-1\end{pmatrix}^{-1}.$$

$$\left(\begin{array}{ccc}2&1&-1\\2&1&1\\1&-1&-1\\\hdashline 2&-1&3\\1&0&2\end{array}\right)\xrightarrow{\text{初等列变换}}\left(\begin{array}{ccc}1&2&-1\\1&2&1\\-1&1&-1\\\hdashline -1&2&3\\0&1&2\end{array}\right)\xrightarrow{\text{初等列变换}}\left(\begin{array}{ccc}1&0&0\\1&0&2\\-1&3&-2\\\hdashline -1&4&2\\0&1&2\end{array}\right)$$

$$\xrightarrow{\text{初等列变换}}\begin{pmatrix}1&0&0\\1&1&0\\-1&-1&1\\ \hdashline -1&1&\frac{4}{3}\\0&1&\frac{1}{3}\end{pmatrix}\xrightarrow{\text{初等列变换}}\begin{pmatrix}1&0&0\\0&1&0\\0&0&1\\ \hdashline -2&\frac{7}{3}&\frac{4}{3}\\-1&\frac{4}{3}&\frac{1}{3}\end{pmatrix},$$

所以

$$X=\begin{pmatrix}-2&\frac{7}{3}&\frac{4}{3}\\-1&\frac{4}{3}&\frac{1}{3}\end{pmatrix}.$$

(3) 由于 $\begin{pmatrix}0&1&0\\1&0&0\\0&0&1\end{pmatrix}X\begin{pmatrix}1&0&0\\0&0&1\\0&1&0\end{pmatrix}=\begin{pmatrix}0&-4&3\\2&0&-1\\1&-2&0\end{pmatrix}$,因此

$$X=\begin{pmatrix}0&1&0\\1&0&0\\0&0&1\end{pmatrix}^{-1}\begin{pmatrix}0&-4&3\\2&0&-1\\1&-2&0\end{pmatrix}\begin{pmatrix}1&0&0\\0&0&1\\0&1&0\end{pmatrix}^{-1}.$$

$$\left(\begin{array}{ccc:ccc}0&1&0&0&-4&3\\1&0&0&2&0&-1\\0&0&1&1&-2&0\end{array}\right)\xrightarrow{\text{初等行变换}}\left(\begin{array}{ccc:ccc}1&0&0&2&0&-1\\0&1&0&0&-4&3\\0&0&1&1&-2&0\end{array}\right),$$

$$\begin{pmatrix}1&0&0\\0&0&1\\0&1&0\\ \hdashline 2&0&-1\\0&-4&3\\1&-2&0\end{pmatrix}\xrightarrow{\text{初等列变换}}\begin{pmatrix}1&0&0\\0&1&0\\0&0&1\\ \hdashline 2&-1&0\\0&3&-4\\1&0&-2\end{pmatrix},$$

所以

$$X=\begin{pmatrix}2&-1&0\\0&3&-4\\1&0&-2\end{pmatrix}.$$

(4) ① 由 $\boldsymbol{AX}=\boldsymbol{X}+\boldsymbol{C}$,得 $\boldsymbol{X}=(\boldsymbol{A}-\boldsymbol{E})^{-1}\boldsymbol{C}$.

$$(\boldsymbol{A}-\boldsymbol{E}\mid\boldsymbol{C})=\left(\begin{array}{ccc:cc}1&1&0&1&2\\1&1&1&3&4\\0&1&1&2&1\end{array}\right)\xrightarrow{\text{初等行变换}}\left(\begin{array}{ccc:cc}1&1&0&1&2\\0&0&1&2&2\\0&1&1&2&1\end{array}\right)$$

$$\xrightarrow{\text{初等行变换}}\left(\begin{array}{ccc:cc}1&1&0&1&2\\0&1&1&2&1\\0&0&1&2&2\end{array}\right)\xrightarrow{\text{初等行变换}}\left(\begin{array}{ccc:cc}1&0&0&1&3\\0&1&0&0&-1\\0&0&1&2&2\end{array}\right),$$

所以

$$X=\begin{pmatrix}1&3\\0&-1\\2&2\end{pmatrix}.$$

② 由 $AXB=C$,得 $X=A^{-1}CB^{-1}$.

$$(A\,\vdots\,C)=\left(\begin{array}{ccc:cc}2&1&0&1&2\\1&2&1&3&4\\0&1&2&2&1\end{array}\right)\xrightarrow{\text{初等行变换}}\left(\begin{array}{ccc:cc}1&2&1&3&4\\2&1&0&1&2\\0&1&2&2&1\end{array}\right)$$

$$\xrightarrow{\text{初等行变换}}\left(\begin{array}{ccc:cc}1&2&1&3&4\\0&-3&-2&-5&-6\\0&1&2&2&1\end{array}\right)\xrightarrow{\text{初等行变换}}\left(\begin{array}{ccc:cc}1&0&-3&-1&2\\0&1&2&2&1\\0&0&4&1&-3\end{array}\right)$$

$$\xrightarrow{\text{初等行变换}}\left(\begin{array}{ccc:cc}1&0&-3&-1&2\\0&1&2&2&1\\0&0&1&\frac{1}{4}&-\frac{3}{4}\end{array}\right)\xrightarrow{\text{初等行变换}}\left(\begin{array}{ccc:cc}1&0&0&-\frac{1}{4}&-\frac{1}{4}\\0&1&0&\frac{3}{2}&\frac{5}{2}\\0&0&1&\frac{1}{4}&-\frac{3}{4}\end{array}\right),$$

$$\begin{pmatrix}B\\ \hdashline A^{-1}C\end{pmatrix}=\left(\begin{array}{cc}1&2\\2&3\\ \hdashline -\frac{1}{4}&-\frac{1}{4}\\ \frac{3}{2}&\frac{5}{2}\\ \frac{1}{4}&-\frac{3}{4}\end{array}\right)\xrightarrow{\text{初等列变换}}\left(\begin{array}{cc}1&0\\2&-1\\ \hdashline -\frac{1}{4}&\frac{1}{4}\\ \frac{3}{2}&-\frac{1}{2}\\ \frac{1}{4}&-\frac{5}{4}\end{array}\right)\xrightarrow{\text{初等列变换}}\left(\begin{array}{cc}1&0\\0&1\\ \hdashline \frac{1}{4}&-\frac{1}{4}\\ \frac{1}{2}&\frac{1}{2}\\ -\frac{9}{4}&\frac{5}{4}\end{array}\right),$$

所以

$$X=\begin{pmatrix}\frac{1}{4}&-\frac{1}{4}\\ \frac{1}{2}&\frac{1}{2}\\ -\frac{9}{4}&\frac{5}{4}\end{pmatrix}=\frac{1}{4}\begin{pmatrix}1&-1\\2&2\\-9&5\end{pmatrix}.$$

5. 设 A 为非奇异矩阵,X,Y 均为 $n\times1$ 矩阵,且 $Y^{\mathrm T}A^{-1}X\neq-1$,证明:$A+XY^{\mathrm T}$ 可逆,并且

$$(A+XY^{\mathrm T})^{-1}=A^{-1}-\frac{A^{-1}XY^{\mathrm T}A^{-1}}{1+Y^{\mathrm T}A^{-1}X}.$$

证明 $(A+XY^{\mathrm T})\left(A^{-1}-\dfrac{A^{-1}XY^{\mathrm T}A^{-1}}{1+Y^{\mathrm T}A^{-1}X}\right)$

$$=E-\frac{XY^{\mathrm T}A^{-1}}{1+Y^{\mathrm T}A^{-1}X}+XY^{\mathrm T}A^{-1}-\frac{XY^{\mathrm T}A^{-1}XY^{\mathrm T}A^{-1}}{1+Y^{\mathrm T}A^{-1}X}$$

$$= \boldsymbol{E} + \frac{\boldsymbol{XY}^{\mathrm{T}}\boldsymbol{A}^{-1}(1+\boldsymbol{Y}^{\mathrm{T}}\boldsymbol{A}^{-1}\boldsymbol{X}) - \boldsymbol{XY}^{\mathrm{T}}\boldsymbol{A}^{-1} - \boldsymbol{XY}^{\mathrm{T}}\boldsymbol{A}^{-1}\boldsymbol{XY}^{\mathrm{T}}\boldsymbol{A}^{-1}}{1+\boldsymbol{Y}^{\mathrm{T}}\boldsymbol{A}^{-1}\boldsymbol{X}}$$

$$= \boldsymbol{E} + \frac{\boldsymbol{XY}^{\mathrm{T}}\boldsymbol{A}^{-1} + \boldsymbol{XY}^{\mathrm{T}}\boldsymbol{A}^{-1}\boldsymbol{Y}^{\mathrm{T}}\boldsymbol{A}^{-1}\boldsymbol{X} - \boldsymbol{XY}^{\mathrm{T}}\boldsymbol{A}^{-1} - \boldsymbol{XY}^{\mathrm{T}}\boldsymbol{A}^{-1}\boldsymbol{XY}^{\mathrm{T}}\boldsymbol{A}^{-1}}{1+\boldsymbol{Y}^{\mathrm{T}}\boldsymbol{A}^{-1}\boldsymbol{X}}$$

$$= \boldsymbol{E} + \frac{(\boldsymbol{Y}^{\mathrm{T}}\boldsymbol{A}^{-1}\boldsymbol{X})\boldsymbol{XY}^{\mathrm{T}}\boldsymbol{A}^{-1} - (\boldsymbol{Y}^{\mathrm{T}}\boldsymbol{A}^{-1}\boldsymbol{X})\boldsymbol{XY}^{\mathrm{T}}\boldsymbol{A}^{-1}}{1+\boldsymbol{Y}^{\mathrm{T}}\boldsymbol{A}^{-1}\boldsymbol{X}} \quad (\boldsymbol{Y}^{\mathrm{T}}\boldsymbol{A}^{-1}\boldsymbol{X}\text{ 是一个数})$$

$$= \boldsymbol{E},$$

所以 $\boldsymbol{A}+\boldsymbol{XY}^{\mathrm{T}}$ 可逆,并且

$$(\boldsymbol{A}+\boldsymbol{X}\,\boldsymbol{Y}^{\mathrm{T}})^{-1} = \boldsymbol{A}^{-1} - \frac{\boldsymbol{A}^{-1}\boldsymbol{X}\,\boldsymbol{Y}^{\mathrm{T}}\boldsymbol{A}^{-1}}{1+\boldsymbol{Y}^{\mathrm{T}}\boldsymbol{A}^{-1}\boldsymbol{X}}.$$

6. 设 $\boldsymbol{A}$ 为 n 阶方阵,满足 $\boldsymbol{A}^k = \boldsymbol{O}$,证明:$\boldsymbol{E}-\boldsymbol{A}$ 可逆,并且

$$(\boldsymbol{E}-\boldsymbol{A})^{-1} = \boldsymbol{E}+\boldsymbol{A}+\boldsymbol{A}^2+\cdots+\boldsymbol{A}^{k-1}.$$

证明 因为

$$\begin{aligned}&(\boldsymbol{E}-\boldsymbol{A})(\boldsymbol{E}+\boldsymbol{A}+\boldsymbol{A}^2+\cdots+\boldsymbol{A}^{k-1})\\&= \boldsymbol{E}+\boldsymbol{A}+\boldsymbol{A}^2+\cdots+\boldsymbol{A}^{k-1}-(\boldsymbol{A}+\boldsymbol{A}^2+\cdots+\boldsymbol{A}^{k-1}+\boldsymbol{A}^k)\\&= \boldsymbol{E}-\boldsymbol{A}^k = \boldsymbol{E},\end{aligned}$$

所以 $\boldsymbol{E}-\boldsymbol{A}$ 可逆,并且 $(\boldsymbol{E}-\boldsymbol{A})^{-1} = \boldsymbol{E}+\boldsymbol{A}+\boldsymbol{A}^2+\cdots+\boldsymbol{A}^{k-1}$.

7. 设 $\boldsymbol{A}$ 是幂等矩阵($\boldsymbol{A}^2=\boldsymbol{A}$),且 $\boldsymbol{A}\neq\boldsymbol{E}$,证明:$\boldsymbol{A}$ 不可逆.

证明 由 $\boldsymbol{A}^2=\boldsymbol{A}$,可得 $\boldsymbol{A}(\boldsymbol{A}-\boldsymbol{E})=\boldsymbol{O}$. 若 $\boldsymbol{A}$ 可逆,则 $\boldsymbol{A}=\boldsymbol{E}$,与已知矛盾,所以 $\boldsymbol{A}$ 不可逆.

8. 设 $\boldsymbol{A}$ 是 n 阶非零方阵,证明:若对任意 n 阶方阵 $\boldsymbol{B}$ 和 $\boldsymbol{C}$,由 $\boldsymbol{AB}=\boldsymbol{AC}$ 均可得 $\boldsymbol{B}=\boldsymbol{C}$,则 $\boldsymbol{A}$ 一定可逆.

证明 反证法. 假设 $\boldsymbol{A}$ 不可逆,则 $|\boldsymbol{A}|=0$,则存在 n 阶非零方阵 $\boldsymbol{B}$,使 $\boldsymbol{AB}=\boldsymbol{O}$. 取 $\boldsymbol{C}$ 为 n 阶零方阵,则 $\boldsymbol{AB}=\boldsymbol{O}=\boldsymbol{AC}$,但 $\boldsymbol{B}\neq\boldsymbol{C}$,矛盾. 所以 $\boldsymbol{A}$ 一定可逆.

9. 设 $\boldsymbol{A},\boldsymbol{B}$ 均为 n 阶方阵,$\boldsymbol{C}=\boldsymbol{B}^{\mathrm{T}}(\boldsymbol{A}+\gamma\boldsymbol{E})\boldsymbol{B}$.

(1) 证明:当 $\boldsymbol{A}$ 为对称矩阵时,$\boldsymbol{C}$ 也为对称矩阵;

(2) 若 $\boldsymbol{A}$ 为反对称矩阵,问:γ 取何值时,$\boldsymbol{C}$ 也为反对称矩阵?

证明 (1) 因为 $\boldsymbol{A}$ 为对称矩阵,所以 $\boldsymbol{A}^{\mathrm{T}}=\boldsymbol{A}$,则

$$\begin{aligned}\boldsymbol{C}^{\mathrm{T}} &= [\boldsymbol{B}^{\mathrm{T}}(\boldsymbol{A}+\gamma\boldsymbol{E})\boldsymbol{B}]^{\mathrm{T}} = \boldsymbol{B}^{\mathrm{T}}(\boldsymbol{A}+\gamma\boldsymbol{E})^{\mathrm{T}}\boldsymbol{B}\\&= \boldsymbol{B}^{\mathrm{T}}(\boldsymbol{A}^{\mathrm{T}}+\gamma\boldsymbol{E})\boldsymbol{B} = \boldsymbol{B}^{\mathrm{T}}(\boldsymbol{A}+\gamma\boldsymbol{E})\boldsymbol{B} = \boldsymbol{C}.\end{aligned}$$

因此 $\boldsymbol{C}$ 也为对称矩阵.

(2) 因为 $\boldsymbol{A}$ 为反对称矩阵,所以 $\boldsymbol{A}^{\mathrm{T}}=-\boldsymbol{A}$,则

$$\begin{aligned}\boldsymbol{C}^{\mathrm{T}} &= [\boldsymbol{B}^{\mathrm{T}}(\boldsymbol{A}+\gamma\boldsymbol{E})\boldsymbol{B}]^{\mathrm{T}} = \boldsymbol{B}^{\mathrm{T}}(\boldsymbol{A}+\gamma\boldsymbol{E})^{\mathrm{T}}\boldsymbol{B} = \boldsymbol{B}^{\mathrm{T}}(\boldsymbol{A}^{\mathrm{T}}+\gamma\boldsymbol{E})\boldsymbol{B}\\&= \boldsymbol{B}^{\mathrm{T}}(-\boldsymbol{A}+\gamma\boldsymbol{E})\boldsymbol{B} = -\boldsymbol{B}^{\mathrm{T}}(\boldsymbol{A}-\gamma\boldsymbol{E})\boldsymbol{B}.\end{aligned}$$

若 $\boldsymbol{C}$ 也为反对称矩阵,即 $\boldsymbol{C}^{\mathrm{T}}=-\boldsymbol{C}$,则 $-\boldsymbol{B}^{\mathrm{T}}(\boldsymbol{A}-\gamma\boldsymbol{E})\boldsymbol{B}=-\boldsymbol{B}^{\mathrm{T}}(\boldsymbol{A}+\gamma\boldsymbol{E})\boldsymbol{B}$,所以只有当 $\gamma=0$ 时,$\boldsymbol{C}$ 才是反对称矩阵.

第三章　线性方程组

一、基本概念与性质

（一）消元法

用消元法解线性方程组是先将非齐次线性方程组的增广矩阵(或齐次线性方程组的系数矩阵)经过初等行变换化为阶梯形矩阵或简化的阶梯形矩阵,然后求它们所对应的方程组的解,此方程组与原方程组同解.

（二）n 维向量

1. n 维向量

数域 F 上的 n 个数 $a_1,a_2,\cdots,a_n$ 所组成的有序数组 $(a_1,a_2,\cdots,a_n)$ 称为数域 F 上的一个 **n 维向量**,其中第 i 个数 a_i 称为该向量的第 i 个分量.例如,

$$\boldsymbol{\alpha}=(a_1,a_2,\cdots,a_n),\quad \boldsymbol{\beta}=\begin{pmatrix}b_1\\b_2\\\vdots\\b_n\end{pmatrix},$$

前者称为 **n 维行向量**,后者称为 **n 维列向量**.

2. 零向量

所有分量为零的向量称为**零向量**,记作 $\mathbf{0}=(0,0,\cdots,0)$.

3. 负向量

n 维向量 $\boldsymbol{\alpha}=(a_1,a_2,\cdots,a_n)$ 的各分量的相反数所组成的向量 $(-a_1,-a_2,\cdots,-a_n)$ 称为向量 $\boldsymbol{\alpha}$ 的**负向量**,记作 $-\boldsymbol{\alpha}$,即

$$-\boldsymbol{\alpha}=(-a_1,-a_2,\cdots,-a_n).$$

4. 向量相等

如果向量 $\boldsymbol{\alpha}=(a_1,a_2,\cdots,a_n)$ 与 $\boldsymbol{\beta}=(b_1,b_2,\cdots,b_n)$ 的对应分量相等,即 $a_i=b_i(i=$

$1,2,\cdots,n$),则称这两个向量相等,记作 $\boldsymbol{\alpha}=\boldsymbol{\beta}$.

5. 向量的加法

设向量 $\boldsymbol{\alpha}=(a_1,a_2,\cdots,a_n)$,$\boldsymbol{\beta}=(b_1,b_2,\cdots,b_n)$,$\boldsymbol{\alpha}$ 与 $\boldsymbol{\beta}$ 对应分量的和所构成的 n 维向量$(a_1+b_1,a_2+b_2,\cdots,a_n+b_n)$称为向量 $\boldsymbol{\alpha}$ 与 $\boldsymbol{\beta}$ 的和,记作 $\boldsymbol{\alpha}+\boldsymbol{\beta}$.

由向量的加法和负向量的定义,可以定义向量的减法,即

$$\boldsymbol{\alpha}-\boldsymbol{\beta}=(a_1-b_1,a_2-b_2,\cdots,a_n-b_n).$$

6. 数与向量的乘法

设 k 为数域 F 中的数,数 k 与向量 $\boldsymbol{\alpha}=(a_1,a_2,\cdots,a_n)$ 的各分量的乘积所构成的 n 维向量$(ka_1,ka_2,\cdots,ka_n)$称为**数 k 与向量 $\boldsymbol{\alpha}$ 的乘积**,简称数乘,记作 $k\boldsymbol{\alpha}$.

7. 线性运算

向量的加法运算和数乘运算统称为**向量的线性运算**.

8. 向量的线性运算规律

(1) $\boldsymbol{\alpha}+\boldsymbol{\beta}=\boldsymbol{\beta}+\boldsymbol{\alpha}$ (加法交换律);

(2) $(\boldsymbol{\alpha}+\boldsymbol{\beta})+\boldsymbol{\gamma}=\boldsymbol{\alpha}+(\boldsymbol{\beta}+\boldsymbol{\gamma})$ (加法结合律);

(3) $\boldsymbol{\alpha}+\mathbf{0}=\boldsymbol{\alpha}$;

(4) $\boldsymbol{\alpha}+(-\boldsymbol{\alpha})=\mathbf{0}$;

(5) $k(\boldsymbol{\alpha}+\boldsymbol{\beta})=k\boldsymbol{\alpha}+k\boldsymbol{\beta}$ (数乘分配律);

(6) $(k+l)\boldsymbol{\alpha}=k\boldsymbol{\alpha}+l\boldsymbol{\alpha}$ (数乘分配律);

(7) $(kl)\boldsymbol{\alpha}=k(l\boldsymbol{\alpha})=l(k\boldsymbol{\alpha})$ (数乘结合律);

(8) $1\boldsymbol{\alpha}=\boldsymbol{\alpha}$,

其中 $\boldsymbol{\alpha},\boldsymbol{\beta},\boldsymbol{\gamma}$ 是 n 维向量,$\mathbf{0}$ 为 n 维零向量,k,l 为数域 F 中的任意数.

9. 线性组合(或线性表示)

对于向量组 $\boldsymbol{\alpha}_1,\boldsymbol{\alpha}_2,\cdots,\boldsymbol{\alpha}_s$ 和向量 $\boldsymbol{\beta}$,如果存在 s 个数 $k_1,k_2,\cdots,k_s$,使得 $\boldsymbol{\beta}=k_1\boldsymbol{\alpha}_1+k_2\boldsymbol{\alpha}_2+\cdots+k_s\boldsymbol{\alpha}_s$,则称向量 $\boldsymbol{\beta}$ 是向量组 $\boldsymbol{\alpha}_1,\boldsymbol{\alpha}_2,\cdots,\boldsymbol{\alpha}_s$ 的**线性组合**,或称 $\boldsymbol{\beta}$ 可以由向量组 $\boldsymbol{\alpha}_1,\boldsymbol{\alpha}_2,\cdots,\boldsymbol{\alpha}_s$ **线性表示**.

10. 线性相关(线性无关)

对于向量组 $\boldsymbol{\alpha}_1,\boldsymbol{\alpha}_2,\cdots,\boldsymbol{\alpha}_s$,若存在不全为零的数 $k_1,k_2,\cdots,k_s$,使得

$$k_1\boldsymbol{\alpha}_1+k_2\boldsymbol{\alpha}_2+\cdots+k_s\boldsymbol{\alpha}_s=\mathbf{0},$$

则称向量组 $\boldsymbol{\alpha}_1,\boldsymbol{\alpha}_2,\cdots,\boldsymbol{\alpha}_s$ **线性相关**;否则,即当且仅当 $k_1=k_2=\cdots=k_s=0$ 时,上式成立,则称向量组 $\boldsymbol{\alpha}_1,\boldsymbol{\alpha}_2,\cdots,\boldsymbol{\alpha}_s$ **线性无关**.

(三) 向量组的秩

1. 极大无关组

如果一个向量组的部分向量组 $\boldsymbol{\alpha}_{j_1},\boldsymbol{\alpha}_{j_2},\cdots,\boldsymbol{\alpha}_{j_r}$ 满足下列条件:

(1) $\boldsymbol{\alpha}_{j_1},\boldsymbol{\alpha}_{j_2},\cdots,\boldsymbol{\alpha}_{j_r}$ 线性无关；

(2) 向量组中的任意一个向量添加到 $\boldsymbol{\alpha}_{j_1},\boldsymbol{\alpha}_{j_2},\cdots,\boldsymbol{\alpha}_{j_r}$ 中得到的 $r+1$ 个向量都线性相关，

则称部分向量组 $\boldsymbol{\alpha}_{j_1},\boldsymbol{\alpha}_{j_2},\cdots,\boldsymbol{\alpha}_{j_r}$ 是该向量组的一个**极大线性无关组**，简称**极大无关组**.

2. 向量组线性表示

设有两个向量组

$$\boldsymbol{\alpha}_1,\boldsymbol{\alpha}_2,\cdots,\boldsymbol{\alpha}_s; \tag{Ⅰ}$$

$$\boldsymbol{\beta}_1,\boldsymbol{\beta}_2,\cdots,\boldsymbol{\beta}_t. \tag{Ⅱ}$$

如果向量组(Ⅰ)中的每个向量都可以由向量组(Ⅱ)线性表示，则称向量组(Ⅰ)可以由向量组(Ⅱ)线性表示.

3. 向量组等价

如果向量组(Ⅰ)和向量组(Ⅱ)可以互相线性表示，则称向量组(Ⅰ)与向量组(Ⅱ)等价，记作 $\{\boldsymbol{\alpha}_1,\boldsymbol{\alpha}_2,\cdots,\boldsymbol{\alpha}_s\}\cong\{\boldsymbol{\beta}_1,\boldsymbol{\beta}_2,\cdots,\boldsymbol{\beta}_t\}$.

4. 向量组等价的性质

(1) 反身性. 任一向量组和它自身等价，即

$$\{\boldsymbol{\alpha}_1,\boldsymbol{\alpha}_2,\cdots,\boldsymbol{\alpha}_s\}\cong\{\boldsymbol{\alpha}_1,\boldsymbol{\alpha}_2,\cdots,\boldsymbol{\alpha}_s\}.$$

(2) 对称性. 如果 $\{\boldsymbol{\alpha}_1,\boldsymbol{\alpha}_2,\cdots,\boldsymbol{\alpha}_s\}\cong\{\boldsymbol{\beta}_1,\boldsymbol{\beta}_2,\cdots,\boldsymbol{\beta}_t\}$，则

$$\{\boldsymbol{\beta}_1,\boldsymbol{\beta}_2,\cdots,\boldsymbol{\beta}_t\}\cong\{\boldsymbol{\alpha}_1,\boldsymbol{\alpha}_2,\cdots,\boldsymbol{\alpha}_s\}.$$

(3) 传递性. 如果 $\{\boldsymbol{\alpha}_1,\boldsymbol{\alpha}_2,\cdots,\boldsymbol{\alpha}_s\}\cong\{\boldsymbol{\beta}_1,\boldsymbol{\beta}_2,\cdots,\boldsymbol{\beta}_t\}$，$\{\boldsymbol{\beta}_1,\boldsymbol{\beta}_2,\cdots,\boldsymbol{\beta}_t\}\cong\{\boldsymbol{\gamma}_1,\boldsymbol{\gamma}_2,\cdots,\boldsymbol{\gamma}_p\}$，则

$$\{\boldsymbol{\alpha}_1,\boldsymbol{\alpha}_2,\cdots,\boldsymbol{\alpha}_s\}\cong\{\boldsymbol{\gamma}_1,\boldsymbol{\gamma}_2,\cdots,\boldsymbol{\gamma}_p\}.$$

5. 向量组的秩

向量组 $\boldsymbol{\alpha}_1,\boldsymbol{\alpha}_2,\cdots,\boldsymbol{\alpha}_s$ 的极大无关组所含向量的个数称为向量组 $\boldsymbol{\alpha}_1,\boldsymbol{\alpha}_2,\cdots,\boldsymbol{\alpha}_s$ 的**秩**，记作 $\mathrm{r}(\boldsymbol{\alpha}_1,\boldsymbol{\alpha}_2,\cdots,\boldsymbol{\alpha}_s)$.

(四) 矩阵的秩

1. 矩阵的行(列)秩

矩阵 $\boldsymbol{A}$ 的行向量组的秩称为矩阵 $\boldsymbol{A}$ 的**行秩**，其列向量组的秩称为矩阵 $\boldsymbol{A}$ 的**列秩**.

2. 矩阵的秩

矩阵 $\boldsymbol{A}$ 的行秩和列秩统称为矩阵 $\boldsymbol{A}$ 的**秩**，记作 $\mathrm{r}(\boldsymbol{A})$.

由矩阵的秩的定义可知，$0\leqslant \mathrm{r}(\boldsymbol{A})\leqslant \min\{m,n\}$.

3. 矩阵的 k 阶子式

在矩阵 $\boldsymbol{A}=(a_{ij})_{m\times n}$ 中任取 k 行、k 列($k\leqslant\min\{m,n\}$)，由这 k 行、k 列的交叉元素按原来顺序构成的 k 阶行列式，称为矩阵 $\boldsymbol{A}$ 的 **k 阶子行列式**，简称 **k 阶子式**.

(五) 线性方程组解的一般理论

考虑一般的齐次线性方程组

$$\begin{cases} a_{11}x_1 + a_{12}x_2 + \cdots + a_{1n}x_n = 0, \\ a_{21}x_1 + a_{22}x_2 + \cdots + a_{2n}x_n = 0, \\ \cdots\cdots \\ a_{m1}x_1 + a_{m2}x_2 + \cdots + a_{mn}x_n = 0. \end{cases} \tag{1}$$

1. 齐次线性方程组解的性质

(1) 如果 $\boldsymbol{\eta}_1,\boldsymbol{\eta}_2$ 是齐次线性方程组(1) 的解,则 $\boldsymbol{\eta}_1+\boldsymbol{\eta}_2$ 也是该齐次线性方程组的解.

(2) 如果 $\boldsymbol{\eta}$ 是齐次线性方程组(1) 的解,则对任意的常数 c,$c\boldsymbol{\eta}$ 也是该齐次线性方程组的解.

(3) 如果 $\boldsymbol{\eta}_1,\boldsymbol{\eta}_2,\cdots,\boldsymbol{\eta}_s$ 是齐次线性方程组(1) 的解,则它们的任意线性组合 $c_1\boldsymbol{\eta}_1+c_2\boldsymbol{\eta}_2+\cdots+c_s\boldsymbol{\eta}_s$($c_1,c_2,\cdots,c_s$ 是任意常数) 也是该齐次线性方程组的解.

2. 齐次线性方程组的基础解系

如果 $\boldsymbol{\eta}_1,\boldsymbol{\eta}_2,\cdots,\boldsymbol{\eta}_s$ 是齐次线性方程组的解向量组的一个极大无关组,则称 $\boldsymbol{\eta}_1,\boldsymbol{\eta}_2,\cdots,\boldsymbol{\eta}_s$ 是该齐次线性方程组的一个**基础解系**.

3. 齐次线性方程组解的结构

如果齐次线性方程组(1) 有基础解系 $\boldsymbol{\eta}_1,\boldsymbol{\eta}_2,\cdots,\boldsymbol{\eta}_s$,则齐次线性方程组(1) 的任意解都可由其基础解系线性表示,即 $\boldsymbol{\eta}=c_1\boldsymbol{\eta}_1+c_2\boldsymbol{\eta}_2+\cdots+c_s\boldsymbol{\eta}_s$($c_1,c_2,\cdots,c_s$ 是任意常数).

4. 非齐次线性方程组的解与其导出组的解的性质

在非齐次线性方程组

$$\begin{cases} a_{11}x_1 + a_{12}x_2 + \cdots + a_{1n}x_n = b_1, \\ a_{21}x_1 + a_{22}x_2 + \cdots + a_{2n}x_n = b_2, \\ \cdots\cdots \\ a_{m1}x_1 + a_{m2}x_2 + \cdots + a_{mn}x_n = b_m \end{cases} \tag{2}$$

中,把常数项全部换为零,就得到齐次线性方程组(1),称方程组(1) 为方程组(2) 的**导出组**.

(1) 如果 $\boldsymbol{\gamma}$ 是非齐次线性方程组(2) 的一个解,而 $\boldsymbol{\eta}$ 是其导出组(1) 的解,则 $\boldsymbol{\gamma}+\boldsymbol{\eta}$ 是非齐次线性方程组(2) 的解.

(2) 如果 $\boldsymbol{\gamma}_1,\boldsymbol{\gamma}_2$ 是非齐次线性方程组(2) 的两个任意解,则 $\boldsymbol{\gamma}_1-\boldsymbol{\gamma}_2$ 是其导出组(1) 的解.

5. 非齐次线性方程组解的结构

非齐次线性方程组(2) 的任意解 $\boldsymbol{\gamma}$ 都可以表示为它的一个特解 $\boldsymbol{\gamma}_0$ 与其导出组(1) 的全部解 $\boldsymbol{\eta}$ 的和,即 $\boldsymbol{\gamma}=\boldsymbol{\gamma}_0+\boldsymbol{\eta}$,其中 $\boldsymbol{\eta}=c_1\boldsymbol{\eta}_1+c_2\boldsymbol{\eta}_2+\cdots+c_{n-r}\boldsymbol{\eta}_{n-r}$,$\boldsymbol{\eta}_1,\boldsymbol{\eta}_2,\cdots,\boldsymbol{\eta}_{n-r}$ 是其导出组(1) 的一个基础解系,$c_1,c_2,\cdots,c_{n-r}$ 是任意常数.

二、重要定理、公式及结论

（一）重要定理

定理 1　设 r 维向量组 $\boldsymbol{\alpha}_i=(a_{i1},a_{i2},\cdots,a_{ir})(i=1,2,\cdots,s)$ 线性无关，则在每个向量上添加 $n-r$ 个分量得到的 n 维向量组 $\boldsymbol{\alpha}_i'=(a_{i1},a_{i2},\cdots,a_{ir},a_{i(r+1)},\cdots,a_{in})(i=1,2,\cdots,s)$ 也线性无关.

定理 2　n 个 n 维列向量 $\boldsymbol{\alpha}_1,\boldsymbol{\alpha}_2,\cdots,\boldsymbol{\alpha}_n$ 线性相关（线性无关）的充要条件是 $\boldsymbol{\alpha}_1,\boldsymbol{\alpha}_2,\cdots,\boldsymbol{\alpha}_n$ 构成的 n 阶行列式 $|\boldsymbol{\alpha}_1,\boldsymbol{\alpha}_2,\cdots,\boldsymbol{\alpha}_n|=0(|\boldsymbol{\alpha}_1,\boldsymbol{\alpha}_2,\cdots,\boldsymbol{\alpha}_n|\neq 0)$.

此结论对于行向量也成立.

定理 3　任意 $n+1$ 个 n 维向量一定线性相关.

定理 4　若一个向量组的部分向量组线性相关，则整个向量组也线性相关.

推论 1　若一个向量组线性无关，则它的任意一个部分向量组也线性无关.

定理 5　向量组 $\boldsymbol{\alpha}_1,\boldsymbol{\alpha}_2,\cdots,\boldsymbol{\alpha}_s(s\geqslant 2)$ 线性相关 $\Leftrightarrow\boldsymbol{\alpha}_1,\boldsymbol{\alpha}_2,\cdots,\boldsymbol{\alpha}_s$ 中至少有一个向量可由其余向量线性表示.

推论 2　向量组 $\boldsymbol{\alpha}_1,\boldsymbol{\alpha}_2,\cdots,\boldsymbol{\alpha}_s(s\geqslant 2)$ 线性无关 $\Leftrightarrow\boldsymbol{\alpha}_1,\boldsymbol{\alpha}_2,\cdots,\boldsymbol{\alpha}_s$ 中的每一个向量都不能由其余向量线性表示.

定理 6　如果向量组 $\boldsymbol{\alpha}_1,\boldsymbol{\alpha}_2,\cdots,\boldsymbol{\alpha}_s$ 线性无关，但向量组 $\boldsymbol{\alpha}_1,\boldsymbol{\alpha}_2,\cdots,\boldsymbol{\alpha}_s,\boldsymbol{\beta}$ 线性相关，则向量 $\boldsymbol{\beta}$ 可由向量组 $\boldsymbol{\alpha}_1,\boldsymbol{\alpha}_2,\cdots,\boldsymbol{\alpha}_s$ 线性表示，且表达式唯一.

定理 7　任一向量组与其极大无关组等价.

推论 3　向量组的任意两个极大无关组等价.

定理 8　如果向量组 $\boldsymbol{\alpha}_1,\boldsymbol{\alpha}_2,\cdots,\boldsymbol{\alpha}_s$ 可以由向量组 $\boldsymbol{\beta}_1,\boldsymbol{\beta}_2,\cdots,\boldsymbol{\beta}_t$ 线性表示，并且 $s>t$，则向量组 $\boldsymbol{\alpha}_1,\boldsymbol{\alpha}_2,\cdots,\boldsymbol{\alpha}_s$ 线性相关.

推论 4　如果向量组 $\boldsymbol{\alpha}_1,\boldsymbol{\alpha}_2,\cdots,\boldsymbol{\alpha}_s$ 线性无关，并且可以由向量组 $\boldsymbol{\beta}_1,\boldsymbol{\beta}_2,\cdots,\boldsymbol{\beta}_t$ 线性表示，则有 $s\leqslant t$.

推论 5　一个向量组的任意两个极大无关组所含向量个数相同.

推论 6　向量组 $\boldsymbol{\alpha}_1,\boldsymbol{\alpha}_2,\cdots,\boldsymbol{\alpha}_s$ 线性无关 $\Leftrightarrow \mathrm{r}(\boldsymbol{\alpha}_1,\boldsymbol{\alpha}_2,\cdots,\boldsymbol{\alpha}_s)=s$.

定理 9　等价的向量组的秩相等.

定理 10　矩阵的初等变换不改变矩阵的秩.

定理 11　如果矩阵 $\boldsymbol{A}=(a_{ij})_{m\times n}$ 中有一个 r 阶子式不等于零，则 $\mathrm{r}(\boldsymbol{A})\geqslant r$.

定理 12　矩阵 $\boldsymbol{A}=(a_{ij})_{m\times n}$ 的秩等于 r 的充要条件是矩阵 $\boldsymbol{A}$ 中至少有一个 r 阶子式不等于零，而所有的 $r+1$ 阶子式都等于零($r<\min\{m,n\}$).

定理 13　若 $\boldsymbol{A}$ 是 n 阶方阵，则齐次线性方程组 $\boldsymbol{AX}=\boldsymbol{0}$ 有非零解的充要条件是 $|\boldsymbol{A}|=0$.

(二) 重要结论

结论 1　向量$\boldsymbol{\beta}$可以由向量组$\boldsymbol{\alpha}_1,\boldsymbol{\alpha}_2,\cdots,\boldsymbol{\alpha}_s$线性表示的充要条件是$s$元非齐次线性方程组$k_1\boldsymbol{\alpha}_1+k_2\boldsymbol{\alpha}_2+\cdots+k_s\boldsymbol{\alpha}_s=\boldsymbol{\beta}$有解.

结论 2　向量组$\boldsymbol{\alpha}_1,\boldsymbol{\alpha}_2,\cdots,\boldsymbol{\alpha}_s$线性相关(线性无关)的充要条件是$s$元齐次线性方程组$k_1\boldsymbol{\alpha}_1+k_2\boldsymbol{\alpha}_2+\cdots+k_s\boldsymbol{\alpha}_s=\mathbf{0}$有非零解(仅有零解).

结论 3　含有零向量的任一向量组必线性相关.

结论 4　单个非零向量必线性无关.

结论 5　n维基本单位向量组$\boldsymbol{\varepsilon}_1=(1,0,\cdots,0),\boldsymbol{\varepsilon}_2=(0,1,\cdots,0),\cdots,\boldsymbol{\varepsilon}_n=(0,0,\cdots,1)$线性无关.

结论 6　含有非零向量的向量组必存在极大无关组.

结论 7　若一个向量组线性无关,则其极大无关组为本身.

结论 8　若向量组线性相关,则其极大无关组一般不唯一.

结论 9　若$\mathrm{r}(\boldsymbol{\alpha}_1,\boldsymbol{\alpha}_2,\cdots,\boldsymbol{\alpha}_s)=r$,则$\boldsymbol{\alpha}_1,\boldsymbol{\alpha}_2,\cdots,\boldsymbol{\alpha}_s$中任意$r$个线性无关的向量都是该向量组的一个极大无关组.

结论 10　若向量组$\boldsymbol{\alpha}_1,\boldsymbol{\alpha}_2,\cdots,\boldsymbol{\alpha}_s$可由向量组$\boldsymbol{\beta}_1,\boldsymbol{\beta}_2,\cdots,\boldsymbol{\beta}_t$线性表示,则

$$\mathrm{r}(\boldsymbol{\alpha}_1,\boldsymbol{\alpha}_2,\cdots,\boldsymbol{\alpha}_s)\leqslant\mathrm{r}(\boldsymbol{\beta}_1,\boldsymbol{\beta}_2,\cdots,\boldsymbol{\beta}_t).$$

结论 11　对矩阵$\boldsymbol{A},\boldsymbol{B}$有(假设相关运算有意义)

(1) $\mathrm{r}(\boldsymbol{A}+\boldsymbol{B})\leqslant\mathrm{r}(\boldsymbol{A})+\mathrm{r}(\boldsymbol{B})$;

(2) $\max\{\mathrm{r}(\boldsymbol{A}),\mathrm{r}(\boldsymbol{B})\}\leqslant\mathrm{r}(\boldsymbol{A},\boldsymbol{B})\leqslant\mathrm{r}(\boldsymbol{A})+\mathrm{r}(\boldsymbol{B})$;

(3) $\mathrm{r}(\boldsymbol{AB})\leqslant\min\{\mathrm{r}(\boldsymbol{A}),\mathrm{r}(\boldsymbol{B})\}$;

(4) 若$\boldsymbol{AB}=\boldsymbol{O}$,则$\mathrm{r}(\boldsymbol{A})+\mathrm{r}(\boldsymbol{B})\leqslant\boldsymbol{A}$的列数(或$\boldsymbol{B}$的行数).

结论 12(齐次线性方程组有解的判定定理)　齐次线性方程组

$$\begin{cases}a_{11}x_1+a_{12}x_2+\cdots+a_{1n}x_n=0,\\a_{21}x_1+a_{22}x_2+\cdots+a_{2n}x_n=0,\\\quad\cdots\cdots\\a_{m1}x_1+a_{m2}x_2+\cdots+a_{mn}x_n=0\end{cases}\tag{1}$$

的系数矩阵记为$\boldsymbol{A}$,则有

(1) 当$\mathrm{r}(\boldsymbol{A})=n$时,方程组(1)仅有零解;

(2) 当$\mathrm{r}(\boldsymbol{A})=r<n$时,方程组(1)有非零解(除零解外还有无穷多非零解),其基础解系中所含向量的个数是$n-r$.

结论 13(非齐次线性方程组有解的判定定理)　非齐次线性方程组

$$\begin{cases}a_{11}x_1+a_{12}x_2+\cdots+a_{1n}x_n=b_1,\\a_{21}x_1+a_{22}x_2+\cdots+a_{2n}x_n=b_2,\\\quad\cdots\cdots\\a_{m1}x_1+a_{m2}x_2+\cdots+a_{mn}x_n=b_m\end{cases}\tag{2}$$

的系数矩阵记为$\boldsymbol{A}$,其增广矩阵记为$\overline{\boldsymbol{A}}$,则

(1) 方程组(2) 有唯一解 $\Leftrightarrow \mathrm{r}(\boldsymbol{A}) = \mathrm{r}(\overline{\boldsymbol{A}}) = n$；

(2) 方程组(2) 有无穷多解 $\Leftrightarrow \mathrm{r}(\boldsymbol{A}) = \mathrm{r}(\overline{\boldsymbol{A}}) = r < n$；

(3) 方程组(2) 无解 $\Leftrightarrow \mathrm{r}(\boldsymbol{A}) \neq \mathrm{r}(\overline{\boldsymbol{A}})$.

三、复习考试要求

1. 理解向量的概念，熟练掌握向量的加法和数乘运算.

2. 了解向量的线性相关、线性无关、向量组的秩和矩阵的秩等概念，掌握求向量组的极大无关组和矩阵的秩的方法.

3. 掌握线性方程组有解的判定定理，了解线性方程组的特解、导出组的基础解系和一般解的概念.

4. 熟练掌握用矩阵初等行变换求线性方程组的一般解的方法.

四、典型例题

例 1　解线性方程组

$$\begin{cases} x_1 + x_2 - 3x_3 - x_4 = 1, \\ 3x_1 - x_2 - 3x_3 + 4x_4 = 4, \\ x_1 + 5x_2 - 9x_3 - 8x_4 = 0. \end{cases}$$

解　对其增广矩阵进行初等行变换化为阶梯形矩阵：

$$\left(\begin{array}{cccc:c} 1 & 1 & -3 & -1 & 1 \\ 3 & -1 & -3 & 4 & 4 \\ 1 & 5 & -9 & -8 & 0 \end{array}\right) \rightarrow \left(\begin{array}{cccc:c} 1 & 1 & -3 & -1 & 1 \\ 0 & -4 & 6 & 7 & 1 \\ 0 & 4 & -6 & -7 & -1 \end{array}\right) \rightarrow \left(\begin{array}{cccc:c} 1 & 1 & -3 & -1 & 1 \\ 0 & -4 & 6 & 7 & 1 \\ 0 & 0 & 0 & 0 & 0 \end{array}\right)$$

$$\rightarrow \left(\begin{array}{cccc:c} 1 & 1 & -3 & -1 & 1 \\ 0 & 1 & -\frac{3}{2} & -\frac{7}{4} & -\frac{1}{4} \\ 0 & 0 & 0 & 0 & 0 \end{array}\right) \rightarrow \left(\begin{array}{cccc:c} 1 & 0 & -\frac{3}{2} & \frac{3}{4} & \frac{5}{4} \\ 0 & 1 & -\frac{3}{2} & -\frac{7}{4} & -\frac{1}{4} \\ 0 & 0 & 0 & 0 & 0 \end{array}\right).$$

因为 $\mathrm{r}(\boldsymbol{A}) = \mathrm{r}(\overline{\boldsymbol{A}}) = 2 < 4$，所以原方程组有无穷多解. 上面最后一个矩阵对应的线性方程组

$$\begin{cases} x_1 - \frac{3}{2}x_3 + \frac{3}{4}x_4 = \frac{5}{4}, \\ x_2 - \frac{3}{2}x_3 - \frac{7}{4}x_4 = -\frac{1}{4} \end{cases}$$

与原方程组同解. 令自由未知量 $x_3=x_4=0$,得原方程组的一个特解为

$$\boldsymbol{\gamma}_0=\begin{pmatrix}\frac{5}{4}\\-\frac{1}{4}\\0\\0\end{pmatrix}.$$

原方程组的导出组与方程组

$$\begin{cases}x_1-\frac{3}{2}x_3+\frac{3}{4}x_4=0,\\x_2-\frac{3}{2}x_3-\frac{7}{4}x_4=0\end{cases}$$

同解. 令自由未知量 $\begin{pmatrix}x_3\\x_4\end{pmatrix}=\begin{pmatrix}1\\0\end{pmatrix},\begin{pmatrix}0\\1\end{pmatrix}$,得导出组的一个基础解系为

$$\boldsymbol{\eta}_1=\begin{pmatrix}\frac{3}{2}\\\frac{3}{2}\\1\\0\end{pmatrix},\quad \boldsymbol{\eta}_2=\begin{pmatrix}-\frac{3}{4}\\\frac{7}{4}\\0\\1\end{pmatrix}.$$

所以,原方程组的全部解为

$$\boldsymbol{\gamma}=\boldsymbol{\gamma}_0+c_1\boldsymbol{\eta}_1+c_2\boldsymbol{\eta}_2,$$

其中 c_1,c_2 为任意常数.

例 2 求齐次线性方程组

$$\begin{cases}x_1-x_2-3x_3+x_4=0,\\2x_1-2x_2-5x_3+3x_4=0,\\4x_1-4x_2+3x_3+19x_4=0,\\x_1-x_2-2x_3+2x_4=0\end{cases}$$

的一个基础解系和通解.

解 对其系数矩阵进行初等行变换化为阶梯形矩阵:

$$\begin{pmatrix}1&-1&-3&1\\2&-2&-5&3\\4&-4&3&19\\1&-1&-2&2\end{pmatrix}\to\begin{pmatrix}1&-1&-3&1\\0&0&1&1\\0&0&15&15\\0&0&1&1\end{pmatrix}\to\begin{pmatrix}1&-1&-3&1\\0&0&1&1\\0&0&0&0\\0&0&0&0\end{pmatrix}$$

$$\to\begin{pmatrix}1&-1&0&4\\0&0&1&1\\0&0&0&0\\0&0&0&0\end{pmatrix}.$$

因为 $r(\boldsymbol{A})=2<4$,所以原方程组有非零解,基础解系中有 2 个解向量.上面最后一个矩阵对应的线性方程组

$$\begin{cases}x_1-x_2\qquad+4x_4=0,\\ \qquad\qquad x_3+x_4=0\end{cases}$$

与原方程组同解.令自由未知量 $\begin{pmatrix}x_2\\x_4\end{pmatrix}=\begin{pmatrix}1\\0\end{pmatrix},\begin{pmatrix}0\\1\end{pmatrix}$,得方程组的一个基础解系为

$$\boldsymbol{\eta}_1=\begin{pmatrix}1\\1\\0\\0\end{pmatrix},\quad \boldsymbol{\eta}_2=\begin{pmatrix}-4\\0\\-1\\1\end{pmatrix}.$$

所以,原方程组的通解为 $\boldsymbol{\eta}=c_1\boldsymbol{\eta}_1+c_2\boldsymbol{\eta}_2$,其中 c_1,c_2 为任意常数.

例 3　当 λ 取何值时,线性方程组

$$\begin{cases}\lambda x_1+x_2+x_3=1,\\ x_1+\lambda x_2+x_3=\lambda,\\ x_1+x_2+\lambda x_3=\lambda^2\end{cases}$$

无解?有唯一解?有无穷多解?在有解的情况下,求出它的全部解.

解　对其增广矩阵进行初等行变换化为阶梯形矩阵:

$$\overline{\boldsymbol{A}}=\left(\begin{array}{ccc:c}\lambda&1&1&1\\1&\lambda&1&\lambda\\1&1&\lambda&\lambda^2\end{array}\right)\to\left(\begin{array}{ccc:c}1&1&\lambda&\lambda^2\\1&\lambda&1&\lambda\\\lambda&1&1&1\end{array}\right)\to\left(\begin{array}{ccc:c}1&1&\lambda&\lambda^2\\0&\lambda-1&1-\lambda&\lambda-\lambda^2\\0&1-\lambda&1-\lambda^2&1-\lambda^3\end{array}\right)$$

$$\to\left(\begin{array}{ccc:c}1&1&\lambda&\lambda^2\\0&\lambda-1&1-\lambda&\lambda-\lambda^2\\0&0&2-\lambda-\lambda^2&1+\lambda-\lambda^2-\lambda^3\end{array}\right)$$

$$\to\left(\begin{array}{ccc:c}1&1&\lambda&\lambda^2\\0&\lambda-1&1-\lambda&\lambda(1-\lambda)\\0&0&(1-\lambda)(2+\lambda)&(1-\lambda)(1+\lambda)^2\end{array}\right).$$

当 $\lambda=-2$ 时,$r(\boldsymbol{A})=2\neq r(\overline{\boldsymbol{A}})=3$,此时方程组无解.

当 $\lambda=1$ 时,$r(\boldsymbol{A})=r(\overline{\boldsymbol{A}})=1<3$,此时方程组有无穷多解.增广矩阵化为

$$\left(\begin{array}{ccc:c}1&1&1&1\\0&0&0&0\\0&0&0&0\end{array}\right),$$

故方程组的全部解为

$$\begin{pmatrix}1\\0\\0\end{pmatrix}+c_1\begin{pmatrix}-1\\1\\0\end{pmatrix}+c_2\begin{pmatrix}-1\\0\\1\end{pmatrix},$$

其中 c_1,c_2 为任意常数.

当 $\lambda \neq 1$ 且 $\lambda \neq -2$ 时，$r(\boldsymbol{A}) = r(\overline{\boldsymbol{A}}) = 3$，此时方程组有唯一解. 对 $\overline{\boldsymbol{A}}$ 继续进行初等行变换：

$$\overline{\boldsymbol{A}} \to \left(\begin{array}{ccc:c} 1 & 1 & \lambda & \lambda^2 \\ 0 & 1 & -1 & -\lambda \\ 0 & 0 & 1 & \dfrac{(1+\lambda)^2}{\lambda+2} \end{array}\right) \to \left(\begin{array}{ccc:c} 1 & 1 & \lambda & \lambda^2 \\ 0 & 1 & 0 & \dfrac{1}{\lambda+2} \\ 0 & 0 & 1 & \dfrac{(1+\lambda)^2}{\lambda+2} \end{array}\right)$$

$$\to \left(\begin{array}{ccc:c} 1 & 0 & \lambda & \dfrac{\lambda^3+2\lambda^2-1}{\lambda+2} \\ 0 & 1 & 0 & \dfrac{1}{\lambda+2} \\ 0 & 0 & 1 & \dfrac{(1+\lambda)^2}{\lambda+2} \end{array}\right) \to \left(\begin{array}{ccc:c} 1 & 0 & 0 & -\dfrac{1+\lambda}{\lambda+2} \\ 0 & 1 & 0 & \dfrac{1}{\lambda+2} \\ 0 & 0 & 1 & \dfrac{(1+\lambda)^2}{\lambda+2} \end{array}\right),$$

从而方程组的唯一解为

$$\begin{cases} x_1 = -\dfrac{1+\lambda}{\lambda+2}, \\ x_2 = \dfrac{1}{\lambda+2}, \\ x_3 = \dfrac{(1+\lambda)^2}{\lambda+2}. \end{cases}$$

例 4 当 λ 取何值时，线性方程组

$$\begin{cases} \lambda x_1 + x_2 + x_3 = 0, \\ x_1 + \lambda x_2 + x_3 = 0, \\ x_1 + x_2 + \lambda x_3 = 0 \end{cases}$$

有非零解？仅有零解？

解 原方程组的系数矩阵 $\boldsymbol{A}$ 的行列式为

$$|\boldsymbol{A}| = \begin{vmatrix} \lambda & 1 & 1 \\ 1 & \lambda & 1 \\ 1 & 1 & \lambda \end{vmatrix} = (\lambda+2)\begin{vmatrix} 1 & 1 & 1 \\ 1 & \lambda & 1 \\ 1 & 1 & \lambda \end{vmatrix} = (\lambda+2)\begin{vmatrix} 1 & 1 & 1 \\ 0 & \lambda-1 & 0 \\ 0 & 0 & \lambda-1 \end{vmatrix}$$
$$= (\lambda+2)(\lambda-1)^2.$$

当 $|\boldsymbol{A}| = 0$，即 $\lambda = -2$ 或 $\lambda = 1$ 时，该齐次线性方程组有非零解.

当 $|\boldsymbol{A}| \neq 0$，即 $\lambda \neq -2$ 且 $\lambda \neq 1$ 时，该齐次线性方程组仅有零解.

例 5 判断向量 $\boldsymbol{\beta}$ 是否可由向量组 $\boldsymbol{\alpha}_1, \boldsymbol{\alpha}_2, \boldsymbol{\alpha}_3$ 线性表示；若可以，求出相应的表达式，其中 $\boldsymbol{\alpha}_1 = (1,1,1)^{\mathrm{T}}, \boldsymbol{\alpha}_2 = (1,-1,-2)^{\mathrm{T}}, \boldsymbol{\alpha}_3 = (-1,1,2)^{\mathrm{T}}, \boldsymbol{\beta} = \left(1,0,-\dfrac{1}{2}\right)^{\mathrm{T}}$.

解 设有数 k_1, k_2, k_3，使得

$$\boldsymbol{\beta} = k_1\boldsymbol{\alpha}_1 + k_2\boldsymbol{\alpha}_2 + k_3\boldsymbol{\alpha}_3,$$

即

$$\begin{cases} k_1 + k_2 - k_3 = 1, \\ k_1 - k_2 + k_3 = 0, \\ k_1 - 2k_2 + 2k_3 = -\dfrac{1}{2}. \end{cases}$$

对此线性方程组的增广矩阵施行初等行变换化为阶梯形矩阵：

$$\left(\begin{array}{ccc:c} 1 & 1 & -1 & 1 \\ 1 & -1 & 1 & 0 \\ 1 & -2 & 2 & -\dfrac{1}{2} \end{array}\right) \to \left(\begin{array}{ccc:c} 1 & 1 & -1 & 1 \\ 0 & -2 & 2 & -1 \\ 0 & -3 & 3 & -\dfrac{3}{2} \end{array}\right) \to \left(\begin{array}{ccc:c} 1 & 1 & -1 & 1 \\ 0 & 1 & -1 & \dfrac{1}{2} \\ 0 & 0 & 0 & 0 \end{array}\right)$$

$$\to \left(\begin{array}{ccc:c} 1 & 0 & 0 & \dfrac{1}{2} \\ 0 & 1 & -1 & \dfrac{1}{2} \\ 0 & 0 & 0 & 0 \end{array}\right).$$

由最后的矩阵知方程组有无穷多解：

$$\begin{cases} k_1 = \dfrac{1}{2}, \\ k_2 = \dfrac{1}{2} + c, \\ k_3 = c, \end{cases}$$

其中c为任意常数.因此，向量$\boldsymbol{\beta}$可以由向量组$\boldsymbol{\alpha}_1,\boldsymbol{\alpha}_2,\boldsymbol{\alpha}_3$线性表示，且表达式不唯一.例如令$c=0$，得一个表达式为

$$\boldsymbol{\beta} = \frac{1}{2}\boldsymbol{\alpha}_1 + \frac{1}{2}\boldsymbol{\alpha}_2 + 0\boldsymbol{\alpha}_3.$$

例 6　设向量组

$$\boldsymbol{\alpha}_1 = \begin{pmatrix} 1 \\ 2 \\ 0 \end{pmatrix},\quad \boldsymbol{\alpha}_2 = \begin{pmatrix} 1 \\ a+2 \\ -3a \end{pmatrix},\quad \boldsymbol{\alpha}_3 = \begin{pmatrix} -1 \\ -b-2 \\ a+2b \end{pmatrix},\quad \boldsymbol{\beta} = \begin{pmatrix} 1 \\ 3 \\ -3 \end{pmatrix}.$$

(1) 当a,b为何值时，$\boldsymbol{\beta}$不能由$\boldsymbol{\alpha}_1,\boldsymbol{\alpha}_2,\boldsymbol{\alpha}_3$线性表示？

(2) 当a,b为何值时，$\boldsymbol{\beta}$可以由$\boldsymbol{\alpha}_1,\boldsymbol{\alpha}_2,\boldsymbol{\alpha}_3$线性表示且表达式唯一？写出其表达式.

(3) 当a,b为何值时，$\boldsymbol{\beta}$可以由$\boldsymbol{\alpha}_1,\boldsymbol{\alpha}_2,\boldsymbol{\alpha}_3$线性表示且表达式不唯一？写出其表达式.

解　设有数k_1,k_2,k_3，使得

$$\boldsymbol{\beta} = k_1\boldsymbol{\alpha}_1 + k_2\boldsymbol{\alpha}_2 + k_3\boldsymbol{\alpha}_3.$$

对对应的三元非齐次线性方程组的增广矩阵进行初等行变换化为阶梯形矩阵：

$$\overline{\mathbf{A}} = \left(\begin{array}{ccc:c} 1 & 1 & -1 & 1 \\ 2 & a+2 & -b-2 & 3 \\ 0 & -3a & a+2b & -3 \end{array}\right) \to \left(\begin{array}{ccc:c} 1 & 1 & -1 & 1 \\ 0 & a & -b & 1 \\ 0 & -3a & a+2b & -3 \end{array}\right)$$

$$\rightarrow\left(\begin{array}{ccc:c}1 & 1 & -1 & 1\\0 & a & -b & 1\\0 & 0 & a-b & 0\end{array}\right).$$

由最后一个矩阵可知

(1) 当 $a=0$ 时,方程组无解,此时 $\boldsymbol{\beta}$ 不能由 $\boldsymbol{\alpha}_1,\boldsymbol{\alpha}_2,\boldsymbol{\alpha}_3$ 线性表示.

(2) 当 $a\neq 0$ 且 $a\neq b$ 时,$\mathrm{r}(\boldsymbol{A})=\mathrm{r}(\overline{\boldsymbol{A}})=3$,方程组有唯一解,此时 $\boldsymbol{\beta}$ 可由 $\boldsymbol{\alpha}_1,\boldsymbol{\alpha}_2,\boldsymbol{\alpha}_3$ 线性表示,且表达式唯一. 对增广矩阵继续进行初等行变换:

$$\overline{\boldsymbol{A}}\rightarrow\left(\begin{array}{ccc:c}1 & 1 & -1 & 1\\0 & a & -b & 1\\0 & 0 & 1 & 0\end{array}\right)\rightarrow\left(\begin{array}{ccc:c}1 & 1 & 0 & 1\\0 & a & 0 & 1\\0 & 0 & 1 & 0\end{array}\right)\rightarrow\left(\begin{array}{ccc:c}1 & 1 & 0 & 1\\0 & 1 & 0 & \frac{1}{a}\\0 & 0 & 1 & 0\end{array}\right)\rightarrow\left(\begin{array}{ccc:c}1 & 0 & 0 & 1-\frac{1}{a}\\0 & 1 & 0 & \frac{1}{a}\\0 & 0 & 1 & 0\end{array}\right).$$

此时

$$\boldsymbol{\beta}=\left(1-\frac{1}{a}\right)\boldsymbol{\alpha}_1+\frac{1}{a}\boldsymbol{\alpha}_2+0\boldsymbol{\alpha}_3.$$

(3) 当 $a=b\neq 0$ 时,$\mathrm{r}(\boldsymbol{A})=\mathrm{r}(\overline{\boldsymbol{A}})=2<3$,方程组有无穷多解,此时 $\boldsymbol{\beta}$ 可由 $\boldsymbol{\alpha}_1,\boldsymbol{\alpha}_2,\boldsymbol{\alpha}_3$ 线性表示,且表达式不唯一. 对增广矩阵继续进行初等行变换:

$$\overline{\boldsymbol{A}}\rightarrow\left(\begin{array}{ccc:c}1 & 1 & -1 & 1\\0 & a & -a & 1\\0 & 0 & 0 & 0\end{array}\right)\rightarrow\left(\begin{array}{ccc:c}1 & 1 & -1 & 1\\0 & 1 & -1 & \frac{1}{a}\\0 & 0 & 0 & 0\end{array}\right)\rightarrow\left(\begin{array}{ccc:c}1 & 0 & 0 & 1-\frac{1}{a}\\0 & 1 & -1 & \frac{1}{a}\\0 & 0 & 0 & 0\end{array}\right).$$

方程组的一般解为

$$\begin{cases}k_1=1-\dfrac{1}{a},\\k_2=\dfrac{1}{a}+c,\\k_3=c,\end{cases}$$

其中 c 为任意常数. 例如令 $c=0$,得一个表达式为

$$\boldsymbol{\beta}=\left(1-\frac{1}{a}\right)\boldsymbol{\alpha}_1+\frac{1}{a}\boldsymbol{\alpha}_2+0\boldsymbol{\alpha}_3.$$

例 7　判断下列向量组是线性相关还是线性无关:

(1) $\boldsymbol{\alpha}_1=(1,2,3)^{\mathrm{T}},\boldsymbol{\alpha}_2=(2,3,1)^{\mathrm{T}},\boldsymbol{\alpha}_3=(3,1,2)^{\mathrm{T}},\boldsymbol{\alpha}_4=(1,1,1)^{\mathrm{T}}$;

(2) $\boldsymbol{\alpha}_1=(1,2,3)^{\mathrm{T}},\boldsymbol{\alpha}_2=(2,3,1)^{\mathrm{T}},\boldsymbol{\alpha}_3=(3,1,2)^{\mathrm{T}}$;

(3) $\boldsymbol{\alpha}_1=(1,-1,1,-1)^{\mathrm{T}},\boldsymbol{\alpha}_2=(1,2,3,1)^{\mathrm{T}},\boldsymbol{\alpha}_3=(3,3,7,1)^{\mathrm{T}}$.

解　(1) 由于 $\boldsymbol{\alpha}_1,\boldsymbol{\alpha}_2,\boldsymbol{\alpha}_3,\boldsymbol{\alpha}_4$ 为 4 个三维向量,因此必定线性相关.

(2) 由于 $\boldsymbol{\alpha}_1,\boldsymbol{\alpha}_2,\boldsymbol{\alpha}_3$ 为 3 个三维向量,可令 $\boldsymbol{A}=(\boldsymbol{\alpha}_1,\boldsymbol{\alpha}_2,\boldsymbol{\alpha}_3)$,则

$$|\boldsymbol{A}| = \begin{vmatrix} 1 & 2 & 3 \\ 2 & 3 & 1 \\ 3 & 1 & 2 \end{vmatrix} = 6\begin{vmatrix} 1 & 2 & 3 \\ 1 & 3 & 1 \\ 1 & 1 & 2 \end{vmatrix} = 6\begin{vmatrix} 1 & 2 & 3 \\ 0 & 1 & -2 \\ 0 & -1 & -1 \end{vmatrix}$$

$$= 6\begin{vmatrix} 1 & 2 & 3 \\ 0 & 1 & -2 \\ 0 & 0 & -3 \end{vmatrix} = -18 \neq 0,$$

因此 $\boldsymbol{\alpha}_1,\boldsymbol{\alpha}_2,\boldsymbol{\alpha}_3$ 线性无关.

(3) 设 $k_1\boldsymbol{\alpha}_1 + k_2\boldsymbol{\alpha}_2 + k_3\boldsymbol{\alpha}_3 = \boldsymbol{0}$,对对应的三元齐次线性方程组的系数矩阵进行初等行变换化为阶梯形矩阵:

$$\boldsymbol{A} = \begin{pmatrix} 1 & 1 & 3 \\ -1 & 2 & 3 \\ 1 & 3 & 7 \\ -1 & 1 & 1 \end{pmatrix} \to \begin{pmatrix} 1 & 1 & 3 \\ 0 & 3 & 6 \\ 0 & 2 & 4 \\ 0 & 2 & 4 \end{pmatrix} \to \begin{pmatrix} 1 & 1 & 3 \\ 0 & 1 & 2 \\ 0 & 0 & 0 \\ 0 & 0 & 0 \end{pmatrix}.$$

因为 $\mathrm{r}(\boldsymbol{A}) = 2 < 3$,所以方程组有非零解,从而 $\boldsymbol{\alpha}_1,\boldsymbol{\alpha}_2,\boldsymbol{\alpha}_3$ 线性相关.

例 8　若向量组 $\boldsymbol{\alpha},\boldsymbol{\beta},\boldsymbol{\gamma}$ 线性无关,$\boldsymbol{\alpha},\boldsymbol{\beta},\boldsymbol{\delta}$ 线性相关,证明:$\boldsymbol{\delta}$ 必可由 $\boldsymbol{\alpha},\boldsymbol{\beta},\boldsymbol{\gamma}$ 线性表示.

证明　$\boldsymbol{\alpha},\boldsymbol{\beta},\boldsymbol{\gamma}$ 线性无关,则 $\boldsymbol{\alpha},\boldsymbol{\beta}$ 线性无关. 又 $\boldsymbol{\alpha},\boldsymbol{\beta},\boldsymbol{\delta}$ 线性相关,所以 $\boldsymbol{\delta}$ 可以由 $\boldsymbol{\alpha},\boldsymbol{\beta}$ 线性表示,从而 $\boldsymbol{\delta}$ 也可以由 $\boldsymbol{\alpha},\boldsymbol{\beta},\boldsymbol{\gamma}$ 线性表示:

$$\boldsymbol{\delta} = \lambda_1\boldsymbol{\alpha} + \lambda_2\boldsymbol{\beta} = \lambda_1\boldsymbol{\alpha} + \lambda_2\boldsymbol{\beta} + 0\boldsymbol{\gamma}.$$

例 9　已知向量组 $\boldsymbol{\alpha}_1,\boldsymbol{\alpha}_2,\cdots,\boldsymbol{\alpha}_s (s \geqslant 2)$ 线性无关,$\boldsymbol{\beta}_1 = \boldsymbol{\alpha}_1 + \boldsymbol{\alpha}_2, \boldsymbol{\beta}_2 = \boldsymbol{\alpha}_2 + \boldsymbol{\alpha}_3, \cdots, \boldsymbol{\beta}_{s-1} = \boldsymbol{\alpha}_{s-1} + \boldsymbol{\alpha}_s, \boldsymbol{\beta}_s = \boldsymbol{\alpha}_s + \boldsymbol{\alpha}_1$, 试讨论向量组 $\boldsymbol{\beta}_1,\boldsymbol{\beta}_2,\cdots,\boldsymbol{\beta}_s$ 的线性相关性.

解　设有数 $k_1,k_2,\cdots,k_s$,使得

$$k_1\boldsymbol{\beta}_1 + k_2\boldsymbol{\beta}_2 + \cdots + k_s\boldsymbol{\beta}_s = \boldsymbol{0},$$

即

$$k_1(\boldsymbol{\alpha}_1 + \boldsymbol{\alpha}_2) + k_2(\boldsymbol{\alpha}_2 + \boldsymbol{\alpha}_3) + \cdots + k_s(\boldsymbol{\alpha}_s + \boldsymbol{\alpha}_1) = \boldsymbol{0},$$

也即

$$(k_1 + k_s)\boldsymbol{\alpha}_1 + (k_1 + k_2)\boldsymbol{\alpha}_2 + \cdots + (k_{s-1} + k_s)\boldsymbol{\alpha}_s = \boldsymbol{0}.$$

由于 $\boldsymbol{\alpha}_1,\boldsymbol{\alpha}_2,\cdots,\boldsymbol{\alpha}_s$ 线性无关,因此

$$\begin{cases} k_1 + k_s = 0, \\ k_1 + k_2 = 0, \\ \quad\cdots\cdots \\ k_{s-1} + k_s = 0. \end{cases}$$

该齐次线性方程组的系数行列式为

$$D = \begin{vmatrix} 1 & 0 & 0 & \cdots & 0 & 0 & 1 \\ 1 & 1 & 0 & \cdots & 0 & 0 & 0 \\ 0 & 1 & 1 & \cdots & 0 & 0 & 0 \\ \vdots & \vdots & \vdots & & \vdots & \vdots & \vdots \\ 0 & 0 & 0 & \cdots & 1 & 1 & 0 \\ 0 & 0 & 0 & \cdots & 0 & 1 & 1 \end{vmatrix} = 1 + (-1)^{1+s}.$$

因此,当 s 为偶数时,$D=0$,方程组有非零解,$\boldsymbol{\beta}_1,\boldsymbol{\beta}_2,\cdots,\boldsymbol{\beta}_s$ 线性相关;当 s 为奇数时,$D\neq 0$,方程组仅有零解,$\boldsymbol{\beta}_1,\boldsymbol{\beta}_2,\cdots,\boldsymbol{\beta}_s$ 线性无关.

例 10　设 $\boldsymbol{\alpha}_1=(1,-1,2,1)^{\mathrm{T}},\boldsymbol{\alpha}_2=(2,-2,4,-2)^{\mathrm{T}},\boldsymbol{\alpha}_3=(3,0,6,-1)^{\mathrm{T}},\boldsymbol{\alpha}_4=(0,3,0,-4)^{\mathrm{T}}$,求向量组 $\boldsymbol{\alpha}_1,\boldsymbol{\alpha}_2,\boldsymbol{\alpha}_3,\boldsymbol{\alpha}_4$ 的一个极大无关组,并把其余向量用此极大无关组线性表示.

解　以 $\boldsymbol{\alpha}_1,\boldsymbol{\alpha}_2,\boldsymbol{\alpha}_3,\boldsymbol{\alpha}_4$ 为列作矩阵 $\boldsymbol{A}$,对 $\boldsymbol{A}$ 进行初等行变换,得

$$\boldsymbol{A}=\begin{pmatrix}1&2&3&0\\-1&-2&0&3\\2&4&6&0\\1&-2&-1&-4\end{pmatrix}\to\begin{pmatrix}1&2&3&0\\0&0&3&3\\0&0&0&0\\0&-4&-4&-4\end{pmatrix}\to\begin{pmatrix}1&2&3&0\\0&1&1&1\\0&0&1&1\\0&0&0&0\end{pmatrix}$$

$$\to\begin{pmatrix}1&2&0&-3\\0&1&0&0\\0&0&1&1\\0&0&0&0\end{pmatrix}\to\begin{pmatrix}1&0&0&-3\\0&1&0&0\\0&0&1&1\\0&0&0&0\end{pmatrix}.$$

由最后一个矩阵可知,$\boldsymbol{\alpha}_1,\boldsymbol{\alpha}_2,\boldsymbol{\alpha}_3$ 是向量组的一个极大无关组,并且

$$\boldsymbol{\alpha}_4=-3\boldsymbol{\alpha}_1+0\boldsymbol{\alpha}_2+1\boldsymbol{\alpha}_3.$$

例 11　已知向量组(Ⅰ)$\boldsymbol{\alpha}_1,\boldsymbol{\alpha}_2,\boldsymbol{\alpha}_3$;(Ⅱ)$\boldsymbol{\alpha}_1,\boldsymbol{\alpha}_2,\boldsymbol{\alpha}_3,\boldsymbol{\alpha}_4$;(Ⅲ)$\boldsymbol{\alpha}_1,\boldsymbol{\alpha}_2,\boldsymbol{\alpha}_3,\boldsymbol{\alpha}_5$,如果 r(Ⅰ)$=$ r(Ⅱ)$=3$,r(Ⅲ)$=4$,证明:$\mathrm{r}(\boldsymbol{\alpha}_1,\boldsymbol{\alpha}_2,\boldsymbol{\alpha}_3,\boldsymbol{\alpha}_5-\boldsymbol{\alpha}_4)=4$.

证明　由 r(Ⅰ)$=$ r(Ⅱ)$=3$,得 $\boldsymbol{\alpha}_1,\boldsymbol{\alpha}_2,\boldsymbol{\alpha}_3$ 线性无关,$\boldsymbol{\alpha}_1,\boldsymbol{\alpha}_2,\boldsymbol{\alpha}_3,\boldsymbol{\alpha}_4$ 线性相关,则 $\boldsymbol{\alpha}_4$ 可以由 $\boldsymbol{\alpha}_1,\boldsymbol{\alpha}_2,\boldsymbol{\alpha}_3$ 线性表示,且表达式唯一:

$$\boldsymbol{\alpha}_4=\lambda_1\boldsymbol{\alpha}_1+\lambda_2\boldsymbol{\alpha}_2+\lambda_3\boldsymbol{\alpha}_3.$$

设

$$k_1\boldsymbol{\alpha}_1+k_2\boldsymbol{\alpha}_2+k_3\boldsymbol{\alpha}_3+k_4(\boldsymbol{\alpha}_5-\boldsymbol{\alpha}_4)=\boldsymbol{0},$$

将 $\boldsymbol{\alpha}_4$ 的表达式代入并整理得

$$(k_1-\lambda_1k_4)\boldsymbol{\alpha}_1+(k_2-\lambda_2k_4)\boldsymbol{\alpha}_2+(k_3-\lambda_3k_4)\boldsymbol{\alpha}_3+k_4\boldsymbol{\alpha}_5=\boldsymbol{0}.$$

因为 r(Ⅲ)$=4$,有 $\boldsymbol{\alpha}_1,\boldsymbol{\alpha}_2,\boldsymbol{\alpha}_3,\boldsymbol{\alpha}_5$ 线性无关,所以

$$\begin{cases}k_1-\lambda_1k_4=0,\\k_2-\lambda_2k_4=0,\\k_3-\lambda_3k_4=0,\\k_4=0,\end{cases}$$

解得 $k_1=k_2=k_3=k_4=0$. 因此 $\boldsymbol{\alpha}_1,\boldsymbol{\alpha}_2,\boldsymbol{\alpha}_3,\boldsymbol{\alpha}_5-\boldsymbol{\alpha}_4$ 线性无关,$\mathrm{r}(\boldsymbol{\alpha}_1,\boldsymbol{\alpha}_2,\boldsymbol{\alpha}_3,\boldsymbol{\alpha}_5-\boldsymbol{\alpha}_4)=4$.

例 12　设四元非齐次线性方程组 $\boldsymbol{AX}=\boldsymbol{b}$ 的系数矩阵的秩 $\mathrm{r}(\boldsymbol{A})=3$,已知 $\boldsymbol{\gamma}_1,\boldsymbol{\gamma}_2,\boldsymbol{\gamma}_3$ 为其 3 个解,且 $\boldsymbol{\gamma}_1=(2,3,4,5)^{\mathrm{T}},\boldsymbol{\gamma}_2+\boldsymbol{\gamma}_3=(1,2,3,4)^{\mathrm{T}}$,求该方程组的一般解.

解　由于 $\mathrm{r}(\boldsymbol{A})=3<4$,故方程组有无穷多解,且方程组的一般解可以表示为 $\boldsymbol{\gamma}=\boldsymbol{\gamma}_0+c\boldsymbol{\eta}$,其中 $\boldsymbol{\gamma}_0$ 是方程组的一个特解,$\boldsymbol{\eta}$ 是其导出组的一个基础解系. 由于 $\boldsymbol{\gamma}_1=(2,3,4,5)^{\mathrm{T}}$ 是 $\boldsymbol{AX}=\boldsymbol{b}$ 的一个解,故可取 $\boldsymbol{\gamma}_0=\boldsymbol{\gamma}_1$. 由解的性质,$\boldsymbol{\gamma}_1-\boldsymbol{\gamma}_2,\boldsymbol{\gamma}_1-\boldsymbol{\gamma}_3$ 是其导出组 $\boldsymbol{AX}=\boldsymbol{0}$ 的

解，从而

$$(\boldsymbol{\gamma}_1-\boldsymbol{\gamma}_2)+(\boldsymbol{\gamma}_1-\boldsymbol{\gamma}_3)=2\boldsymbol{\gamma}_1-(\boldsymbol{\gamma}_2+\boldsymbol{\gamma}_3)=(4,6,8,10)^{\mathrm{T}}-(1,2,3,4)^{\mathrm{T}}$$
$$=(3,4,5,6)^{\mathrm{T}}\neq\mathbf{0}$$

也是其导出组的一个解. 令 $\boldsymbol{\eta}=(3,4,5,6)^{\mathrm{T}}$，则方程组的一般解可以表示为

$$\boldsymbol{\gamma}=\boldsymbol{\gamma}_1+c\boldsymbol{\eta}=\begin{pmatrix}2\\3\\4\\5\end{pmatrix}+c\begin{pmatrix}3\\4\\5\\6\end{pmatrix},$$

其中 c 为任意常数.

例 13　设向量组 $\boldsymbol{\gamma}_1,\boldsymbol{\gamma}_2,\cdots,\boldsymbol{\gamma}_t$ 是非齐次线性方程组 $\boldsymbol{AX}=\boldsymbol{b}$ 的解，求证：$\mu_1\boldsymbol{\gamma}_1+\mu_2\boldsymbol{\gamma}_2+\cdots+\mu_t\boldsymbol{\gamma}_t$ 也是方程组的一个解，其中 $\mu_1+\mu_2+\cdots+\mu_t=1$.

证明　方法一：因为向量组 $\boldsymbol{\gamma}_1,\boldsymbol{\gamma}_2,\cdots,\boldsymbol{\gamma}_t$ 是非齐次线性方程组的解，所以有

$$\boldsymbol{A}\boldsymbol{\gamma}_i=\boldsymbol{b}\quad(i=1,2,\cdots,t),$$

从而

$$\boldsymbol{A}(\mu_1\boldsymbol{\gamma}_1+\mu_2\boldsymbol{\gamma}_2+\cdots+\mu_t\boldsymbol{\gamma}_t)=\mu_1\boldsymbol{A}\boldsymbol{\gamma}_1+\mu_2\boldsymbol{A}\boldsymbol{\gamma}_2+\cdots+\mu_t\boldsymbol{A}\boldsymbol{\gamma}_t$$
$$=(\mu_1+\mu_2+\cdots+\mu_t)\boldsymbol{b}=\boldsymbol{b},$$

即 $\mu_1\boldsymbol{\gamma}_1+\mu_2\boldsymbol{\gamma}_2+\cdots+\mu_t\boldsymbol{\gamma}_t(\mu_1+\mu_2+\cdots+\mu_t=1)$ 也是方程组的一个解.

方法二：把 $\mu_1=1-\mu_2-\cdots-\mu_t$ 代入 $\mu_1\boldsymbol{\gamma}_1+\mu_2\boldsymbol{\gamma}_2+\cdots+\mu_t\boldsymbol{\gamma}_t$ 中并整理得

$$\boldsymbol{\gamma}_1+\mu_2(\boldsymbol{\gamma}_2-\boldsymbol{\gamma}_1)+\cdots+\mu_t(\boldsymbol{\gamma}_t-\boldsymbol{\gamma}_1).$$

由解的性质可知，$\boldsymbol{\gamma}_2-\boldsymbol{\gamma}_1,\cdots,\boldsymbol{\gamma}_t-\boldsymbol{\gamma}_1$ 是方程组导出组的解，从而 $\mu_2(\boldsymbol{\gamma}_2-\boldsymbol{\gamma}_1)+\cdots+\mu_t(\boldsymbol{\gamma}_t-\boldsymbol{\gamma}_1)$ 也是导出组的解. 所以 $\boldsymbol{\gamma}_1+\mu_2(\boldsymbol{\gamma}_2-\boldsymbol{\gamma}_1)+\cdots+\mu_t(\boldsymbol{\gamma}_t-\boldsymbol{\gamma}_1)$ 是方程组 $\boldsymbol{AX}=\boldsymbol{b}$ 的解.

例 14　设 $\boldsymbol{\gamma}$ 是 n 元非齐次线性方程组 $\boldsymbol{AX}=\boldsymbol{b}$ 的一个解. 若 $\boldsymbol{\eta}_1,\boldsymbol{\eta}_2,\cdots,\boldsymbol{\eta}_{n-r}$ 为其导出组 $\boldsymbol{AX}=\mathbf{0}$ 的基础解系，证明：

(1) $\boldsymbol{\eta}_1,\boldsymbol{\eta}_2,\cdots,\boldsymbol{\eta}_{n-r},\boldsymbol{\gamma}$ 线性无关；

(2) $\boldsymbol{\gamma},\boldsymbol{\gamma}+\boldsymbol{\eta}_1,\boldsymbol{\gamma}+\boldsymbol{\eta}_2,\cdots,\boldsymbol{\gamma}+\boldsymbol{\eta}_{n-r}$ 为方程组 $\boldsymbol{AX}=\boldsymbol{b}$ 的 $n-r+1$ 个线性无关的解.

证明　(1) 设有数 $k_1,k_2,\cdots,k_{n-r},k$，使得

$$k_1\boldsymbol{\eta}_1+k_2\boldsymbol{\eta}_2+\cdots+k_{n-r}\boldsymbol{\eta}_{n-r}+k\boldsymbol{\gamma}=\mathbf{0}.$$

由于 $\boldsymbol{\gamma}$ 是非齐次线性方程组 $\boldsymbol{AX}=\boldsymbol{b}$ 的解，因此 $\boldsymbol{\gamma}$ 不能由其导出组的基础解系 $\boldsymbol{\eta}_1,\boldsymbol{\eta}_2,\cdots,\boldsymbol{\eta}_{n-r}$ 线性表示. 故上式中 $\boldsymbol{\gamma}$ 的系数 $k=0$，从而上式化为

$$k_1\boldsymbol{\eta}_1+k_2\boldsymbol{\eta}_2+\cdots+k_{n-r}\boldsymbol{\eta}_{n-r}=\mathbf{0}.$$

而 $\boldsymbol{\eta}_1,\boldsymbol{\eta}_2,\cdots,\boldsymbol{\eta}_{n-r}$ 线性无关，则上式仅当 $k_1=k_2=\cdots=k_{n-r}=0$ 时才能成立. 因此 $\boldsymbol{\eta}_1,\boldsymbol{\eta}_2,\cdots,\boldsymbol{\eta}_{n-r},\boldsymbol{\gamma}$ 线性无关.

(2) 由线性方程组解的性质知，$\boldsymbol{\gamma}+\boldsymbol{\eta}_1,\boldsymbol{\gamma}+\boldsymbol{\eta}_2,\cdots,\boldsymbol{\gamma}+\boldsymbol{\eta}_{n-r}$ 为方程组 $\boldsymbol{AX}=\boldsymbol{b}$ 的解. 以下证明 $\boldsymbol{\gamma},\boldsymbol{\gamma}+\boldsymbol{\eta}_1,\boldsymbol{\gamma}+\boldsymbol{\eta}_2,\cdots,\boldsymbol{\gamma}+\boldsymbol{\eta}_{n-r}$ 线性无关. 设有数 $k_0,k_1,k_2,\cdots,k_{n-r}$，使得

$$k_0\boldsymbol{\gamma}+k_1(\boldsymbol{\gamma}+\boldsymbol{\eta}_1)+k_2(\boldsymbol{\gamma}+\boldsymbol{\eta}_2)+\cdots+k_{n-r}(\boldsymbol{\gamma}+\boldsymbol{\eta}_{n-r})=\mathbf{0},$$

即

$$(k_0+k_1+k_2+\cdots+k_{n-r})\boldsymbol{\gamma}+k_1\boldsymbol{\eta}_1+k_2\boldsymbol{\eta}_2+\cdots+k_{n-r}\boldsymbol{\eta}_{n-r}=\mathbf{0}.$$

由(1)已知 $\boldsymbol{\eta}_1,\boldsymbol{\eta}_2,\cdots,\boldsymbol{\eta}_{n-r},\boldsymbol{\gamma}$ 线性无关,故上式中必有

$$\begin{cases}k_0+k_1+k_2+\cdots+k_{n-r}=0,\\ k_1=0,\\ k_2=0,\\ \cdots\cdots\\ k_{n-r}=0.\end{cases}$$

可推出 $k_0=k_1=k_2=\cdots=k_{n-r}=0$,从而 $\boldsymbol{\gamma},\boldsymbol{\gamma}+\boldsymbol{\eta}_1,\boldsymbol{\gamma}+\boldsymbol{\eta}_2,\cdots,\boldsymbol{\gamma}+\boldsymbol{\eta}_{n-r}$ 为方程组 $\boldsymbol{AX}=\boldsymbol{b}$ 的 $n-r+1$ 个线性无关的解.

例 15 设 $\boldsymbol{\alpha}_1=\begin{pmatrix}1\\2\\-1\\0\end{pmatrix},\boldsymbol{\alpha}_2=\begin{pmatrix}1\\1\\0\\2\end{pmatrix},\boldsymbol{\alpha}_3=\begin{pmatrix}2\\1\\1\\a\end{pmatrix}$,若向量组 $\boldsymbol{\alpha}_1,\boldsymbol{\alpha}_2,\boldsymbol{\alpha}_3$ 的秩为2,求 a 的值.

解 以 $\boldsymbol{\alpha}_1,\boldsymbol{\alpha}_2,\boldsymbol{\alpha}_3$ 为列构造一个矩阵,对其进行初等行变换化为阶梯形矩阵:

$$(\boldsymbol{\alpha}_1,\boldsymbol{\alpha}_2,\boldsymbol{\alpha}_3)=\begin{pmatrix}1&1&2\\2&1&1\\-1&0&1\\0&2&a\end{pmatrix}\to\begin{pmatrix}1&1&2\\0&-1&-3\\0&1&3\\0&2&a\end{pmatrix}\to\begin{pmatrix}1&1&2\\0&1&3\\0&0&0\\0&0&a-6\end{pmatrix}.$$

由最后的阶梯形矩阵可知 $a=6$.

例 16 设

$$\boldsymbol{A}=\begin{pmatrix}1&a&0&0\\0&1&a&0\\0&0&1&a\\a&0&0&1\end{pmatrix},\quad \boldsymbol{b}=\begin{pmatrix}1\\-1\\0\\0\end{pmatrix}.$$

(1) 求 $|\boldsymbol{A}|$;

(2) 已知线性方程组 $\boldsymbol{AX}=\boldsymbol{b}$ 有无穷多解,求 a,并求 $\boldsymbol{AX}=\boldsymbol{b}$ 的通解.

解 (1) $$|\boldsymbol{A}|=\begin{vmatrix}1&a&0&0\\0&1&a&0\\0&0&1&a\\a&0&0&1\end{vmatrix}=1\times\begin{vmatrix}1&a&0\\0&1&a\\0&0&1\end{vmatrix}+a\times(-1)^{4+1}\begin{vmatrix}a&0&0\\1&a&0\\0&1&a\end{vmatrix}$$

$$=1-a^4.$$

(2) 对线性方程组 $\boldsymbol{AX}=\boldsymbol{b}$ 的增广矩阵进行初等行变换化为阶梯形矩阵:

$$\left(\begin{array}{cccc:c}1&a&0&0&1\\0&1&a&0&-1\\0&0&1&a&0\\a&0&0&1&0\end{array}\right)\to\left(\begin{array}{cccc:c}1&a&0&0&1\\0&1&a&0&-1\\0&0&1&a&0\\0&-a^2&0&1&-a\end{array}\right)$$

$$\rightarrow\left(\begin{array}{cccc:c}1&a&0&0&1\\0&1&a&0&-1\\0&0&1&a&0\\0&0&a^3&1&-a-a^2\end{array}\right)\rightarrow\left(\begin{array}{cccc:c}1&a&0&0&1\\0&1&a&0&-1\\0&0&1&a&0\\0&0&0&1-a^4&-a-a^2\end{array}\right).$$

要使 $\boldsymbol{AX}=\boldsymbol{b}$ 有无穷多解，则有 $1-a^4=0$ 及 $-a-a^2=0$，可知 $a=-1$.

此时，对增广矩阵继续进行初等行变换：

$$\left(\begin{array}{cccc:c}1&-1&0&0&1\\0&1&-1&0&-1\\0&0&1&-1&0\\0&0&0&0&0\end{array}\right)\rightarrow\left(\begin{array}{cccc:c}1&-1&0&0&1\\0&1&0&-1&-1\\0&0&1&-1&0\\0&0&0&0&0\end{array}\right)\rightarrow\left(\begin{array}{cccc:c}1&0&0&-1&0\\0&1&0&-1&-1\\0&0&1&-1&0\\0&0&0&0&0\end{array}\right),$$

故方程组的通解为

$$\begin{pmatrix}0\\-1\\0\\0\end{pmatrix}+c\begin{pmatrix}1\\1\\1\\1\end{pmatrix}\quad(c\text{ 为任意常数}).$$

例 17　设

$$\boldsymbol{A}=\begin{pmatrix}\lambda&1&1\\0&\lambda-1&0\\1&1&\lambda\end{pmatrix},\quad \boldsymbol{b}=\begin{pmatrix}a\\1\\1\end{pmatrix},$$

已知线性方程组 $\boldsymbol{AX}=\boldsymbol{b}$ 存在两个不同解，求：(1) λ,a；(2) $\boldsymbol{AX}=\boldsymbol{b}$ 的通解.

解　(1) 因为线性方程组 $\boldsymbol{AX}=\boldsymbol{b}$ 存在两个不同解，所以 $\mathrm{r}(\boldsymbol{A})<3$，即 $|\boldsymbol{A}|=0$. 解得 $\lambda=-1$ 或 1.

当 $\lambda=-1$ 时，

$$\overline{\boldsymbol{A}}=\left(\begin{array}{ccc:c}-1&1&1&a\\0&-2&0&1\\1&1&-1&1\end{array}\right)\rightarrow\left(\begin{array}{ccc:c}1&1&-1&1\\0&2&0&-1\\0&2&0&a+1\end{array}\right)\rightarrow\left(\begin{array}{ccc:c}1&1&-1&1\\0&2&0&-1\\0&0&0&a+2\end{array}\right).$$

因为 $\mathrm{r}(\boldsymbol{A})=\mathrm{r}(\overline{\boldsymbol{A}})<3$，所以 $a=-2$.

当 $\lambda=1$ 时，

$$\overline{\boldsymbol{A}}=\left(\begin{array}{ccc:c}1&1&1&a\\0&0&0&1\\1&1&1&1\end{array}\right)\rightarrow\left(\begin{array}{ccc:c}1&1&1&1\\0&0&0&1\\0&0&0&a-1\end{array}\right)\rightarrow\left(\begin{array}{ccc:c}1&1&1&1\\0&0&0&1\\0&0&0&0\end{array}\right),$$

显然 $\mathrm{r}(\boldsymbol{A})\neq\mathrm{r}(\overline{\boldsymbol{A}})$，所以 $\lambda\neq1$. 故 $\lambda=-1$，$a=-2$.

(2) 当 $\lambda=-1$，$a=-2$ 时，对其增广矩阵继续进行初等行变换：

$$\left(\begin{array}{ccc:c}1&1&-1&1\\0&2&0&-1\\0&0&0&0\end{array}\right)\rightarrow\left(\begin{array}{ccc:c}1&0&-1&\frac{3}{2}\\0&1&0&-\frac{1}{2}\\0&0&0&0\end{array}\right),$$

故方程组的通解为

$$\begin{pmatrix} \frac{3}{2} \\ -\frac{1}{2} \\ 0 \end{pmatrix} + c\begin{pmatrix} 1 \\ 0 \\ 1 \end{pmatrix} \quad (c\text{ 为任意常数}).$$

五、习题详解

习题 3.1

1. 用消元法解下列线性方程组：

(1) $\begin{cases} x_1 + 3x_2 - 2x_3 = 4, \\ 3x_1 + 2x_2 - 5x_3 = 11, \\ -2x_1 + x_2 + 3x_3 = -7; \end{cases}$

(2) $\begin{cases} x_1 - x_2 + 2x_3 - 3x_4 + x_5 = 2, \\ 2x_1 - 2x_2 + 7x_3 - 10x_4 + 5x_5 = 5, \\ 3x_1 - 3x_2 + 3x_3 - 5x_4 = 5. \end{cases}$

解 (1) 对方程组的增广矩阵进行初等行变换化为阶梯形矩阵：

$$\overline{\boldsymbol{A}} = \left(\begin{array}{ccc:c} 1 & 3 & -2 & 4 \\ 3 & 2 & -5 & 11 \\ -2 & 1 & 3 & -7 \end{array}\right) \to \left(\begin{array}{ccc:c} 1 & 3 & -2 & 4 \\ 0 & -7 & 1 & -1 \\ 0 & 7 & -1 & 1 \end{array}\right)$$

$$\to \left(\begin{array}{ccc:c} 1 & 3 & -2 & 4 \\ 0 & 1 & -\frac{1}{7} & \frac{1}{7} \\ 0 & 0 & 0 & 0 \end{array}\right) \to \left(\begin{array}{ccc:c} 1 & 0 & -\frac{11}{7} & \frac{25}{7} \\ 0 & 1 & -\frac{1}{7} & \frac{1}{7} \\ 0 & 0 & 0 & 0 \end{array}\right).$$

对应的方程组为

$$\begin{cases} x_1 = \frac{25}{7} + \frac{11}{7}x_3, \\ x_2 = \frac{1}{7} + \frac{1}{7}x_3. \end{cases}$$

令自由未知量 $x_3 = c$，得原方程组的一般解为

$$\begin{cases} x_1 = \frac{25}{7} + \frac{11}{7}c, \\ x_2 = \frac{1}{7} + \frac{1}{7}c, \\ x_3 = c \end{cases} \quad (c\text{ 为任意常数}).$$

(2) 对方程组的增广矩阵进行初等行变换化为阶梯形矩阵：

$$\overline{\boldsymbol{A}}=\left(\begin{array}{ccccc:c}1&-1&2&-3&1&2\\2&-2&7&-10&5&5\\3&-3&3&-5&0&5\end{array}\right)\to\left(\begin{array}{ccccc:c}1&-1&2&-3&1&2\\0&0&3&-4&3&1\\0&0&-3&4&-3&-1\end{array}\right)$$

$$\to\left(\begin{array}{ccccc:c}1&-1&2&-3&1&2\\0&0&1&-\frac{4}{3}&1&\frac{1}{3}\\0&0&0&0&0&0\end{array}\right)\to\left(\begin{array}{ccccc:c}1&-1&0&-\frac{1}{3}&-1&\frac{4}{3}\\0&0&1&-\frac{4}{3}&1&\frac{1}{3}\\0&0&0&0&0&0\end{array}\right).$$

对应的方程组为

$$\begin{cases}x_1=\dfrac{4}{3}+x_2+\dfrac{1}{3}x_4+x_5,\\x_3=\dfrac{1}{3}+\dfrac{4}{3}x_4-x_5.\end{cases}$$

令自由未知量 $x_2=c_1,x_4=c_2,x_5=c_3$，得原方程组的一般解为

$$\begin{cases}x_1=\dfrac{4}{3}+c_1+\dfrac{1}{3}c_2+c_3,\\x_2=c_1,\\x_3=\dfrac{1}{3}+\dfrac{4}{3}c_2-c_3,\\x_4=c_2,\\x_5=c_3\end{cases}\quad(c_1,c_2,c_3\text{ 为任意常数}).$$

2. 已知线性方程组

$$\begin{cases}x_1+x_2+2x_3+3x_4=1,\\x_1+3x_2+6x_3+x_4=3,\\3x_1-x_2-ax_3+15x_4=3,\\x_1-5x_2-10x_3+12x_4=b,\end{cases}$$

当 a,b 为何值时，方程组无解？有唯一解？有无穷多解？在方程组有无穷多解的情况下，求其一般解.

解　对方程组的增广矩阵进行初等行变换化为阶梯形矩阵：

$$\overline{\boldsymbol{A}}=\left(\begin{array}{cccc:c}1&1&2&3&1\\1&3&6&1&3\\3&-1&-a&15&3\\1&-5&-10&12&b\end{array}\right)\to\left(\begin{array}{cccc:c}1&1&2&3&1\\0&2&4&-2&2\\0&-4&-a-6&6&0\\0&-6&-12&9&b-1\end{array}\right)$$

$$\to\left(\begin{array}{cccc:c}1&1&2&3&1\\0&1&2&-1&1\\0&0&-a+2&2&4\\0&0&0&3&b+5\end{array}\right).$$

当 $a \neq 2$ 时,方程组有唯一解.

当 $a = 2$ 时,对最后一个矩阵继续进行初等行变换得

$$\left(\begin{array}{cccc:c} 1 & 1 & 2 & 3 & 1 \\ 0 & 1 & 2 & -1 & 1 \\ 0 & 0 & 0 & 1 & 2 \\ 0 & 0 & 0 & 0 & b-1 \end{array}\right),$$

故当 $a = 2, b \neq 1$ 时,方程组无解.

当 $a = 2, b = 1$ 时,方程组有无穷多解.对上面的矩阵继续进行初等行变换得

$$\left(\begin{array}{cccc:c} 1 & 1 & 2 & 3 & 1 \\ 0 & 1 & 2 & -1 & 1 \\ 0 & 0 & 0 & 1 & 2 \\ 0 & 0 & 0 & 0 & 0 \end{array}\right) \to \left(\begin{array}{cccc:c} 1 & 1 & 2 & 0 & -5 \\ 0 & 1 & 2 & 0 & 3 \\ 0 & 0 & 0 & 1 & 2 \\ 0 & 0 & 0 & 0 & 0 \end{array}\right) \to \left(\begin{array}{cccc:c} 1 & 0 & 0 & 0 & -8 \\ 0 & 1 & 2 & 0 & 3 \\ 0 & 0 & 0 & 1 & 2 \\ 0 & 0 & 0 & 0 & 0 \end{array}\right),$$

对应的方程组为

$$\begin{cases} x_1 = -8, \\ x_2 = 3 - 2x_3, \\ x_4 = 2. \end{cases}$$

令自由未知量 $x_3 = c$,得原方程组的一般解为

$$\begin{cases} x_1 = -8, \\ x_2 = 3 - 2c, \\ x_3 = c, \\ x_4 = 2 \end{cases} \quad (c \text{ 为任意常数}).$$

习题 3.2

1. 判别向量 $\boldsymbol{\beta}$ 是否可由向量组 $\boldsymbol{\alpha}_1, \boldsymbol{\alpha}_2, \boldsymbol{\alpha}_3$ 线性表示:

(1) $\boldsymbol{\alpha}_1 = (1,4,0,2), \boldsymbol{\alpha}_2 = (2,7,1,3), \boldsymbol{\alpha}_3 = (0,1,-1,1), \boldsymbol{\beta} = (3,10,2,4)$;

(2) $\boldsymbol{\alpha}_1 = (2,-1,-4,1), \boldsymbol{\alpha}_2 = (1,2,3,-4), \boldsymbol{\alpha}_3 = (2,-1,2,5), \boldsymbol{\beta} = (2,-1,5,-4)$.

解　(1) 设有数 k_1, k_2, k_3,使得 $k_1\boldsymbol{\alpha}_1 + k_2\boldsymbol{\alpha}_2 + k_3\boldsymbol{\alpha}_3 = \boldsymbol{\beta}$,即

$$\begin{cases} k_1 + 2k_2 = 3, \\ 4k_1 + 7k_2 + k_3 = 10, \\ k_2 - k_3 = 2, \\ 2k_1 + 3k_2 + k_3 = 4. \end{cases}$$

对方程组的增广矩阵进行初等行变换化为阶梯形矩阵:

$$\overline{\boldsymbol{A}} = \left(\begin{array}{ccc:c} 1 & 2 & 0 & 3 \\ 4 & 7 & 1 & 10 \\ 0 & 1 & -1 & 2 \\ 2 & 3 & 1 & 4 \end{array}\right) \to \left(\begin{array}{ccc:c} 1 & 2 & 0 & 3 \\ 0 & -1 & 1 & -2 \\ 0 & 1 & -1 & 2 \\ 0 & -1 & 1 & -2 \end{array}\right) \to \left(\begin{array}{ccc:c} 1 & 2 & 0 & 3 \\ 0 & -1 & 1 & -2 \\ 0 & 0 & 0 & 0 \\ 0 & 0 & 0 & 0 \end{array}\right)$$

$$\rightarrow\left(\begin{array}{ccc|c}1&0&2&-1\\0&1&-1&2\\0&0&0&0\\0&0&0&0\end{array}\right),$$

由最后的矩阵可知方程组有解，所以向量 $\boldsymbol{\beta}$ 可由向量组 $\boldsymbol{\alpha}_1,\boldsymbol{\alpha}_2,\boldsymbol{\alpha}_3$ 线性表示.

(2) 设有数 k_1,k_2,k_3，使得 $k_1\boldsymbol{\alpha}_1+k_2\boldsymbol{\alpha}_2+k_3\boldsymbol{\alpha}_3=\boldsymbol{\beta}$，即

$$\begin{cases}2k_1+k_2+2k_3=2,\\-k_1+2k_2-k_3=-1,\\-4k_1+3k_2+2k_3=5,\\k_1-4k_2+5k_3=-4.\end{cases}$$

对方程组的增广矩阵进行初等行变换化为阶梯形矩阵：

$$\overline{\boldsymbol{A}}=\left(\begin{array}{ccc|c}2&1&2&2\\-1&2&-1&-1\\-4&3&2&5\\1&-4&5&-4\end{array}\right)\rightarrow\left(\begin{array}{ccc|c}1&-2&1&1\\2&1&2&2\\-4&3&2&5\\1&-4&5&-4\end{array}\right)\rightarrow\left(\begin{array}{ccc|c}1&-2&1&1\\0&5&0&0\\0&-5&6&9\\0&-2&4&-5\end{array}\right)$$

$$\rightarrow\left(\begin{array}{ccc|c}1&-2&1&1\\0&1&0&0\\0&0&6&9\\0&0&4&-5\end{array}\right)\rightarrow\left(\begin{array}{ccc|c}1&-2&1&1\\0&1&0&0\\0&0&6&9\\0&0&0&-11\end{array}\right),$$

由最后的矩阵可知方程组无解，所以向量 $\boldsymbol{\beta}$ 不可由向量组 $\boldsymbol{\alpha}_1,\boldsymbol{\alpha}_2,\boldsymbol{\alpha}_3$ 线性表示.

2. 判别下列向量组是线性相关，还是线性无关：

(1) $\boldsymbol{\alpha}_1=(1,1,-1),\boldsymbol{\alpha}_2=(1,-1,2),\boldsymbol{\alpha}_3=(3,1,0),\boldsymbol{\alpha}_4=(0,-1,1)$；

(2) $\boldsymbol{\alpha}_1=(2,1,3),\boldsymbol{\alpha}_2=(-3,1,1),\boldsymbol{\alpha}_3=(1,1,-2)$.

解　(1) 4 个三维向量必线性相关.

(2) $\begin{vmatrix}2&-3&1\\1&1&1\\3&1&-2\end{vmatrix}=-23\neq0$，所以向量组线性无关.

3. 设有向量组

$$\boldsymbol{\alpha}_1=(1+\lambda,1,1),\quad\boldsymbol{\alpha}_2=(1,1+\lambda,1),\quad\boldsymbol{\alpha}_3=(1,1,1+\lambda),\quad\boldsymbol{\beta}=(0,\lambda,\lambda^2),$$

问：当 λ 为何值时，

(1) $\boldsymbol{\beta}$ 可由向量组 $\boldsymbol{\alpha}_1,\boldsymbol{\alpha}_2,\boldsymbol{\alpha}_3$ 线性表示，且表达式唯一？

(2) $\boldsymbol{\beta}$ 可由向量组 $\boldsymbol{\alpha}_1,\boldsymbol{\alpha}_2,\boldsymbol{\alpha}_3$ 线性表示，且表达式不唯一？

(3) $\boldsymbol{\beta}$ 不能由向量组 $\boldsymbol{\alpha}_1,\boldsymbol{\alpha}_2,\boldsymbol{\alpha}_3$ 线性表示？

解　设 $\boldsymbol{\beta}=k_1\boldsymbol{\alpha}_1+k_2\boldsymbol{\alpha}_2+k_3\boldsymbol{\alpha}_3$，对对应的非齐次线性方程组的增广矩阵进行初等行变换化为阶梯形矩阵：

$$\overline{\boldsymbol{A}}=\left(\begin{array}{ccc:c}1+\lambda & 1 & 1 & 0\\ 1 & 1+\lambda & 1 & \lambda\\ 1 & 1 & 1+\lambda & \lambda^2\end{array}\right)\to\left(\begin{array}{ccc:c}1 & 1 & 1+\lambda & \lambda^2\\ 1 & 1+\lambda & 1 & \lambda\\ 1+\lambda & 1 & 1 & 0\end{array}\right)$$

$$\to\left(\begin{array}{ccc:c}1 & 1 & 1+\lambda & \lambda^2\\ 0 & \lambda & -\lambda & \lambda-\lambda^2\\ 0 & -\lambda & -(\lambda^2+2\lambda) & -\lambda^2(\lambda+1)\end{array}\right)\to\left(\begin{array}{ccc:c}1 & 1 & 1+\lambda & \lambda^2\\ 0 & \lambda & -\lambda & \lambda-\lambda^2\\ 0 & 0 & -(\lambda^2+3\lambda) & -\lambda^3-2\lambda^2+\lambda\end{array}\right)$$

$$\to\left(\begin{array}{ccc:c}1 & 1 & 1+\lambda & \lambda^2\\ 0 & \lambda & -\lambda & \lambda(1-\lambda)\\ 0 & 0 & -\lambda(\lambda+3) & -\lambda(\lambda^2+2\lambda-1)\end{array}\right).$$

由最后一个矩阵知

(1) 当 $\lambda\neq 0$ 且 $\lambda\neq -3$ 时,方程组有唯一解,此时 $\boldsymbol{\beta}$ 可由向量组 $\boldsymbol{\alpha}_1,\boldsymbol{\alpha}_2,\boldsymbol{\alpha}_3$ 线性表示,且表达式唯一;

(2) 当 $\lambda=0$ 时,方程组有无穷多解,此时 $\boldsymbol{\beta}$ 可由向量组 $\boldsymbol{\alpha}_1,\boldsymbol{\alpha}_2,\boldsymbol{\alpha}_3$ 线性表示,且表达式不唯一;

(3) 当 $\lambda=-3$ 时,方程组无解,此时 $\boldsymbol{\beta}$ 不能由向量组 $\boldsymbol{\alpha}_1,\boldsymbol{\alpha}_2,\boldsymbol{\alpha}_3$ 线性表示.

4. 已知向量组 $\boldsymbol{\alpha}_1,\boldsymbol{\alpha}_2,\boldsymbol{\alpha}_3$ 线性无关,设 $\boldsymbol{\beta}_1=(m-1)\boldsymbol{\alpha}_1+3\boldsymbol{\alpha}_2+\boldsymbol{\alpha}_3$, $\boldsymbol{\beta}_2=\boldsymbol{\alpha}_1+(m+1)\boldsymbol{\alpha}_2+\boldsymbol{\alpha}_3$, $\boldsymbol{\beta}_3=-\boldsymbol{\alpha}_1-(m+1)\boldsymbol{\alpha}_2+(m-1)\boldsymbol{\alpha}_3$,试问:$m$ 为何值时,向量组 $\boldsymbol{\beta}_1,\boldsymbol{\beta}_2,\boldsymbol{\beta}_3$ 线性无关?线性相关?

解　设 $k_1\boldsymbol{\beta}_1+k_2\boldsymbol{\beta}_2+k_3\boldsymbol{\beta}_3=\boldsymbol{0}$,有

$$k_1[(m-1)\boldsymbol{\alpha}_1+3\boldsymbol{\alpha}_2+\boldsymbol{\alpha}_3]+k_2[\boldsymbol{\alpha}_1+(m+1)\boldsymbol{\alpha}_2+\boldsymbol{\alpha}_3]+k_3[-\boldsymbol{\alpha}_1-(m+1)\boldsymbol{\alpha}_2+(m-1)\boldsymbol{\alpha}_3]=\boldsymbol{0},$$

即

$$[(m-1)k_1+k_2-k_3]\boldsymbol{\alpha}_1+[3k_1+(m+1)k_2-(m+1)k_3]\boldsymbol{\alpha}_2+[k_1+k_2+(m-1)k_3]\boldsymbol{\alpha}_3=\boldsymbol{0}.$$

因为 $\boldsymbol{\alpha}_1,\boldsymbol{\alpha}_2,\boldsymbol{\alpha}_3$ 线性无关,所以

$$\begin{cases}(m-1)k_1+k_2-k_3=0,\\ 3k_1+(m+1)k_2-(m+1)k_3=0,\\ k_1+k_2+(m-1)k_3=0.\end{cases}$$

而

$$D=\begin{vmatrix}m-1 & 1 & -1\\ 3 & m+1 & -(m+1)\\ 1 & 1 & m-1\end{vmatrix}=\begin{vmatrix}m-1 & 1 & 0\\ 3 & m+1 & 0\\ 1 & 1 & m\end{vmatrix}$$
$$=m(m+2)(m-2),$$

因此当 $D\neq 0$,即 $m\neq 0$ 且 $m\neq\pm 2$ 时,$\boldsymbol{\beta}_1,\boldsymbol{\beta}_2,\boldsymbol{\beta}_3$ 线性无关;当 $D=0$,即 $m=0$, $m=2$ 或 $m=-2$ 时,$\boldsymbol{\beta}_1,\boldsymbol{\beta}_2,\boldsymbol{\beta}_3$ 线性相关.

5. 如果向量组 $\boldsymbol{\alpha}_1,\boldsymbol{\alpha}_2,\cdots,\boldsymbol{\alpha}_s$ 线性无关,证明:向量组 $\boldsymbol{\alpha}_1,\boldsymbol{\alpha}_1+\boldsymbol{\alpha}_2,\boldsymbol{\alpha}_1+\boldsymbol{\alpha}_2+\boldsymbol{\alpha}_3,\cdots,\boldsymbol{\alpha}_1+\boldsymbol{\alpha}_2+\cdots+\boldsymbol{\alpha}_s$ 也线性无关.

证明　设 $k_1\boldsymbol{\alpha}_1+k_2(\boldsymbol{\alpha}_1+\boldsymbol{\alpha}_2)+k_3(\boldsymbol{\alpha}_1+\boldsymbol{\alpha}_2+\boldsymbol{\alpha}_3)+\cdots+k_s(\boldsymbol{\alpha}_1+\boldsymbol{\alpha}_2+\cdots+\boldsymbol{\alpha}_s)=\boldsymbol{0}$,

即

$$(k_1+k_2+k_3+\cdots+k_s)\boldsymbol{\alpha}_1+(k_2+k_3+\cdots+k_s)\boldsymbol{\alpha}_2+(k_3+\cdots+k_s)\boldsymbol{\alpha}_3+\cdots+k_s\boldsymbol{\alpha}_s=\mathbf{0}.$$

因为 $\boldsymbol{\alpha}_1,\boldsymbol{\alpha}_2,\cdots,\boldsymbol{\alpha}_s$ 线性无关，所以

$$\begin{cases}k_1+k_2+k_3+\cdots+k_s=0,\\ \qquad k_2+k_3+\cdots+k_s=0,\\ \qquad\qquad k_3+\cdots+k_s=0,\\ \qquad\qquad\cdots\cdots\\ \qquad\qquad\qquad\qquad k_s=0,\end{cases}$$

解得 $k_1=k_2=k_3=\cdots=k_s=0$. 因此 $\boldsymbol{\alpha}_1,\boldsymbol{\alpha}_1+\boldsymbol{\alpha}_2,\boldsymbol{\alpha}_1+\boldsymbol{\alpha}_2+\boldsymbol{\alpha}_3,\cdots,\boldsymbol{\alpha}_1+\boldsymbol{\alpha}_2+\cdots+\boldsymbol{\alpha}_s$ 线性无关.

6. 证明：n 个 n 维向量 $\boldsymbol{\alpha}_1,\boldsymbol{\alpha}_2,\cdots,\boldsymbol{\alpha}_n$ 线性无关的充要条件是任意一个 n 维向量都可由 $\boldsymbol{\alpha}_1,\boldsymbol{\alpha}_2,\cdots,\boldsymbol{\alpha}_n$ 线性表示.

证明　**必要性**　若 n 个 n 维向量 $\boldsymbol{\alpha}_1,\boldsymbol{\alpha}_2,\cdots,\boldsymbol{\alpha}_n$ 线性无关，则对任意一个 n 维向量 $\boldsymbol{\alpha}$ 有 $\boldsymbol{\alpha}_1,\boldsymbol{\alpha}_2,\cdots,\boldsymbol{\alpha}_n,\boldsymbol{\alpha}$ 必定线性相关（因为 $n+1$ 个 n 维向量线性相关），从而 $\boldsymbol{\alpha}$ 可由 $\boldsymbol{\alpha}_1,\boldsymbol{\alpha}_2,\cdots,\boldsymbol{\alpha}_n$ 线性表示.

充分性　若任意一个 n 维向量 $\boldsymbol{\alpha}$ 都可由 $\boldsymbol{\alpha}_1,\boldsymbol{\alpha}_2,\cdots,\boldsymbol{\alpha}_n$ 线性表示，则 n 维单位向量组 $\boldsymbol{\varepsilon}_1,\boldsymbol{\varepsilon}_2,\cdots,\boldsymbol{\varepsilon}_n$ 可由 $\boldsymbol{\alpha}_1,\boldsymbol{\alpha}_2,\cdots,\boldsymbol{\alpha}_n$ 线性表示，从而 $\boldsymbol{\alpha}_1,\boldsymbol{\alpha}_2,\cdots,\boldsymbol{\alpha}_n$ 与 $\boldsymbol{\varepsilon}_1,\boldsymbol{\varepsilon}_2,\cdots,\boldsymbol{\varepsilon}_n$ 等价. 因为等价的向量组的秩相等，所以 $\boldsymbol{\alpha}_1,\boldsymbol{\alpha}_2,\cdots,\boldsymbol{\alpha}_n$ 线性无关.

习题 3.3

1. 判断向量组 $\boldsymbol{\alpha}_1=(2,0,-1,3),\boldsymbol{\alpha}_2=(3,-2,1,-1)$ 与 $\boldsymbol{\beta}_1=(-5,6,-5,9)$, $\boldsymbol{\beta}_2=(4,-4,3,-5)$ 是否等价；如果等价，则给出线性表示式.

解　由计算可知 $2\boldsymbol{\alpha}_1-3\boldsymbol{\alpha}_2=\boldsymbol{\beta}_1,-\boldsymbol{\alpha}_1+2\boldsymbol{\alpha}_2=\boldsymbol{\beta}_2$，从而 $\boldsymbol{\alpha}_1=2\boldsymbol{\beta}_1+3\boldsymbol{\beta}_2,\boldsymbol{\alpha}_2=\boldsymbol{\beta}_1+2\boldsymbol{\beta}_2$，所以两向量组等价.

2. 设向量组 $\boldsymbol{\alpha}_1,\boldsymbol{\alpha}_2,\cdots,\boldsymbol{\alpha}_s$ 的秩为 r，证明：向量组 $\boldsymbol{\alpha}_1,\boldsymbol{\alpha}_2,\cdots,\boldsymbol{\alpha}_s$ 中任意 r 个线性无关的向量都是它的一个极大无关组.

证明　因 $\mathrm{r}(\boldsymbol{\alpha}_1,\boldsymbol{\alpha}_2,\cdots,\boldsymbol{\alpha}_s)=r$，任取 $\boldsymbol{\alpha}_1,\boldsymbol{\alpha}_2,\cdots,\boldsymbol{\alpha}_s$ 中 r 个线性无关的向量 $\boldsymbol{\alpha}_{j_1},\boldsymbol{\alpha}_{j_2},\cdots,\boldsymbol{\alpha}_{j_r}$，它满足条件：(1) 线性无关；(2) 该部分组之外的任一向量 $\boldsymbol{\alpha}_{j_{r+1}}$ 添加到 $\boldsymbol{\alpha}_{j_1},\boldsymbol{\alpha}_{j_2},\cdots,\boldsymbol{\alpha}_{j_r}$ 中都线性相关. 否则，若线性无关，则 $\mathrm{r}(\boldsymbol{\alpha}_1,\boldsymbol{\alpha}_2,\cdots,\boldsymbol{\alpha}_s)\geqslant r+1$，与秩为 r 矛盾. 故 $\boldsymbol{\alpha}_{j_1},\boldsymbol{\alpha}_{j_2},\cdots,\boldsymbol{\alpha}_{j_r}$ 是 $\boldsymbol{\alpha}_1,\boldsymbol{\alpha}_2,\cdots,\boldsymbol{\alpha}_s$ 的一个极大无关组.

习题 3.4

1. 求下列矩阵的秩：

(1) $\begin{pmatrix}1&2&3\\3&1&2\\2&3&1\end{pmatrix}$；　　(2) $\begin{pmatrix}2&3\\1&-1\\-1&2\end{pmatrix}$；

(3) $\begin{pmatrix} 1 & -1 & 2 & 1 & 0 \\ 2 & 0 & 6 & 0 & 1 \\ -1 & 5 & 2 & -5 & 2 \end{pmatrix}$;　　(4) $\begin{pmatrix} 2 & 1 & 2 & 3 \\ 6 & 1 & 4 & 7 \\ 4 & 0 & 2 & 4 \end{pmatrix}$.

解　对矩阵进行初等行变换化为阶梯形矩阵.

(1) $\boldsymbol{A} \to \begin{pmatrix} 1 & 2 & 3 \\ 0 & -5 & -7 \\ 0 & -1 & -5 \end{pmatrix} \to \begin{pmatrix} 1 & 2 & 3 \\ 0 & 1 & 5 \\ 0 & 0 & 18 \end{pmatrix}$,所以 $\mathrm{r}(\boldsymbol{A}) = 3$.

(2) $\boldsymbol{A} \to \begin{pmatrix} 1 & -1 \\ 0 & 5 \\ 0 & 1 \end{pmatrix} \to \begin{pmatrix} 1 & -1 \\ 0 & 1 \\ 0 & 0 \end{pmatrix}$,所以 $\mathrm{r}(\boldsymbol{A}) = 2$.

(3) $\boldsymbol{A} \to \begin{pmatrix} 1 & -1 & 2 & 1 & 0 \\ 0 & 2 & 2 & -2 & 1 \\ 0 & 4 & 4 & -4 & 2 \end{pmatrix} \to \begin{pmatrix} 1 & -1 & 2 & 1 & 0 \\ 0 & 2 & 2 & -2 & 1 \\ 0 & 0 & 0 & 0 & 0 \end{pmatrix}$,所以 $\mathrm{r}(\boldsymbol{A}) = 2$.

(4) $\boldsymbol{A} \to \begin{pmatrix} 2 & 1 & 2 & 3 \\ 0 & -2 & -2 & -2 \\ 0 & -2 & -2 & -2 \end{pmatrix} \to \begin{pmatrix} 2 & 1 & 2 & 3 \\ 0 & -2 & -2 & -2 \\ 0 & 0 & 0 & 0 \end{pmatrix}$,所以 $\mathrm{r}(\boldsymbol{A}) = 2$.

2. 求下列向量组的一个极大无关组,并把其余向量用此极大无关组线性表示:

(1) $\boldsymbol{\alpha}_1 = (1,-1,0,4)$,$\boldsymbol{\alpha}_2 = (2,1,5,6)$,$\boldsymbol{\alpha}_3 = (1,-1,-2,0)$,$\boldsymbol{\alpha}_4 = (3,0,7,14)$;

(2) $\boldsymbol{\alpha}_1 = (2,1,3,-1)$,$\boldsymbol{\alpha}_2 = (3,-1,2,0)$,$\boldsymbol{\alpha}_3 = (1,3,4,-2)$,$\boldsymbol{\alpha}_4 = (4,-3,1,1)$.

解　把向量组看作矩阵的列向量,对矩阵进行初等行变换化为阶梯形矩阵.

(1) $$\begin{pmatrix} 1 & 2 & 1 & 3 \\ -1 & 1 & -1 & 0 \\ 0 & 5 & -2 & 7 \\ 4 & 6 & 0 & 14 \end{pmatrix} \to \begin{pmatrix} 1 & 2 & 1 & 3 \\ 0 & 3 & 0 & 3 \\ 0 & 5 & -2 & 7 \\ 0 & -2 & -4 & 2 \end{pmatrix} \to \begin{pmatrix} 1 & 2 & 1 & 3 \\ 0 & 1 & 0 & 1 \\ 0 & 0 & -2 & 2 \\ 0 & 0 & -4 & 4 \end{pmatrix}$$

$$\to \begin{pmatrix} 1 & 2 & 0 & 4 \\ 0 & 1 & 0 & 1 \\ 0 & 0 & 1 & -1 \\ 0 & 0 & 0 & 0 \end{pmatrix} \to \begin{pmatrix} 1 & 0 & 0 & 2 \\ 0 & 1 & 0 & 1 \\ 0 & 0 & 1 & -1 \\ 0 & 0 & 0 & 0 \end{pmatrix},$$

由最后一个矩阵可知 $\mathrm{r}(\boldsymbol{\alpha}_1,\boldsymbol{\alpha}_2,\boldsymbol{\alpha}_3,\boldsymbol{\alpha}_4) = 3$,向量组 $\boldsymbol{\alpha}_1,\boldsymbol{\alpha}_2,\boldsymbol{\alpha}_3,\boldsymbol{\alpha}_4$ 的一个极大无关组为 $\boldsymbol{\alpha}_1,\boldsymbol{\alpha}_2,\boldsymbol{\alpha}_3$,且 $\boldsymbol{\alpha}_4 = 2\boldsymbol{\alpha}_1 + \boldsymbol{\alpha}_2 - \boldsymbol{\alpha}_3$.

(2) $$\begin{pmatrix} 2 & 3 & 1 & 4 \\ 1 & -1 & 3 & -3 \\ 3 & 2 & 4 & 1 \\ -1 & 0 & -2 & 1 \end{pmatrix} \to \begin{pmatrix} 1 & -1 & 3 & -3 \\ 2 & 3 & 1 & 4 \\ 3 & 2 & 4 & 1 \\ -1 & 0 & -2 & 1 \end{pmatrix} \to \begin{pmatrix} 1 & -1 & 3 & -3 \\ 0 & 5 & -5 & 10 \\ 0 & 5 & -5 & 10 \\ 0 & -1 & 1 & -2 \end{pmatrix}$$

$$\to \begin{pmatrix} 1 & -1 & 3 & -3 \\ 0 & 1 & -1 & 2 \\ 0 & 0 & 0 & 0 \\ 0 & 0 & 0 & 0 \end{pmatrix} \to \begin{pmatrix} 1 & 0 & 2 & -1 \\ 0 & 1 & -1 & 2 \\ 0 & 0 & 0 & 0 \\ 0 & 0 & 0 & 0 \end{pmatrix},$$

由最后一个矩阵可知 $\mathrm{r}(\boldsymbol{\alpha}_1,\boldsymbol{\alpha}_2,\boldsymbol{\alpha}_3,\boldsymbol{\alpha}_4)=2$，向量组 $\boldsymbol{\alpha}_1,\boldsymbol{\alpha}_2,\boldsymbol{\alpha}_3,\boldsymbol{\alpha}_4$ 的一个极大无关组为 $\boldsymbol{\alpha}_1,\boldsymbol{\alpha}_2$，且 $\boldsymbol{\alpha}_3=2\boldsymbol{\alpha}_1-\boldsymbol{\alpha}_2$，$\boldsymbol{\alpha}_4=-\boldsymbol{\alpha}_1+2\boldsymbol{\alpha}_2$.

3. 判断下列命题是否正确：

(1) 如果 $\mathrm{r}(\boldsymbol{\alpha}_1,\boldsymbol{\alpha}_2,\cdots,\boldsymbol{\alpha}_s)=s$，则 $\boldsymbol{\alpha}_1,\boldsymbol{\alpha}_2,\cdots,\boldsymbol{\alpha}_s$ 中任一部分组都线性无关.

(2) 若 $\mathrm{r}(\boldsymbol{A})=r$，则 $\boldsymbol{A}$ 中所有 $r-1$ 阶子式一定不等于零.

(3) 若矩阵 $\boldsymbol{A}$ 中存在 r 阶子式不等于零，则 $\mathrm{r}(\boldsymbol{A})\geqslant r$.

(4) 如果 $\mathrm{r}(\boldsymbol{\alpha}_1,\boldsymbol{\alpha}_2,\cdots,\boldsymbol{\alpha}_s)=r$，则 $\boldsymbol{\alpha}_1,\boldsymbol{\alpha}_2,\cdots,\boldsymbol{\alpha}_s$ 中任意 r 个向量都线性无关.

(5) 如果 $\mathrm{r}(\boldsymbol{\alpha}_1,\boldsymbol{\alpha}_2,\cdots,\boldsymbol{\alpha}_s)=r$，则 $\boldsymbol{\alpha}_1,\boldsymbol{\alpha}_2,\cdots,\boldsymbol{\alpha}_s$ 中任意 $r+1$ 个向量都线性相关.

解　正确，错误，正确，错误，正确.

习题 3.5

1. 求齐次线性方程组

$$\begin{cases} x_1+x_2+x_3+x_4+x_5=0, \\ 3x_1+2x_2+x_3-3x_5=0, \\ x_2+2x_3+3x_4+6x_5=0, \\ 5x_1+4x_2+3x_3+2x_4+6x_5=0 \end{cases}$$

的一个基础解系，并用此基础解系表示全部解.

解　对方程组的系数矩阵进行初等行变换化为阶梯形矩阵：

$$\boldsymbol{A}=\begin{pmatrix} 1&1&1&1&1\\ 3&2&1&0&-3\\ 0&1&2&3&6\\ 5&4&3&2&6 \end{pmatrix}\to\begin{pmatrix} 1&1&1&1&1\\ 0&-1&-2&-3&-6\\ 0&1&2&3&6\\ 0&-1&-2&-3&1 \end{pmatrix}\to\begin{pmatrix} 1&1&1&1&1\\ 0&1&2&3&6\\ 0&0&0&0&7\\ 0&0&0&0&0 \end{pmatrix}$$

$$\to\begin{pmatrix} 1&1&1&1&0\\ 0&1&2&3&0\\ 0&0&0&0&1\\ 0&0&0&0&0 \end{pmatrix}\to\begin{pmatrix} 1&0&-1&-2&0\\ 0&1&2&3&0\\ 0&0&0&0&1\\ 0&0&0&0&0 \end{pmatrix}.$$

对应的方程组为

$$\begin{cases} x_1=x_3+2x_4, \\ x_2=-2x_3-3x_4, \\ x_5=0. \end{cases}$$

自由未知量为 x_3,x_4，令 $\begin{pmatrix} x_3\\ x_4 \end{pmatrix}=\begin{pmatrix} 1\\ 0 \end{pmatrix},\begin{pmatrix} 0\\ 1 \end{pmatrix}$，得方程组的一个基础解系为

$$\boldsymbol{\eta}_1=\begin{pmatrix} 1\\ -2\\ 1\\ 0\\ 0 \end{pmatrix},\quad \boldsymbol{\eta}_2=\begin{pmatrix} 2\\ -3\\ 0\\ 1\\ 0 \end{pmatrix},$$

所以方程组的全部解为 $c_1\boldsymbol{\eta}_1+c_2\boldsymbol{\eta}_2=c_1\begin{pmatrix}1\\-2\\1\\0\\0\end{pmatrix}+c_2\begin{pmatrix}2\\-3\\0\\1\\0\end{pmatrix}$,其中 c_1,c_2 为任意常数.

2.求非齐次线性方程组

$$\begin{cases}x_1+x_2+x_3+x_4+x_5=-1,\\3x_1+2x_2+x_3+x_4-3x_5=-5,\\x_2+2x_3+2x_4+6x_5=2,\\5x_1+4x_2+3x_3+3x_4-x_5=-7\end{cases}$$

的全部解(用其导出组的基础解系表示全部解).

解　对方程组的增广矩阵进行初等行变换化为阶梯形矩阵:

$$\overline{\boldsymbol{A}}=\left(\begin{array}{ccccc:c}1&1&1&1&1&-1\\3&2&1&1&-3&-5\\0&1&2&2&6&2\\5&4&3&3&-1&-7\end{array}\right)\to\left(\begin{array}{ccccc:c}1&1&1&1&1&-1\\0&-1&-2&-2&-6&-2\\0&1&2&2&6&2\\0&-1&-2&-2&-6&-2\end{array}\right)$$

$$\to\left(\begin{array}{ccccc:c}1&1&1&1&1&-1\\0&1&2&2&6&2\\0&0&0&0&0&0\\0&0&0&0&0&0\end{array}\right)\to\left(\begin{array}{ccccc:c}1&0&-1&-1&-5&-3\\0&1&2&2&6&2\\0&0&0&0&0&0\\0&0&0&0&0&0\end{array}\right).$$

对应的方程组为

$$\begin{cases}x_1=-3+x_3+x_4+5x_5,\\x_2=2-2x_3-2x_4-6x_5.\end{cases}$$

令自由未知量为 $x_3=x_4=x_5=0$,得方程组的一个特解为 $\boldsymbol{\gamma}_0=\begin{pmatrix}-3\\2\\0\\0\\0\end{pmatrix}$.

方程组的导出组的同解方程组为

$$\begin{cases}x_1=x_3+x_4+5x_5,\\x_2=-2x_3-2x_4-6x_5.\end{cases}$$

令 $\begin{pmatrix}x_3\\x_4\\x_5\end{pmatrix}=\begin{pmatrix}1\\0\\0\end{pmatrix},\begin{pmatrix}0\\1\\0\end{pmatrix},\begin{pmatrix}0\\0\\1\end{pmatrix}$,得导出组的一个基础解系为

$$\boldsymbol{\eta}_1=\begin{pmatrix}1\\-2\\1\\0\\0\end{pmatrix},\quad \boldsymbol{\eta}_2=\begin{pmatrix}1\\-2\\0\\1\\0\end{pmatrix},\quad \boldsymbol{\eta}_3=\begin{pmatrix}5\\-6\\0\\0\\1\end{pmatrix},$$

所以原方程组的全部解为 $\boldsymbol{\gamma}=\boldsymbol{\gamma}_0+c_1\boldsymbol{\eta}_1+c_2\boldsymbol{\eta}_2+c_3\boldsymbol{\eta}_3$，其中 c_1,c_2,c_3 为任意常数.

3. 求一个齐次线性方程组，使它的一个基础解系为 $\boldsymbol{\eta}_1=(0,1,2,3)^{\mathrm{T}},\boldsymbol{\eta}_2=(3,2,1,0)^{\mathrm{T}}$.

解 由于基础解系是 2 个四维向量，因此方程组有 4 个未知量，且系数矩阵的秩为 2. 故可设方程组为

$$\begin{cases}a_{11}x_1+a_{12}x_2+a_{13}x_3+a_{14}x_4=0,\\a_{21}x_1+a_{22}x_2+a_{23}x_3+a_{24}x_4=0.\end{cases}$$

记

$$\boldsymbol{A}=\begin{pmatrix}a_{11}&a_{12}&a_{13}&a_{14}\\a_{21}&a_{22}&a_{23}&a_{24}\end{pmatrix},\quad \boldsymbol{M}=(\boldsymbol{\eta}_1,\boldsymbol{\eta}_2),\quad \text{则有}\quad \boldsymbol{AM}=\boldsymbol{O}.$$

所以 $\boldsymbol{M}^{\mathrm{T}}\boldsymbol{A}^{\mathrm{T}}=\boldsymbol{O}$，从而有 $\boldsymbol{A}^{\mathrm{T}}$ 的列向量为 $\boldsymbol{M}^{\mathrm{T}}\boldsymbol{Y}=\boldsymbol{O}$ 的解，即为

$$\begin{cases}3y_1+2y_2+y_3=0,\\y_2+2y_3+3y_4=0\end{cases}$$

的解. 因此，求出上述齐次线性方程组的任意一个基础解系即可作为所设方程组的系数. 如求出上述方程组的一个基础解系为

$$\boldsymbol{\xi}_1=(1,-2,1,0)^{\mathrm{T}},\quad \boldsymbol{\xi}_2=(2,-3,0,1)^{\mathrm{T}},$$

则所求的齐次线性方程组为

$$\begin{cases}x_1-2x_2+x_3=0,\\2x_1-3x_2+x_4=0.\end{cases}$$

4. 设四元非齐次线性方程组的系数矩阵的秩为 3，已知 $\boldsymbol{\eta}_1,\boldsymbol{\eta}_2,\boldsymbol{\eta}_3$ 是它的 3 个解向量，且 $\boldsymbol{\eta}_1=(2,3,4,5)^{\mathrm{T}},\boldsymbol{\eta}_2+\boldsymbol{\eta}_3=(1,2,3,4)^{\mathrm{T}}$，求该方程组的一般解.

详解见典型例题 12.

5. 齐次线性方程组

$$\begin{cases}a_{11}x_1+a_{12}x_2+\cdots+a_{1n}x_n=0,\\a_{21}x_1+a_{22}x_2+\cdots+a_{2n}x_n=0,\\\cdots\cdots\\a_{n1}x_1+a_{n2}x_2+\cdots+a_{nn}x_n=0\end{cases}$$

的系数矩阵的秩为 $n-1$，证明：此线性方程组的一般解为

$$\boldsymbol{\eta}=c\begin{pmatrix}A_{i1}\\A_{i2}\\\vdots\\A_{in}\end{pmatrix}\quad (c\text{ 为任意常数}),$$

其中 $A_{ij}(1 \leqslant j \leqslant n)$ 是 a_{ij} 的代数余子式，且至少有一个 $A_{ij} \neq 0$.

证明 因为 $\mathrm{r}(\boldsymbol{A}) = n-1 < n$，所以齐次线性方程组有非零解，且其基础解系中有 1 个解向量.

又因为 $\mathrm{r}(\boldsymbol{A}) = n-1 < n$，所以 $\boldsymbol{A}$ 中至少有 1 个 $n-1$ 阶子式不为 0，从而 $\boldsymbol{A}$ 中至少有 1 个元素的代数余子式不为 0. 设 $A_{ij} \neq 0$，则 $\boldsymbol{\eta}_1 = \begin{pmatrix} A_{i1} \\ A_{i2} \\ \vdots \\ A_{in} \end{pmatrix}$ 是方程组的一个非零解.

事实上，(1) $\boldsymbol{\eta}_1$ 满足第 i 个方程，因为 $a_{i1}A_{i1} + a_{i2}A_{i2} + \cdots + a_{in}A_{in} = |\boldsymbol{A}| = 0$.

(2) $\boldsymbol{\eta}_1$ 满足其余方程，因为 $a_{k1}A_{i1} + a_{k2}A_{i2} + \cdots + a_{kn}A_{in} = 0(k \neq i)$.

综上，此方程组的一般解为

$$\boldsymbol{\eta} = c\begin{pmatrix} A_{i1} \\ A_{i2} \\ \vdots \\ A_{in} \end{pmatrix} \quad (c\text{ 为任意常数}).$$

6. 证明：线性方程组

$$\begin{cases} x_1 - x_2 = a_1, \\ x_2 - x_3 = a_2, \\ x_3 - x_4 = a_3, \\ x_4 - x_5 = a_4, \\ -x_1 + x_5 = a_5 \end{cases}$$

有解的充要条件是 $\sum\limits_{i=1}^{5} a_i = 0$.

证明 对线性方程组的增广矩阵进行初等行变换化为阶梯形矩阵：

$$\overline{\boldsymbol{A}} = \left(\begin{array}{ccccc|c} 1 & -1 & 0 & 0 & 0 & a_1 \\ 0 & 1 & -1 & 0 & 0 & a_2 \\ 0 & 0 & 1 & -1 & 0 & a_3 \\ 0 & 0 & 0 & 1 & -1 & a_4 \\ -1 & 0 & 0 & 0 & 1 & a_5 \end{array}\right) \rightarrow \left(\begin{array}{ccccc|c} 1 & -1 & 0 & 0 & 0 & a_1 \\ 0 & 1 & -1 & 0 & 0 & a_2 \\ 0 & 0 & 1 & -1 & 0 & a_3 \\ 0 & 0 & 0 & 1 & -1 & a_4 \\ 0 & 0 & 0 & 0 & 0 & \sum\limits_{i=1}^{5} a_i \end{array}\right).$$

由阶梯形矩阵知，方程组有解的充要条件是 $\sum\limits_{i=1}^{5} a_i = 0$.

7. 设有齐次线性方程组

$$\begin{cases} ax_1 + bx_2 + bx_3 + \cdots + bx_n = 0, \\ bx_1 + ax_2 + bx_3 + \cdots + bx_n = 0, \\ \cdots\cdots \\ bx_1 + bx_2 + bx_3 + \cdots + ax_n = 0, \end{cases}$$

其中 $a \neq 0, b \neq 0, n \geqslant 2$，试讨论当 a, b 为何值时，方程组仅有零解；有无穷多解. 在有无穷多解时，求出全部解，并用基础解系表示全部解.

解　方程个数和未知量个数相同的齐次线性方程组仅有零解的充要条件是系数行列式不等于零.

$$\begin{vmatrix} a & b & b & \cdots & b \\ b & a & b & \cdots & b \\ b & b & a & \cdots & b \\ \vdots & \vdots & \vdots & & \vdots \\ b & b & b & \cdots & a \end{vmatrix} = [a+(n-1)b]\begin{vmatrix} 1 & 1 & 1 & \cdots & 1 \\ b & a & b & \cdots & b \\ b & b & a & \cdots & b \\ \vdots & \vdots & \vdots & & \vdots \\ b & b & b & \cdots & a \end{vmatrix}$$

$$= [a+(n-1)b]\begin{vmatrix} 1 & 1 & 1 & \cdots & 1 \\ 0 & a-b & 0 & \cdots & 0 \\ 0 & 0 & a-b & \cdots & 0 \\ \vdots & \vdots & \vdots & & \vdots \\ 0 & 0 & 0 & \cdots & a-b \end{vmatrix}$$

$$= [a+(n-1)b](a-b)^{n-1}.$$

(1) 当 $a \neq b$ 且 $a \neq -(n-1)b$ 时，方程组仅有零解；

(2) 当 $a = b$ 时，有

$$\begin{pmatrix} a & a & a & \cdots & a \\ a & a & a & \cdots & a \\ a & a & a & \cdots & a \\ \vdots & \vdots & \vdots & & \vdots \\ a & a & a & \cdots & a \end{pmatrix} \to \begin{pmatrix} 1 & 1 & 1 & \cdots & 1 \\ 0 & 0 & 0 & \cdots & 0 \\ 0 & 0 & 0 & \cdots & 0 \\ \vdots & \vdots & \vdots & & \vdots \\ 0 & 0 & 0 & \cdots & 0 \end{pmatrix}.$$

取自由未知量为 $x_2, x_3, \cdots, x_n$，得基础解系为

$$\boldsymbol{\eta}_1 = (-1,1,0,\cdots,0)^{\mathrm{T}}, \boldsymbol{\eta}_2 = (-1,0,1,0,\cdots,0)^{\mathrm{T}}, \cdots, \boldsymbol{\eta}_{n-1} = (-1,0,0,\cdots,1)^{\mathrm{T}},$$

方程组的全部解为 $c_1\boldsymbol{\eta}_1 + c_2\boldsymbol{\eta}_2 + \cdots + c_{n-1}\boldsymbol{\eta}_{n-1}$，其中 $c_1, c_2, \cdots, c_{n-1}$ 为任意常数.

(3) 当 $a = -(n-1)b$ 时，有

$$\begin{pmatrix} (1-n)b & b & b & \cdots & b \\ b & (1-n)b & b & \cdots & b \\ b & b & (1-n)b & \cdots & b \\ \vdots & \vdots & \vdots & & \vdots \\ b & b & b & \cdots & (1-n)b \end{pmatrix}$$

$$\to \begin{pmatrix} -nb & 0 & 0 & \cdots & nb \\ 0 & -nb & 0 & \cdots & nb \\ 0 & 0 & -nb & \cdots & nb \\ \vdots & \vdots & \vdots & & \vdots \\ b & b & b & \cdots & (1-n)b \end{pmatrix} \to \begin{pmatrix} 1 & 0 & 0 & \cdots & -1 \\ 0 & 1 & 0 & \cdots & -1 \\ 0 & 0 & 1 & \cdots & -1 \\ \vdots & \vdots & \vdots & & \vdots \\ b & b & b & \cdots & (1-n)b \end{pmatrix}$$

$$\rightarrow\begin{pmatrix}1&0&0&\cdots&0&-1\\0&1&0&\cdots&0&-1\\0&0&1&\cdots&0&-1\\\vdots&\vdots&\vdots&&\vdots&\vdots\\0&0&0&\cdots&1&-1\\0&0&0&\cdots&0&0\end{pmatrix}.$$

取自由未知量为 $x_n=1$,得基础解系为 $\boldsymbol{\eta}=(1,1,1,\cdots,1)^{\mathrm{T}}$,方程组的全部解为 $c\boldsymbol{\eta}$,其中 c 为任意常数.

8. 设有线性方程组

$$\begin{cases}x_1+a_1x_2+a_1^2x_3=a_1^3,\\x_1+a_2x_2+a_2^2x_3=a_2^3,\\x_1+a_3x_2+a_3^2x_3=a_3^3,\\x_1+a_4x_2+a_4^2x_3=a_4^3.\end{cases}$$

(1) 证明:若 a_1,a_2,a_3,a_4 两两不相等,则此方程组无解.

(2) 设 $a_1=a_3=k,a_2=a_4=-k\neq0$,且已知 $\boldsymbol{\eta}_1=\begin{pmatrix}-1\\1\\1\end{pmatrix},\boldsymbol{\eta}_2=\begin{pmatrix}1\\1\\-1\end{pmatrix}$ 是该方程组的两个解,求此方程组的全部解.

证明　(1) 线性方程组的增广矩阵 $\overline{\mathbf{A}}$ 的行列式是四阶范德蒙德行列式的转置,则

$$|\overline{\mathbf{A}}|=\begin{vmatrix}1&a_1&a_1^2&a_1^3\\1&a_2&a_2^2&a_2^3\\1&a_3&a_3^2&a_3^3\\1&a_4&a_4^2&a_4^3\end{vmatrix}=\prod_{1\leqslant j<i\leqslant4}(a_i-a_j).$$

因为 a_1,a_2,a_3,a_4 两两不相等,$|\overline{\mathbf{A}}|\neq0$,所以 $\mathrm{r}(\overline{\mathbf{A}})=4$. 而系数矩阵 $\mathbf{A}$ 的秩 $\mathrm{r}(\mathbf{A})\leqslant3$, $\mathrm{r}(\mathbf{A})\neq\mathrm{r}(\overline{\mathbf{A}})$,故方程组无解.

(2) $$\overline{\mathbf{A}}=\left(\begin{array}{ccc:c}1&a_1&a_1^2&a_1^3\\1&a_2&a_2^2&a_2^3\\1&a_3&a_3^2&a_3^3\\1&a_4&a_4^2&a_4^3\end{array}\right)=\left(\begin{array}{ccc:c}1&k&k^2&k^3\\1&-k&k^2&-k^3\\1&k&k^2&k^3\\1&-k&k^2&-k^3\end{array}\right)\rightarrow\left(\begin{array}{ccc:c}1&k&k^2&k^3\\1&-k&k^2&-k^3\\0&0&0&0\\0&0&0&0\end{array}\right)$$

$$\rightarrow\left(\begin{array}{ccc:c}1&k&k^2&k^3\\0&-2k&0&-2k^3\\0&0&0&0\\0&0&0&0\end{array}\right)\rightarrow\left(\begin{array}{ccc:c}1&k&k^2&k^3\\0&1&0&k^2\\0&0&0&0\\0&0&0&0\end{array}\right),$$

由最后的矩阵可知方程组的导出组的基础解系含有 1 个向量,再由解的性质可知,$\boldsymbol{\eta}_1-\boldsymbol{\eta}_2$ 是导出组的 1 个基础解系,从而该方程组的全部解为 $\boldsymbol{\eta}_1+c(\boldsymbol{\eta}_1-\boldsymbol{\eta}_2)$,其中 c 为任意常数.

第四章　向 量 空 间

一、基本概念与性质

（一）向量空间的基本概念

1. 线性空间

设 V 为一非空集合，V 中的元素用小写粗体希腊字母 $\boldsymbol{\alpha},\boldsymbol{\beta},\boldsymbol{\gamma}$ 等表示，对 V 中的任意两个元素 $\boldsymbol{\alpha},\boldsymbol{\beta}$ 及数域 F 中的数 k，定义了加法运算（记为 $\boldsymbol{\alpha}+\boldsymbol{\beta}$）及数乘运算（记为 $k\boldsymbol{\alpha}$），且 $\boldsymbol{\alpha}+\boldsymbol{\beta}\in V, k\boldsymbol{\alpha}\in V$. 如果加法运算和数乘运算（统称为**线性运算**）满足下述 8 条运算律：

(1) $\boldsymbol{\alpha}+\boldsymbol{\beta}=\boldsymbol{\beta}+\boldsymbol{\alpha}$；

(2) $(\boldsymbol{\alpha}+\boldsymbol{\beta})+\boldsymbol{\gamma}=\boldsymbol{\alpha}+(\boldsymbol{\beta}+\boldsymbol{\gamma})$；

(3) $\mathbf{0}+\boldsymbol{\alpha}=\boldsymbol{\alpha}$；

(4) $\boldsymbol{\alpha}+(-\boldsymbol{\alpha})=\mathbf{0}$；

(5) $1\cdot\boldsymbol{\alpha}=\boldsymbol{\alpha}$；

(6) $k(l\boldsymbol{\alpha})=(kl)\boldsymbol{\alpha}$；

(7) $(k+l)\boldsymbol{\alpha}=k\boldsymbol{\alpha}+l\boldsymbol{\alpha}$；

(8) $k(\boldsymbol{\alpha}+\boldsymbol{\beta})=k\boldsymbol{\alpha}+k\boldsymbol{\beta}$，

其中 $\boldsymbol{\alpha},\boldsymbol{\beta},\boldsymbol{\gamma}$ 为 V 中的任意元素，k,l 为数域 F 中的任意数，则称 V 为数域 F 上的一个**线性空间**.

我们将线性空间中的元素也称为向量（广义的），则线性空间也称为**向量空间**.

2. 基、维数

设 V 是一个向量空间. 如果 V 中的 r 个向量 $\boldsymbol{\alpha}_1,\boldsymbol{\alpha}_2,\cdots,\boldsymbol{\alpha}_r$ 满足条件：

(1) $\boldsymbol{\alpha}_1,\boldsymbol{\alpha}_2,\cdots,\boldsymbol{\alpha}_r$ 线性无关；

(2) V 中任一向量都可由 $\boldsymbol{\alpha}_1,\boldsymbol{\alpha}_2,\cdots,\boldsymbol{\alpha}_r$ 线性表示，

则称向量组 $\boldsymbol{\alpha}_1,\boldsymbol{\alpha}_2,\cdots,\boldsymbol{\alpha}_r$ 为向量空间 V 的一组**基底**，简称**基**. 数 r 称为向量空间 V 的**维数**，记为 $\dim V$，即 $\dim V=r$，并称 V 为 r **维向量空间**.

3. 坐标

设 $\xi_1,\xi_2,\cdots,\xi_n$ 为 $\mathbf{R}^n$ 的一组基. 如果 $\mathbf{R}^n$ 中的向量 $\boldsymbol{\alpha}$ 由基 $\xi_1,\xi_2,\cdots,\xi_n$ 线性表示为

$$\boldsymbol{\alpha}=a_1\boldsymbol{\xi}_1+a_2\boldsymbol{\xi}_2+\cdots+a_n\boldsymbol{\xi}_n,$$

则称系数 $a_1,a_2,\cdots,a_n$ 为向量 $\boldsymbol{\alpha}$ 在基 $\boldsymbol{\xi}_1,\boldsymbol{\xi}_2,\cdots,\boldsymbol{\xi}_n$ 下的**坐标**,记为$(a_1,a_2,\cdots,a_n)$.

(二) 基变换与坐标变换

1. 过渡矩阵

设 $\xi_1,\xi_2,\cdots,\xi_n$ 和 $\boldsymbol{\eta}_1,\boldsymbol{\eta}_2,\cdots,\boldsymbol{\eta}_n$ 为 $\mathbf{R}^n$ 的两组基,它们之间的线性关系为

$$\begin{cases}\boldsymbol{\eta}_1=a_{11}\boldsymbol{\xi}_1+a_{21}\boldsymbol{\xi}_2+\cdots+a_{n1}\boldsymbol{\xi}_n,\\ \boldsymbol{\eta}_2=a_{12}\boldsymbol{\xi}_1+a_{22}\boldsymbol{\xi}_2+\cdots+a_{n2}\boldsymbol{\xi}_n,\\ \qquad\cdots\cdots\\ \boldsymbol{\eta}_n=a_{1n}\boldsymbol{\xi}_1+a_{2n}\boldsymbol{\xi}_2+\cdots+a_{nn}\boldsymbol{\xi}_n,\end{cases}$$

即

$$(\boldsymbol{\eta}_1,\boldsymbol{\eta}_2,\cdots,\boldsymbol{\eta}_n)=(\boldsymbol{\xi}_1,\boldsymbol{\xi}_2,\cdots,\boldsymbol{\xi}_n)\begin{pmatrix}a_{11}&a_{12}&\cdots&a_{1n}\\a_{21}&a_{22}&\cdots&a_{2n}\\\vdots&\vdots&&\vdots\\a_{n1}&a_{n2}&\cdots&a_{nn}\end{pmatrix},$$

则矩阵

$$\mathbf{A}=\begin{pmatrix}a_{11}&a_{12}&\cdots&a_{1n}\\a_{21}&a_{22}&\cdots&a_{2n}\\\vdots&\vdots&&\vdots\\a_{n1}&a_{n2}&\cdots&a_{nn}\end{pmatrix},$$

称为由基 $\xi_1,\xi_2,\cdots,\xi_n$ 到基 $\boldsymbol{\eta}_1,\boldsymbol{\eta}_2,\cdots,\boldsymbol{\eta}_n$ 的**过渡矩阵**.

2. 坐标变换公式

设 $\xi_1,\xi_2,\cdots,\xi_n$ 和 $\boldsymbol{\eta}_1,\boldsymbol{\eta}_2,\cdots,\boldsymbol{\eta}_n$ 是 $\mathbf{R}^n$ 的两组基,由基 $\xi_1,\xi_2,\cdots,\xi_n$ 到基 $\boldsymbol{\eta}_1,\boldsymbol{\eta}_2,\cdots,\boldsymbol{\eta}_n$ 的过渡矩阵为 $\mathbf{A}$,$\mathbf{R}^n$ 中的向量 $\boldsymbol{\alpha}$ 在基 $\xi_1,\xi_2,\cdots,\xi_n$ 和基 $\boldsymbol{\eta}_1,\boldsymbol{\eta}_2,\cdots,\boldsymbol{\eta}_n$ 下的坐标分别为 $(x_1,x_2,\cdots,x_n)$ 和 $(y_1,y_2,\cdots,y_n)$,则有

$$\begin{pmatrix}x_1\\x_2\\\vdots\\x_n\end{pmatrix}=\mathbf{A}\begin{pmatrix}y_1\\y_2\\\vdots\\y_n\end{pmatrix}\quad\text{或}\quad\begin{pmatrix}y_1\\y_2\\\vdots\\y_n\end{pmatrix}=\mathbf{A}^{-1}\begin{pmatrix}x_1\\x_2\\\vdots\\x_n\end{pmatrix}.$$

称之为**坐标变换公式**.

（三）子空间及其维数

1. 子空间

设 L 是 $\mathbf{R}^n$ 的一个非空子集. 如果 L 对于 $\mathbf{R}^n$ 的加法及数乘运算是封闭的，则称 L 为 $\mathbf{R}^n$ 的一个**子空间**.

2. 生成的子空间

$\mathbf{R}^n$ 中的向量 $\boldsymbol{\alpha}_1,\boldsymbol{\alpha}_2,\cdots,\boldsymbol{\alpha}_s$ 的一切线性组合构成的集合是 $\mathbf{R}^n$ 的一个子空间，称为由向量组 $\boldsymbol{\alpha}_1,\boldsymbol{\alpha}_2,\cdots,\boldsymbol{\alpha}_s$ 生成的子空间，该子空间记作 $L(\boldsymbol{\alpha}_1,\boldsymbol{\alpha}_2,\cdots,\boldsymbol{\alpha}_s)$，即

$$L(\boldsymbol{\alpha}_1,\boldsymbol{\alpha}_2,\cdots,\boldsymbol{\alpha}_s)=\{a_1\boldsymbol{\alpha}_1+a_2\boldsymbol{\alpha}_2+\cdots+a_s\boldsymbol{\alpha}_s \mid a_i\in\mathbf{R},i=1,2,\cdots,s\}.$$

3. 齐次线性方程组的解空间

设 $\boldsymbol{A}=(a_{ij})_{m\times n}$，实数域上的齐次线性方程组 $\boldsymbol{AX}=\mathbf{0}$ 的解向量构成的集合记为 L. 可以验证，L 是 $\mathbf{R}^n$ 的一个子空间，称为齐次线性方程组的**解空间**.

（四）向量内积

1. 向量内积

给定 $\mathbf{R}^n$ 中的向量

$$\boldsymbol{\alpha}=\begin{pmatrix}a_1\\a_2\\\vdots\\a_n\end{pmatrix},\quad \boldsymbol{\beta}=\begin{pmatrix}b_1\\b_2\\\vdots\\b_n\end{pmatrix},$$

实数

$$a_1b_1+a_2b_2+\cdots+a_nb_n=\sum_{i=1}^{n}a_ib_i$$

称为向量 $\boldsymbol{\alpha}$ 与 $\boldsymbol{\beta}$ 的内积，记作 $\boldsymbol{\alpha}^{\mathrm{T}}\boldsymbol{\beta}$，即 $\boldsymbol{\alpha}^{\mathrm{T}}\boldsymbol{\beta}=\sum\limits_{i=1}^{n}a_ib_i$.

2. 向量内积的性质

(1) $\boldsymbol{\alpha}^{\mathrm{T}}\boldsymbol{\beta}=\boldsymbol{\beta}^{\mathrm{T}}\boldsymbol{\alpha}$;

(2) $(k\boldsymbol{\alpha})^{\mathrm{T}}\boldsymbol{\beta}=k\boldsymbol{\alpha}^{\mathrm{T}}\boldsymbol{\beta}$;

(3) $(\boldsymbol{\alpha}+\boldsymbol{\beta})^{\mathrm{T}}\boldsymbol{\gamma}=\boldsymbol{\alpha}^{\mathrm{T}}\boldsymbol{\gamma}+\boldsymbol{\beta}^{\mathrm{T}}\boldsymbol{\gamma}$;

(4) $\boldsymbol{\alpha}^{\mathrm{T}}\boldsymbol{\alpha}\geqslant 0$，当且仅当 $\boldsymbol{\alpha}=\mathbf{0}$ 时，$\boldsymbol{\alpha}^{\mathrm{T}}\boldsymbol{\alpha}=0$;

(5) $\boldsymbol{\alpha}^{\mathrm{T}}(k\boldsymbol{\beta})=k\boldsymbol{\alpha}^{\mathrm{T}}\boldsymbol{\beta}$;

(6) $\boldsymbol{\alpha}^{\mathrm{T}}(\boldsymbol{\beta}+\boldsymbol{\gamma})=\boldsymbol{\alpha}^{\mathrm{T}}\boldsymbol{\beta}+\boldsymbol{\alpha}^{\mathrm{T}}\boldsymbol{\gamma}$,

其中 $\boldsymbol{\alpha},\boldsymbol{\beta},\boldsymbol{\gamma}$ 为 $\mathbf{R}^n$ 中的任意向量，k 为 $\mathbf{R}$ 中的任意实数.

3. 向量长度

设 $\boldsymbol{\alpha}$ 为 $\mathbf{R}^n$ 中的任意向量，将非负实数 $\sqrt{\boldsymbol{\alpha}^{\mathrm{T}}\boldsymbol{\alpha}}$ 称为向量 $\boldsymbol{\alpha}$ 的**长度**，记作 $\|\boldsymbol{\alpha}\|$，即若 $\boldsymbol{\alpha}=(a_1,a_2,\cdots,a_n)^{\mathrm{T}}$，则有

$$\|\boldsymbol{\alpha}\| = \sqrt{a_1^2+a_2^2+\cdots+a_n^2}.$$

4. 向量长度的性质

(1) $\|\boldsymbol{\alpha}\| \geqslant 0$，当且仅当 $\boldsymbol{\alpha}=\mathbf{0}$ 时，$\|\boldsymbol{\alpha}\| = 0$.

(2) 对任意向量 $\boldsymbol{\alpha}$ 和任意实数 k，都有

$$\|k\boldsymbol{\alpha}\| = |k|\cdot\|\boldsymbol{\alpha}\|.$$

(3) 柯西-施瓦茨不等式：对于任意向量 $\boldsymbol{\alpha}=\begin{pmatrix}a_1\\a_2\\\vdots\\a_n\end{pmatrix}$，$\boldsymbol{\beta}=\begin{pmatrix}b_1\\b_2\\\vdots\\b_n\end{pmatrix}$，有

$$|\boldsymbol{\alpha}^{\mathrm{T}}\boldsymbol{\beta}| \leqslant \|\boldsymbol{\alpha}\|\cdot\|\boldsymbol{\beta}\|$$

或

$$\left|\sum_{i=1}^{n}a_ib_i\right| \leqslant \sqrt{\sum_{i=1}^{n}a_i^2}\cdot\sqrt{\sum_{i=1}^{n}b_i^2},$$

当且仅当 $\boldsymbol{\alpha}$ 和 $\boldsymbol{\beta}$ 线性相关时，等号成立.

5. 向量正交

如果 $\boldsymbol{\alpha}$ 和 $\boldsymbol{\beta}$ 的内积等于零，即 $\boldsymbol{\alpha}^{\mathrm{T}}\boldsymbol{\beta}=0$，则称向量 $\boldsymbol{\alpha}$ 和 $\boldsymbol{\beta}$ 互为**正交向量**.

6. 正交向量组

如果非零向量组 $\boldsymbol{\alpha}_1,\boldsymbol{\alpha}_2,\cdots,\boldsymbol{\alpha}_s$ 中的向量两两正交，即 $\boldsymbol{\alpha}_i^{\mathrm{T}}\boldsymbol{\alpha}_j=0(i\neq j;i,j=1,2,\cdots,s)$，则称该向量组为**正交向量组**.

7. 向量正交的性质

(1) 零向量与任何向量正交；

(2) 与自身正交的向量只有零向量；

(3) 正交向量组是线性无关的；

(4) 对任意向量 $\boldsymbol{\alpha}$ 和 $\boldsymbol{\beta}$ 有三角不等式 $\|\boldsymbol{\alpha}+\boldsymbol{\beta}\| \leqslant \|\boldsymbol{\alpha}\|+\|\boldsymbol{\beta}\|$，当且仅当 $\boldsymbol{\alpha}$ 和 $\boldsymbol{\beta}$ 正交时，有

$$\|\boldsymbol{\alpha}+\boldsymbol{\beta}\|^2 = \|\boldsymbol{\alpha}\|^2+\|\boldsymbol{\beta}\|^2.$$

(五) 正交矩阵

1. $\mathbf{R}^n$ 的标准正交基

如果 $\mathbf{R}^n$ 中的 n 个向量 $\boldsymbol{\eta}_1,\boldsymbol{\eta}_2,\cdots,\boldsymbol{\eta}_n$ 满足：

(1) 两两正交,即 $\boldsymbol{\eta}_i^{\mathrm{T}}\boldsymbol{\eta}_j = 0(i \neq j; i,j = 1,2,\cdots,n)$;

(2) 都是单位向量,即 $\|\boldsymbol{\eta}_i\| = 1(i = 1,2,\cdots,n)$,

则称 $\boldsymbol{\eta}_1,\boldsymbol{\eta}_2,\cdots,\boldsymbol{\eta}_n$ 为 $\mathbf{R}^n$ 的一组**标准正交基**.

2. 正交矩阵

设实数域 $\mathbf{R}$ 上的 n 阶方阵 Q 满足 $Q^{\mathrm{T}}Q = E$,则称 Q 为**正交矩阵**.

3. 正交矩阵的性质

(1) 若 Q 为正交矩阵,则 $|Q| = 1$ 或 $|Q| = -1$;

(2) 若 Q 为正交矩阵,则 Q 可逆,且 $Q^{-1} = Q^{\mathrm{T}}$;

(3) 若 P 和 Q 都是 n 阶正交矩阵,则 PQ 是 n 阶正交矩阵;

(4) n 阶方阵 Q 为正交矩阵的充要条件是 $Q^{-1} = Q^{\mathrm{T}}$.

4. 标准正交基的求法

给定 $\mathbf{R}^n$ 的任意一组基,将它变为标准正交基的步骤如下:

(1) 利用施密特正交化方法,将这组基生成 n 个向量的正交向量组;

(2) 将正交向量组的每个向量单位化(标准化),这样就得到 $\mathbf{R}^n$ 的一组标准正交基.

二、重要定理、公式及结论

(一) 重要定理

定理 1 设 $\boldsymbol{\xi}_1,\boldsymbol{\xi}_2,\cdots,\boldsymbol{\xi}_n$ 是 $\mathbf{R}^n$ 的一组基,$\boldsymbol{\alpha},\boldsymbol{\beta}$ 是 $\mathbf{R}^n$ 中的两个向量,它们在基 $\boldsymbol{\xi}_1,\boldsymbol{\xi}_2,\cdots,\boldsymbol{\xi}_n$ 下的坐标分别为$(x_1,x_2,\cdots,x_n)$和$(y_1,y_2,\cdots,y_n)$,则 $\boldsymbol{\alpha}+\boldsymbol{\beta}$ 在这组基下的坐标为 $(x_1+y_1,x_2+y_2,\cdots,x_n+y_n)$,$k\boldsymbol{\alpha}(k \in \mathbf{R})$ 在这组基下的坐标为$(kx_1,kx_2,\cdots,kx_n)$.

定理 2 设 $\boldsymbol{\alpha}_1,\boldsymbol{\alpha}_2,\cdots,\boldsymbol{\alpha}_n;\boldsymbol{\beta}_1,\boldsymbol{\beta}_2,\cdots,\boldsymbol{\beta}_n$ 以及 $\boldsymbol{\gamma}_1,\boldsymbol{\gamma}_2,\cdots,\boldsymbol{\gamma}_n$ 都是 $\mathbf{R}^n$ 的基,$\boldsymbol{A},\boldsymbol{B}$ 为 n 阶方阵,并且

$$(\boldsymbol{\beta}_1,\boldsymbol{\beta}_2,\cdots,\boldsymbol{\beta}_n) = (\boldsymbol{\alpha}_1,\boldsymbol{\alpha}_2,\cdots,\boldsymbol{\alpha}_n)\boldsymbol{A},$$
$$(\boldsymbol{\gamma}_1,\boldsymbol{\gamma}_2,\cdots,\boldsymbol{\gamma}_n) = (\boldsymbol{\beta}_1,\boldsymbol{\beta}_2,\cdots,\boldsymbol{\beta}_n)\boldsymbol{B},$$

则

$$(\boldsymbol{\gamma}_1,\boldsymbol{\gamma}_2,\cdots,\boldsymbol{\gamma}_n) = (\boldsymbol{\alpha}_1,\boldsymbol{\alpha}_2,\cdots,\boldsymbol{\alpha}_n)\boldsymbol{AB}.$$

定理 3 设 $\boldsymbol{\alpha}_1,\boldsymbol{\alpha}_2,\cdots,\boldsymbol{\alpha}_n$ 和 $\boldsymbol{\beta}_1,\boldsymbol{\beta}_2,\cdots,\boldsymbol{\beta}_n$ 均为 $\mathbf{R}^n$ 中的基,且 $(\boldsymbol{\beta}_1,\boldsymbol{\beta}_2,\cdots,\boldsymbol{\beta}_n) = (\boldsymbol{\alpha}_1,\boldsymbol{\alpha}_2,\cdots,\boldsymbol{\alpha}_n)\boldsymbol{A}$,则过渡矩阵 $\boldsymbol{A}$ 可逆,且

$$(\boldsymbol{\alpha}_1,\boldsymbol{\alpha}_2,\cdots,\boldsymbol{\alpha}_n) = (\boldsymbol{\beta}_1,\boldsymbol{\beta}_2,\cdots,\boldsymbol{\beta}_n)\boldsymbol{A}^{-1}.$$

反过来,任意一个 n 阶可逆矩阵 $\boldsymbol{A}$ 都可以作为 $\mathbf{R}^n$ 中由一组基到另一组基的过渡矩阵.

定理 4 设 $\boldsymbol{\alpha}_1,\boldsymbol{\alpha}_2,\cdots,\boldsymbol{\alpha}_n$ 和 $\boldsymbol{\beta}_1,\boldsymbol{\beta}_2,\cdots,\boldsymbol{\beta}_n$ 为 $\mathbf{R}^n$ 中的两组基,且它们之间的基变换公式

为$(\boldsymbol{\beta}_1,\boldsymbol{\beta}_2,\cdots,\boldsymbol{\beta}_n)=(\boldsymbol{\alpha}_1,\boldsymbol{\alpha}_2,\cdots,\boldsymbol{\alpha}_n)\boldsymbol{A}$,$\mathbf{R}^n$ 中的向量 $\boldsymbol{\alpha}$ 在基 $\boldsymbol{\alpha}_1,\boldsymbol{\alpha}_2,\cdots,\boldsymbol{\alpha}_n$ 和基 $\boldsymbol{\beta}_1,\boldsymbol{\beta}_2,\cdots,\boldsymbol{\beta}_n$ 下的坐标分别为$(x_1,x_2,\cdots,x_n)$和$(y_1,y_2,\cdots,y_n)$,则有

$$(x_1,x_2,\cdots,x_n)=(y_1,y_2,\cdots,y_n)\boldsymbol{A}^{\mathrm{T}}.$$

定理 5　设 L 是 $\mathbf{R}^n$ 的一个非空子集. 如果 L 对于 $\mathbf{R}^n$ 的加法及数乘是封闭的,则 L 本身也是实数域 $\mathbf{R}$ 上的一个向量空间.

定理 6　两个向量组生成相同子空间的充要条件是这两个向量组等价.

定理 7　设 $Q_{n\times n}=(\boldsymbol{\alpha}_1,\boldsymbol{\alpha}_2,\cdots,\boldsymbol{\alpha}_n)$,其中 $\boldsymbol{\alpha}_1,\boldsymbol{\alpha}_2,\cdots,\boldsymbol{\alpha}_n$ 为矩阵 Q 的列向量组,则 Q 为正交矩阵的充要条件是 $\boldsymbol{\alpha}_1,\boldsymbol{\alpha}_2,\cdots,\boldsymbol{\alpha}_n$ 为 $\mathbf{R}^n$ 的一组标准正交基.

(二) 重要结论

结论 1　$\mathbf{R}^n$ 中 n 个线性无关的向量都是 $\mathbf{R}^n$ 的一组基. 向量空间 $\mathbf{R}^n$ 的基不唯一.

结论 2　$\mathbf{R}^n$ 中 n 维向量 $\boldsymbol{\alpha}$ 关于某一组基的坐标是唯一的,而关于不同基的坐标一般是不同的.

结论 3　如果由基 $\boldsymbol{\xi}_1,\boldsymbol{\xi}_2,\cdots,\boldsymbol{\xi}_n$ 到基 $\boldsymbol{\eta}_1,\boldsymbol{\eta}_2,\cdots,\boldsymbol{\eta}_n$ 的过渡矩阵为 $\boldsymbol{A}$,则 $\boldsymbol{A}=(\boldsymbol{\xi}_1,\boldsymbol{\xi}_2,\cdots,\boldsymbol{\xi}_n)^{-1}(\boldsymbol{\eta}_1,\boldsymbol{\eta}_2,\cdots,\boldsymbol{\eta}_n)$,且可知过渡矩阵 $\boldsymbol{A}$ 必为可逆矩阵.

结论 4　n 维向量组 $\boldsymbol{\alpha}_1,\boldsymbol{\alpha}_2,\cdots,\boldsymbol{\alpha}_s$ 的一个极大无关组是其生成子空间 $L(\boldsymbol{\alpha}_1,\boldsymbol{\alpha}_2,\cdots,\boldsymbol{\alpha}_s)$ 的一组基,向量组 $\boldsymbol{\alpha}_1,\boldsymbol{\alpha}_2,\cdots,\boldsymbol{\alpha}_s$ 的秩是 $L(\boldsymbol{\alpha}_1,\boldsymbol{\alpha}_2,\cdots,\boldsymbol{\alpha}_s)$ 的维数.

结论 5　有非零解的齐次线性方程组 $\boldsymbol{AX}=\boldsymbol{0}$ 的一个基础解系是其解空间的一组基,基础解系所含向量的个数是解空间的维数.

(三) 重要公式

1. 向量单位化(或标准化)公式

设 $\boldsymbol{\alpha}$ 为非零向量,则向量 $\boldsymbol{\varepsilon}=\dfrac{\boldsymbol{\alpha}}{\|\boldsymbol{\alpha}\|}$ 为单位向量.

2. 基变换公式

矩阵 $\boldsymbol{A}$ 为由基 $\boldsymbol{\xi}_1,\boldsymbol{\xi}_2,\cdots,\boldsymbol{\xi}_n$ 到基 $\boldsymbol{\eta}_1,\boldsymbol{\eta}_2,\cdots,\boldsymbol{\eta}_n$ 的过渡矩阵,即

$$(\boldsymbol{\eta}_1,\boldsymbol{\eta}_2,\cdots,\boldsymbol{\eta}_n)=(\boldsymbol{\xi}_1,\boldsymbol{\xi}_2,\cdots,\boldsymbol{\xi}_n)\boldsymbol{A},$$

称此式为由基 $\boldsymbol{\xi}_1,\boldsymbol{\xi}_2,\cdots,\boldsymbol{\xi}_n$ 到基 $\boldsymbol{\eta}_1,\boldsymbol{\eta}_2,\cdots,\boldsymbol{\eta}_n$ 的基变换公式.

3. 坐标变换公式

矩阵 $\boldsymbol{A}$ 为由基 $\boldsymbol{\xi}_1,\boldsymbol{\xi}_2,\cdots,\boldsymbol{\xi}_n$ 到基 $\boldsymbol{\eta}_1,\boldsymbol{\eta}_2,\cdots,\boldsymbol{\eta}_n$ 的过渡矩阵,$\mathbf{R}^n$ 中的向量 $\boldsymbol{\alpha}$ 在基 $\boldsymbol{\xi}_1,\boldsymbol{\xi}_2,\cdots,\boldsymbol{\xi}_n$ 和基 $\boldsymbol{\eta}_1,\boldsymbol{\eta}_2,\cdots,\boldsymbol{\eta}_n$ 下的坐标分别为$(x_1,x_2,\cdots,x_n)$和$(y_1,y_2,\cdots,y_n)$,则有

$$\begin{pmatrix}x_1\\x_2\\\vdots\\x_n\end{pmatrix}=\boldsymbol{A}\begin{pmatrix}y_1\\y_2\\\vdots\\y_n\end{pmatrix}\quad\text{或}\quad\begin{pmatrix}y_1\\y_2\\\vdots\\y_n\end{pmatrix}=\boldsymbol{A}^{-1}\begin{pmatrix}x_1\\x_2\\\vdots\\x_n\end{pmatrix},$$

称为坐标变换公式.

4. 施密特正交化公式

给定线性无关的向量组 $\boldsymbol{\alpha}_1,\boldsymbol{\alpha}_2,\cdots,\boldsymbol{\alpha}_s$，由其生成等价的正交向量组 $\boldsymbol{\beta}_1,\boldsymbol{\beta}_2,\cdots,\boldsymbol{\beta}_s$ 的公式为

$$\boldsymbol{\beta}_1=\boldsymbol{\alpha}_1,$$

$$\boldsymbol{\beta}_2=\boldsymbol{\alpha}_2-\frac{\boldsymbol{\alpha}_2^{\mathrm{T}}\boldsymbol{\beta}_1}{\boldsymbol{\beta}_1^{\mathrm{T}}\boldsymbol{\beta}_1}\boldsymbol{\beta}_1,$$

$$\boldsymbol{\beta}_3=\boldsymbol{\alpha}_3-\frac{\boldsymbol{\alpha}_3^{\mathrm{T}}\boldsymbol{\beta}_1}{\boldsymbol{\beta}_1^{\mathrm{T}}\boldsymbol{\beta}_1}\boldsymbol{\beta}_1-\frac{\boldsymbol{\alpha}_3^{\mathrm{T}}\boldsymbol{\beta}_2}{\boldsymbol{\beta}_2^{\mathrm{T}}\boldsymbol{\beta}_2}\boldsymbol{\beta}_2,$$

……

$$\boldsymbol{\beta}_s=\boldsymbol{\alpha}_s-\frac{\boldsymbol{\alpha}_s^{\mathrm{T}}\boldsymbol{\beta}_1}{\boldsymbol{\beta}_1^{\mathrm{T}}\boldsymbol{\beta}_1}\boldsymbol{\beta}_1-\frac{\boldsymbol{\alpha}_s^{\mathrm{T}}\boldsymbol{\beta}_2}{\boldsymbol{\beta}_2^{\mathrm{T}}\boldsymbol{\beta}_2}\boldsymbol{\beta}_2-\cdots-\frac{\boldsymbol{\alpha}_s^{\mathrm{T}}\boldsymbol{\beta}_{s-1}}{\boldsymbol{\beta}_{s-1}^{\mathrm{T}}\boldsymbol{\beta}_{s-1}}\boldsymbol{\beta}_{s-1}.$$

三、复习考试要求

1. 理解并掌握向量空间、基与坐标、向量内积、长度、正交向量、标准正交基、正交矩阵的概念及其性质.

2. 掌握基变换与坐标变换公式，会求两组基之间的过渡矩阵.

3. 掌握施密特正交化方法，会求 $\mathbf{R}^n$ 的标准正交基.

四、典型例题

例 1 已知向量组 $\boldsymbol{\alpha}_1=(2,1,-1,-2)^{\mathrm{T}}$，$\boldsymbol{\alpha}_2=(1,0,-3,2)^{\mathrm{T}}$，$\boldsymbol{\alpha}_3=(2,2,1,-1)^{\mathrm{T}}$，$\boldsymbol{\alpha}_4=(3,3,3,-5)^{\mathrm{T}}$，求由此向量组生成的子空间的维数和一组基.

解 向量组 $\boldsymbol{\alpha}_1,\boldsymbol{\alpha}_2,\boldsymbol{\alpha}_3,\boldsymbol{\alpha}_4$ 生成的子空间的维数就是该向量组的秩，它的一个极大无关组就是生成子空间的一组基，故求向量组 $\boldsymbol{\alpha}_1,\boldsymbol{\alpha}_2,\boldsymbol{\alpha}_3,\boldsymbol{\alpha}_4$ 的一个极大无关组即可.

$$(\boldsymbol{\alpha}_1,\boldsymbol{\alpha}_2,\boldsymbol{\alpha}_3,\boldsymbol{\alpha}_4)=\begin{pmatrix}2&1&2&3\\1&0&2&3\\-1&-3&1&3\\-2&2&-1&-5\end{pmatrix}\to\begin{pmatrix}1&0&2&3\\0&1&-2&-3\\0&-3&3&6\\0&2&3&1\end{pmatrix}$$

$$\to\begin{pmatrix}1&0&2&3\\0&1&-2&-3\\0&0&-3&-3\\0&0&7&7\end{pmatrix}\to\begin{pmatrix}1&0&2&3\\0&1&-2&-3\\0&0&1&1\\0&0&0&0\end{pmatrix}\to\begin{pmatrix}1&0&0&1\\0&1&0&-1\\0&0&1&1\\0&0&0&0\end{pmatrix},$$

从而可知由 $\boldsymbol{\alpha}_1,\boldsymbol{\alpha}_2,\boldsymbol{\alpha}_3,\boldsymbol{\alpha}_4$ 生成的子空间的维数是 3,向量组 $\boldsymbol{\alpha}_1,\boldsymbol{\alpha}_2,\boldsymbol{\alpha}_3$ 就是生成子空间的一组基.

例 2 求齐次线性方程组

$$\begin{cases}3x_1+2x_2-5x_3+4x_4=0,\\3x_1-x_2+3x_3-3x_4=0,\\3x_1+5x_2-13x_3+11x_4=0\end{cases}$$

的解空间的维数和一组基.

解 齐次线性方程组的一个基础解系就是它的解空间的一组基,基础解系中所含向量的个数就是解空间的维数,故求齐次线性方程组的一个基础解系即可.

$$\boldsymbol{A}=\begin{pmatrix}3&2&-5&4\\3&-1&3&-3\\3&5&-13&11\end{pmatrix}\to\begin{pmatrix}3&2&-5&4\\0&-3&8&-7\\0&3&-8&7\end{pmatrix}\to\begin{pmatrix}3&2&-5&4\\0&-3&8&-7\\0&0&0&0\end{pmatrix}$$

$$\to\begin{pmatrix}1&\frac{2}{3}&-\frac{5}{3}&\frac{4}{3}\\0&1&-\frac{8}{3}&\frac{7}{3}\\0&0&0&0\end{pmatrix}\to\begin{pmatrix}1&0&\frac{1}{9}&-\frac{2}{9}\\0&1&-\frac{8}{3}&\frac{7}{3}\\0&0&0&0\end{pmatrix},$$

从而可知齐次线性方程组解空间的维数是 2,一组基为 $\left(-\frac{1}{9},\frac{8}{3},1,0\right)^{\mathrm{T}}$ 和 $\left(\frac{2}{9},-\frac{7}{3},0,1\right)^{\mathrm{T}}$.

例 3 已知 $\boldsymbol{\alpha}_1=(1,1,1,1)^{\mathrm{T}},\boldsymbol{\alpha}_2=(1,1,-1,-1)^{\mathrm{T}},\boldsymbol{\alpha}_3=(1,-1,1,-1)^{\mathrm{T}}$, $\boldsymbol{\alpha}_4=(1,-1,-1,1)^{\mathrm{T}}$ 与 $\boldsymbol{\beta}_1=(1,1,0,1)^{\mathrm{T}},\boldsymbol{\beta}_2=(2,1,3,1)^{\mathrm{T}},\boldsymbol{\beta}_3=(1,1,0,0)^{\mathrm{T}}$, $\boldsymbol{\beta}_4=(0,1,-1,-1)^{\mathrm{T}}$ 为 $\mathbf{R}^4$ 的两组基,求由基 $\boldsymbol{\alpha}_1,\boldsymbol{\alpha}_2,\boldsymbol{\alpha}_3,\boldsymbol{\alpha}_4$ 到基 $\boldsymbol{\beta}_1,\boldsymbol{\beta}_2,\boldsymbol{\beta}_3,\boldsymbol{\beta}_4$ 的过渡矩阵.

解 设由基 $\boldsymbol{\alpha}_1,\boldsymbol{\alpha}_2,\boldsymbol{\alpha}_3,\boldsymbol{\alpha}_4$ 到基 $\boldsymbol{\beta}_1,\boldsymbol{\beta}_2,\boldsymbol{\beta}_3,\boldsymbol{\beta}_4$ 的过渡矩阵为 $\boldsymbol{A}$,则有

$$(\boldsymbol{\beta}_1,\boldsymbol{\beta}_2,\boldsymbol{\beta}_3,\boldsymbol{\beta}_4)=(\boldsymbol{\alpha}_1,\boldsymbol{\alpha}_2,\boldsymbol{\alpha}_3,\boldsymbol{\alpha}_4)\boldsymbol{A}.$$

故 $\boldsymbol{A}=(\boldsymbol{\alpha}_1,\boldsymbol{\alpha}_2,\boldsymbol{\alpha}_3,\boldsymbol{\alpha}_4)^{-1}(\boldsymbol{\beta}_1,\boldsymbol{\beta}_2,\boldsymbol{\beta}_3,\boldsymbol{\beta}_4)$,利用矩阵的初等变换可求出 $\boldsymbol{A}$.

$$(\boldsymbol{\alpha}_1,\boldsymbol{\alpha}_2,\boldsymbol{\alpha}_3,\boldsymbol{\alpha}_4\,\vdots\,\boldsymbol{\beta}_1,\boldsymbol{\beta}_2,\boldsymbol{\beta}_3,\boldsymbol{\beta}_4)=\left(\begin{array}{cccc:cccc}1&1&1&1&1&2&1&0\\1&1&-1&-1&1&1&1&1\\1&-1&1&-1&0&3&0&-1\\1&-1&-1&1&1&1&0&-1\end{array}\right)$$

$$\to\left(\begin{array}{cccc:cccc}1&1&1&1&1&2&1&0\\0&0&-2&-2&0&-1&0&1\\0&-2&0&-2&-1&1&-1&-1\\0&-2&-2&0&0&-1&-1&-1\end{array}\right)$$

$$\to\left(\begin{array}{cccc:cccc}1&1&1&1&1&2&1&0\\0&0&-2&-2&0&-1&0&1\\0&-2&0&-2&-1&1&-1&-1\\0&0&-2&2&1&-2&0&0\end{array}\right)$$

$$\rightarrow\left(\begin{array}{cccc:cccc}1&1&1&1&1&2&1&0\\0&0&-2&-2&0&-1&0&1\\0&-2&0&-2&-1&1&-1&-1\\0&0&0&4&1&-1&0&-1\end{array}\right)$$

$$\rightarrow\left(\begin{array}{cccc:cccc}1&1&1&1&1&2&1&0\\0&1&0&1&\frac{1}{2}&-\frac{1}{2}&\frac{1}{2}&\frac{1}{2}\\0&0&1&1&0&\frac{1}{2}&0&-\frac{1}{2}\\0&0&0&1&\frac{1}{4}&-\frac{1}{4}&0&-\frac{1}{4}\end{array}\right)$$

$$\rightarrow\left(\begin{array}{cccc:cccc}1&1&1&0&\frac{3}{4}&\frac{9}{4}&1&\frac{1}{4}\\0&1&0&0&\frac{1}{4}&-\frac{1}{4}&\frac{1}{2}&\frac{3}{4}\\0&0&1&0&-\frac{1}{4}&\frac{3}{4}&0&-\frac{1}{4}\\0&0&0&1&\frac{1}{4}&-\frac{1}{4}&0&-\frac{1}{4}\end{array}\right)$$

$$\rightarrow\left(\begin{array}{cccc:cccc}1&0&0&0&\frac{3}{4}&\frac{7}{4}&\frac{1}{2}&-\frac{1}{4}\\0&1&0&0&\frac{1}{4}&-\frac{1}{4}&\frac{1}{2}&\frac{3}{4}\\0&0&1&0&-\frac{1}{4}&\frac{3}{4}&0&-\frac{1}{4}\\0&0&0&1&\frac{1}{4}&-\frac{1}{4}&0&-\frac{1}{4}\end{array}\right),$$

故由基 $\boldsymbol{\alpha}_1,\boldsymbol{\alpha}_2,\boldsymbol{\alpha}_3,\boldsymbol{\alpha}_4$ 到基 $\boldsymbol{\beta}_1,\boldsymbol{\beta}_2,\boldsymbol{\beta}_3,\boldsymbol{\beta}_4$ 的过渡矩阵为

$$\boldsymbol{A}=\begin{pmatrix}\frac{3}{4}&\frac{7}{4}&\frac{1}{2}&-\frac{1}{4}\\\frac{1}{4}&-\frac{1}{4}&\frac{1}{2}&\frac{3}{4}\\-\frac{1}{4}&\frac{3}{4}&0&-\frac{1}{4}\\\frac{1}{4}&-\frac{1}{4}&0&-\frac{1}{4}\end{pmatrix}.$$

例 4 设 ξ_1,ξ_2,ξ_3 是 $\mathbf{R}^3$ 的一组基，直接写出下列基之间的过渡矩阵：

(1) 由基 ξ_1,ξ_2,ξ_3 到基 ξ_2,ξ_1,ξ_3 的过渡矩阵；

(2) 由基 ξ_1,ξ_2,ξ_3 到基 $\xi_1,\xi_1+\xi_2,\xi_1+\xi_2+\xi_3$ 的过渡矩阵.

解 利用过渡矩阵的定义可直接求得.

(1) 由于

$$\begin{cases}\xi_2 = 0\cdot\xi_1 + \xi_2 + 0\cdot\xi_3,\\ \xi_1 = \xi_1 + 0\cdot\xi_2 + 0\cdot\xi_3,\\ \xi_3 = 0\cdot\xi_1 + 0\cdot\xi_2 + \xi_3,\end{cases}$$

因此由基 ξ_1,ξ_2,ξ_3 到基 ξ_2,ξ_1,ξ_3 的过渡矩阵为 $\boldsymbol{A}=\begin{pmatrix}0&1&0\\1&0&0\\0&0&1\end{pmatrix}$.

(2) 由于

$$\begin{cases}\xi_1 = \xi_1 + 0\cdot\xi_2 + 0\cdot\xi_3,\\ \xi_1+\xi_2 = \xi_1 + \xi_2 + 0\cdot\xi_3,\\ \xi_1+\xi_2+\xi_3 = \xi_1 + \xi_2 + \xi_3,\end{cases}$$

因此由基 ξ_1,ξ_2,ξ_3 到基 $\xi_1,\xi_1+\xi_2,\xi_1+\xi_2+\xi_3$ 的过渡矩阵为 $\boldsymbol{A}=\begin{pmatrix}1&1&1\\0&1&1\\0&0&1\end{pmatrix}$.

例 5　设 $\boldsymbol{\alpha}_1,\boldsymbol{\alpha}_2,\boldsymbol{\alpha}_3$ 是 $\mathbf{R}^3$ 的一组基,又设

$$\begin{cases}\boldsymbol{\xi}_1 = \boldsymbol{\alpha}_1+\boldsymbol{\alpha}_2+\boldsymbol{\alpha}_3,\\ \boldsymbol{\xi}_2 = \boldsymbol{\alpha}_2+\boldsymbol{\alpha}_3,\\ \boldsymbol{\xi}_3 = \boldsymbol{\alpha}_3;\end{cases}\qquad \begin{cases}\boldsymbol{\eta}_1 = \boldsymbol{\alpha}_1+\boldsymbol{\alpha}_2+\boldsymbol{\alpha}_3,\\ \boldsymbol{\eta}_2 = 2\boldsymbol{\alpha}_1+\boldsymbol{\alpha}_2+\boldsymbol{\alpha}_3,\\ \boldsymbol{\eta}_3 = \boldsymbol{\alpha}_1-\boldsymbol{\alpha}_2.\end{cases}$$

(1) 证明:$\boldsymbol{\xi}_1,\boldsymbol{\xi}_2,\boldsymbol{\xi}_3$ 与 $\boldsymbol{\eta}_1,\boldsymbol{\eta}_2,\boldsymbol{\eta}_3$ 是 $\mathbf{R}^3$ 的两组基;

(2) 求由基 $\boldsymbol{\eta}_1,\boldsymbol{\eta}_2,\boldsymbol{\eta}_3$ 到基 $\boldsymbol{\xi}_1,\boldsymbol{\xi}_2,\boldsymbol{\xi}_3$ 的过渡矩阵.

证明　(1) 由题设知

$$(\boldsymbol{\xi}_1,\boldsymbol{\xi}_2,\boldsymbol{\xi}_3)=(\boldsymbol{\alpha}_1,\boldsymbol{\alpha}_2,\boldsymbol{\alpha}_3)\begin{pmatrix}1&0&0\\1&1&0\\1&1&1\end{pmatrix},$$

$$(\boldsymbol{\eta}_1,\boldsymbol{\eta}_2,\boldsymbol{\eta}_3)=(\boldsymbol{\alpha}_1,\boldsymbol{\alpha}_2,\boldsymbol{\alpha}_3)\begin{pmatrix}1&2&1\\1&1&-1\\1&1&0\end{pmatrix}.$$

记

$$\boldsymbol{A}_1=\begin{pmatrix}1&0&0\\1&1&0\\1&1&1\end{pmatrix},\quad \boldsymbol{A}_2=\begin{pmatrix}1&2&1\\1&1&-1\\1&1&0\end{pmatrix},$$

又 $|\boldsymbol{A}_1|=1\neq 0$, $|\boldsymbol{A}_2|=-1\neq 0$,所以矩阵 $\boldsymbol{A}_1$ 和 $\boldsymbol{A}_2$ 均可逆,从而可知 $\boldsymbol{\xi}_1,\boldsymbol{\xi}_2,\boldsymbol{\xi}_3$ 与 $\boldsymbol{\eta}_1,\boldsymbol{\eta}_2,\boldsymbol{\eta}_3$ 是 $\mathbf{R}^3$ 的两组基.

(2) 由 $(\boldsymbol{\eta}_1,\boldsymbol{\eta}_2,\boldsymbol{\eta}_3)=(\boldsymbol{\alpha}_1,\boldsymbol{\alpha}_2,\boldsymbol{\alpha}_3)\boldsymbol{A}_2$, 可得 $(\boldsymbol{\alpha}_1,\boldsymbol{\alpha}_2,\boldsymbol{\alpha}_3)=(\boldsymbol{\eta}_1,\boldsymbol{\eta}_2,\boldsymbol{\eta}_3)\boldsymbol{A}_2^{-1}$, 所以 $(\boldsymbol{\xi}_1,\boldsymbol{\xi}_2,\boldsymbol{\xi}_3)=(\boldsymbol{\eta}_1,\boldsymbol{\eta}_2,\boldsymbol{\eta}_3)\boldsymbol{A}_2^{-1}\boldsymbol{A}_1$,即由基 $\boldsymbol{\eta}_1,\boldsymbol{\eta}_2,\boldsymbol{\eta}_3$ 到基 $\boldsymbol{\xi}_1,\boldsymbol{\xi}_2,\boldsymbol{\xi}_3$ 的过渡矩阵为 $\boldsymbol{A}_2^{-1}\boldsymbol{A}_1$.

用矩阵的初等变换求 $\boldsymbol{A}_2^{-1}\boldsymbol{A}_1$:

$$(\boldsymbol{A}_2 \mid \boldsymbol{A}_1) = \left(\begin{array}{ccc:ccc} 1 & 2 & 1 & 1 & 0 & 0 \\ 1 & 1 & -1 & 1 & 1 & 0 \\ 1 & 1 & 0 & 1 & 1 & 1 \end{array}\right) \to \left(\begin{array}{ccc:ccc} 1 & 2 & 1 & 1 & 0 & 0 \\ 0 & 1 & 2 & 0 & -1 & 0 \\ 0 & 0 & 1 & 0 & 0 & 1 \end{array}\right)$$

$$\to \left(\begin{array}{ccc:ccc} 1 & 2 & 0 & 1 & 0 & -1 \\ 0 & 1 & 0 & 0 & -1 & -2 \\ 0 & 0 & 1 & 0 & 0 & 1 \end{array}\right) \to \left(\begin{array}{ccc:ccc} 1 & 0 & 0 & 1 & 2 & 3 \\ 0 & 1 & 0 & 0 & -1 & -2 \\ 0 & 0 & 1 & 0 & 0 & 1 \end{array}\right),$$

所以由基 $\boldsymbol{\eta}_1, \boldsymbol{\eta}_2, \boldsymbol{\eta}_3$ 到基 $\boldsymbol{\xi}_1, \boldsymbol{\xi}_2, \boldsymbol{\xi}_3$ 的过渡矩阵为

$$\boldsymbol{A}_2^{-1}\boldsymbol{A}_1 = \begin{pmatrix} 1 & 2 & 3 \\ 0 & -1 & -2 \\ 0 & 0 & 1 \end{pmatrix}.$$

例 6 将向量组

$$\boldsymbol{\alpha}_1 = (1,1,1), \quad \boldsymbol{\alpha}_2 = (-1,0,-1), \quad \boldsymbol{\alpha}_3 = (1,1,0)$$

单位正交化.

解 用施密特正交化方法,将 $\boldsymbol{\alpha}_1, \boldsymbol{\alpha}_2, \boldsymbol{\alpha}_3$ 先正交化:

$$\boldsymbol{\beta}_1 = \boldsymbol{\alpha}_1 = (1,1,1),$$

$$\boldsymbol{\beta}_2 = \boldsymbol{\alpha}_2 - \frac{\boldsymbol{\alpha}_2 \boldsymbol{\beta}_1^{\mathrm{T}}}{\boldsymbol{\beta}_1 \boldsymbol{\beta}_1^{\mathrm{T}}} \boldsymbol{\beta}_1 = \left(-\frac{1}{3}, \frac{2}{3}, -\frac{1}{3}\right),$$

$$\boldsymbol{\beta}_3 = \boldsymbol{\alpha}_3 - \frac{\boldsymbol{\alpha}_3 \boldsymbol{\beta}_1^{\mathrm{T}}}{\boldsymbol{\beta}_1 \boldsymbol{\beta}_1^{\mathrm{T}}} \boldsymbol{\beta}_1 - \frac{\boldsymbol{\alpha}_3 \boldsymbol{\beta}_2^{\mathrm{T}}}{\boldsymbol{\beta}_2 \boldsymbol{\beta}_2^{\mathrm{T}}} \boldsymbol{\beta}_2 = \left(\frac{1}{2}, 0, -\frac{1}{2}\right).$$

再将 $\boldsymbol{\beta}_1, \boldsymbol{\beta}_2, \boldsymbol{\beta}_3$ 单位化:

$$\boldsymbol{\eta}_1 = \frac{\boldsymbol{\beta}_1}{\|\boldsymbol{\beta}_1\|} = \left(\frac{1}{\sqrt{3}}, \frac{1}{\sqrt{3}}, \frac{1}{\sqrt{3}}\right),$$

$$\boldsymbol{\eta}_2 = \frac{\boldsymbol{\beta}_2}{\|\boldsymbol{\beta}_2\|} = \left(-\frac{1}{\sqrt{6}}, \frac{2}{\sqrt{6}}, -\frac{1}{\sqrt{6}}\right),$$

$$\boldsymbol{\eta}_3 = \frac{\boldsymbol{\beta}_3}{\|\boldsymbol{\beta}_3\|} = \left(\frac{\sqrt{2}}{4}, 0, \frac{\sqrt{2}}{4}\right).$$

故向量组 $\boldsymbol{\eta}_1, \boldsymbol{\eta}_2, \boldsymbol{\eta}_3$ 即为所求的单位正交化向量组.

例 7 设 $\mathbf{R}^3$ 中由基 $\boldsymbol{\alpha}_1, \boldsymbol{\alpha}_2, \boldsymbol{\alpha}_3$ 到基 $\boldsymbol{\beta}_1, \boldsymbol{\beta}_2, \boldsymbol{\beta}_3$ 的过渡矩阵为

$$\boldsymbol{A} = \begin{pmatrix} 1 & 1 & -1 \\ -1 & 1 & 1 \\ 1 & -1 & 1 \end{pmatrix}.$$

(1) 若 $\boldsymbol{\alpha}_1 = (1,0,0)^{\mathrm{T}}, \boldsymbol{\alpha}_2 = (1,1,0)^{\mathrm{T}}, \boldsymbol{\alpha}_3 = (1,1,1)^{\mathrm{T}}$,试求基 $\boldsymbol{\beta}_1, \boldsymbol{\beta}_2, \boldsymbol{\beta}_3$;

(2) 若 $\boldsymbol{\beta}_1 = (0,1,1)^{\mathrm{T}}, \boldsymbol{\beta}_2 = (1,0,2)^{\mathrm{T}}, \boldsymbol{\beta}_3 = (2,1,0)^{\mathrm{T}}$,试求基 $\boldsymbol{\alpha}_1, \boldsymbol{\alpha}_2, \boldsymbol{\alpha}_3$.

解 (1) 由基变换公式 $(\boldsymbol{\beta}_1, \boldsymbol{\beta}_2, \boldsymbol{\beta}_3) = (\boldsymbol{\alpha}_1, \boldsymbol{\alpha}_2, \boldsymbol{\alpha}_3)\boldsymbol{A}$,即

$$(\boldsymbol{\beta}_1, \boldsymbol{\beta}_2, \boldsymbol{\beta}_3) = \begin{pmatrix} 1 & 1 & 1 \\ 0 & 1 & 1 \\ 0 & 0 & 1 \end{pmatrix} \begin{pmatrix} 1 & 1 & -1 \\ -1 & 1 & 1 \\ 1 & -1 & 1 \end{pmatrix},$$

可得$(\boldsymbol{\beta}_1,\boldsymbol{\beta}_2,\boldsymbol{\beta}_3)=\begin{pmatrix}1&1&1\\0&0&2\\1&-1&1\end{pmatrix}$,所以

$$\boldsymbol{\beta}_1=(1,0,1)^{\mathrm{T}},\quad \boldsymbol{\beta}_2=(1,0,-1)^{\mathrm{T}},\quad \boldsymbol{\beta}_3=(1,2,1)^{\mathrm{T}}.$$

(2) 由基变换公式有$(\boldsymbol{\alpha}_1,\boldsymbol{\alpha}_2,\boldsymbol{\alpha}_3)=(\boldsymbol{\beta}_1,\boldsymbol{\beta}_2,\boldsymbol{\beta}_3)\boldsymbol{A}^{-1}$,可求得

$$\boldsymbol{A}^{-1}=\begin{pmatrix}\frac{1}{2}&0&\frac{1}{2}\\\frac{1}{2}&\frac{1}{2}&0\\0&\frac{1}{2}&\frac{1}{2}\end{pmatrix},$$

所以

$$(\boldsymbol{\alpha}_1,\boldsymbol{\alpha}_2,\boldsymbol{\alpha}_3)=\begin{pmatrix}0&1&2\\1&0&1\\1&2&0\end{pmatrix}\begin{pmatrix}\frac{1}{2}&0&\frac{1}{2}\\\frac{1}{2}&\frac{1}{2}&0\\0&\frac{1}{2}&\frac{1}{2}\end{pmatrix}=\begin{pmatrix}\frac{1}{2}&\frac{3}{2}&1\\\frac{1}{2}&\frac{1}{2}&1\\\frac{3}{2}&1&\frac{1}{2}\end{pmatrix},$$

即

$$\boldsymbol{\alpha}_1=\left(\frac{1}{2},\frac{1}{2},\frac{3}{2}\right)^{\mathrm{T}},\quad \boldsymbol{\alpha}_2=\left(\frac{3}{2},\frac{1}{2},1\right)^{\mathrm{T}},\quad \boldsymbol{\alpha}_3=\left(1,1,\frac{1}{2}\right)^{\mathrm{T}}.$$

例 8 设$\boldsymbol{A}$为n阶正交矩阵,$\boldsymbol{\eta}_1,\boldsymbol{\eta}_2,\cdots,\boldsymbol{\eta}_n$与$\boldsymbol{A\eta}_1,\boldsymbol{A\eta}_2,\cdots,\boldsymbol{A\eta}_n$为$\mathbf{R}^n$的两组基. 如果$\boldsymbol{A\eta}_1,\boldsymbol{A\eta}_2,\cdots,\boldsymbol{A\eta}_n$为$\mathbf{R}^n$的标准正交基,试证:$\boldsymbol{\eta}_1,\boldsymbol{\eta}_2,\cdots,\boldsymbol{\eta}_n$也是$\mathbf{R}^n$的标准正交基.

证明 设$\boldsymbol{Q}_1=(\boldsymbol{\eta}_1,\boldsymbol{\eta}_2,\cdots,\boldsymbol{\eta}_n)$,$\boldsymbol{Q}_2=(\boldsymbol{A\eta}_1,\boldsymbol{A\eta}_2,\cdots,\boldsymbol{A\eta}_n)$,则$\boldsymbol{Q}_2=\boldsymbol{AQ}_1$,从而$\boldsymbol{Q}_1=\boldsymbol{A}^{-1}\boldsymbol{Q}_2$. 由$n$阶方阵$\boldsymbol{A}$为正交矩阵的充要条件是其列向量组是$\mathbf{R}^n$的标准正交基可知,$\boldsymbol{Q}_2$为正交矩阵. 又正交矩阵的逆矩阵为正交矩阵,两个正交矩阵的乘积也为正交矩阵,可知$\boldsymbol{A}^{-1}\boldsymbol{Q}_2$也是正交矩阵,即$\boldsymbol{Q}_1$为正交矩阵,从而$\boldsymbol{Q}_1$的列向量组$\boldsymbol{\eta}_1,\boldsymbol{\eta}_2,\cdots,\boldsymbol{\eta}_n$是$\mathbf{R}^n$的标准正交基. 证毕.

例 9 设$\boldsymbol{A}$为对称矩阵,证明:$\boldsymbol{A}$为正交矩阵的充要条件是$\boldsymbol{A}^2=\boldsymbol{E}$.

证明 **必要性** 因为$\boldsymbol{A}$为对称矩阵,所以$\boldsymbol{A}^{\mathrm{T}}=\boldsymbol{A}$. 又$\boldsymbol{A}$为正交矩阵,所以$\boldsymbol{A}^{\mathrm{T}}\boldsymbol{A}=\boldsymbol{E}$,从而有$\boldsymbol{A}^2=\boldsymbol{A}^{\mathrm{T}}\boldsymbol{A}=\boldsymbol{E}$.

充分性 因为$\boldsymbol{A}$为对称矩阵,所以$\boldsymbol{A}^{\mathrm{T}}=\boldsymbol{A}$. 又因为$\boldsymbol{A}^2=\boldsymbol{E}$,所以$\boldsymbol{A}^2=\boldsymbol{A}^{\mathrm{T}}\boldsymbol{A}=\boldsymbol{E}$,即$\boldsymbol{A}$为正交矩阵.

例 10 求齐次线性方程组

$$\begin{cases}x_1+x_2+x_3+x_4+x_5=0,\\x_1-x_2+x_3+2x_4+4x_5=0\end{cases}$$

的解空间的一组标准正交基.

解 齐次线性方程组解空间的一组标准正交基就是由该方程组的一个基础解系正

交化和单位化后得到,故先求该方程组的一个基础解系.由

$$A=\begin{pmatrix}1&1&1&1&1\\1&-1&1&2&4\end{pmatrix}\to\begin{pmatrix}1&1&1&1&1\\0&-2&0&1&3\end{pmatrix}\to\begin{pmatrix}1&1&1&1&1\\0&1&0&-\frac{1}{2}&-\frac{3}{2}\end{pmatrix}$$

$$\to\begin{pmatrix}1&0&1&\frac{3}{2}&\frac{5}{2}\\0&1&0&-\frac{1}{2}&-\frac{3}{2}\end{pmatrix},$$

得齐次线性方程组的一个基础解系为

$$\begin{pmatrix}-1\\0\\1\\0\\0\end{pmatrix},\quad\begin{pmatrix}-\frac{3}{2}\\\frac{1}{2}\\0\\1\\0\end{pmatrix},\quad\begin{pmatrix}-\frac{5}{2}\\\frac{3}{2}\\0\\0\\1\end{pmatrix}.$$

可知 $\boldsymbol{\alpha}_1=\begin{pmatrix}-1\\0\\1\\0\\0\end{pmatrix},\boldsymbol{\alpha}_2=\begin{pmatrix}-3\\1\\0\\2\\0\end{pmatrix},\boldsymbol{\alpha}_3=\begin{pmatrix}-5\\3\\0\\0\\2\end{pmatrix}$ 也是该方程组的一个基础解系.

将 $\boldsymbol{\alpha}_1,\boldsymbol{\alpha}_2,\boldsymbol{\alpha}_3$ 正交化得

$$\boldsymbol{\beta}_1=\boldsymbol{\alpha}_1=\begin{pmatrix}-1\\0\\1\\0\\0\end{pmatrix},\quad\boldsymbol{\beta}_2=\boldsymbol{\alpha}_2-\frac{\boldsymbol{\alpha}_2^{\mathrm{T}}\boldsymbol{\beta}_1}{\boldsymbol{\beta}_1^{\mathrm{T}}\boldsymbol{\beta}_1}\boldsymbol{\beta}_1=\begin{pmatrix}-\frac{3}{2}\\1\\-\frac{3}{2}\\2\\0\end{pmatrix},$$

$$\boldsymbol{\beta}_3=\boldsymbol{\alpha}_3-\frac{\boldsymbol{\alpha}_3^{\mathrm{T}}\boldsymbol{\beta}_1}{\boldsymbol{\beta}_1^{\mathrm{T}}\boldsymbol{\beta}_1}\boldsymbol{\beta}_1-\frac{\boldsymbol{\alpha}_3^{\mathrm{T}}\boldsymbol{\beta}_2}{\boldsymbol{\beta}_2^{\mathrm{T}}\boldsymbol{\beta}_2}\boldsymbol{\beta}_2=\begin{pmatrix}-\frac{16}{19}\\\frac{36}{19}\\-\frac{16}{19}\\-\frac{42}{19}\\2\end{pmatrix}.$$

将 $\boldsymbol{\beta}_1,\boldsymbol{\beta}_2,\boldsymbol{\beta}_3$ 单位化得

$$\boldsymbol{\eta}_1 = \frac{\boldsymbol{\beta}_1}{\|\boldsymbol{\beta}_1\|} = \frac{\sqrt{2}}{2}\begin{pmatrix} -1 \\ 0 \\ 1 \\ 0 \\ 0 \end{pmatrix}, \quad \boldsymbol{\eta}_2 = \frac{\boldsymbol{\beta}_2}{\|\boldsymbol{\beta}_2\|} = \frac{1}{\sqrt{38}}\begin{pmatrix} -3 \\ 2 \\ -3 \\ 4 \\ 0 \end{pmatrix},$$

$$\boldsymbol{\eta}_3 = \frac{\boldsymbol{\beta}_3}{\|\boldsymbol{\beta}_3\|} = \frac{19}{2\sqrt{1\,254}}\boldsymbol{\beta}_3 = \frac{1}{\sqrt{1\,254}}\begin{pmatrix} -8 \\ 18 \\ -8 \\ -21 \\ 19 \end{pmatrix},$$

则 $\boldsymbol{\eta}_1,\boldsymbol{\eta}_2,\boldsymbol{\eta}_3$ 是齐次线性方程组解空间的一组标准正交基.

五、习题详解

习题 4.1

1. 设向量组 $\boldsymbol{\alpha}_1,\boldsymbol{\alpha}_2,\boldsymbol{\alpha}_3$ 是 $\mathbf{R}^3$ 的一组基. 如果 $\boldsymbol{\alpha} = k_1\boldsymbol{\alpha}_1 + k_2\boldsymbol{\alpha}_2 + k_3\boldsymbol{\alpha}_3$,则 $\boldsymbol{\alpha}$ 在基 $\boldsymbol{\alpha}_3,-\boldsymbol{\alpha}_2,\frac{1}{2}\boldsymbol{\alpha}_1$ 下的坐标为__________.

解 因为 $\boldsymbol{\alpha} = k_1\boldsymbol{\alpha}_1 + k_2\boldsymbol{\alpha}_2 + k_3\boldsymbol{\alpha}_3$,即

$$\boldsymbol{\alpha} = k_3\boldsymbol{\alpha}_3 + (-k_2)(-\boldsymbol{\alpha}_2) + 2k_1\left(\frac{1}{2}\boldsymbol{\alpha}_1\right),$$

所以 $\boldsymbol{\alpha}$ 在基 $\boldsymbol{\alpha}_3,-\boldsymbol{\alpha}_2,\frac{1}{2}\boldsymbol{\alpha}_1$ 下的坐标为$(k_3,-k_2,2k_1)$.

2. 在向量空间 $\mathbf{R}^3$ 中,求向量 $\boldsymbol{\alpha} = (1,2,1)^{\mathrm{T}}$ 在基 $\boldsymbol{\xi}_1 = (1,1,1)^{\mathrm{T}},\boldsymbol{\xi}_2 = (1,1,-1)^{\mathrm{T}},\boldsymbol{\xi}_3 = (1,-1,-1)^{\mathrm{T}}$ 下的坐标.

解 设向量 $\boldsymbol{\alpha} = (1,2,1)^{\mathrm{T}}$ 在基 $\boldsymbol{\xi}_1 = (1,1,1)^{\mathrm{T}},\boldsymbol{\xi}_2 = (1,1,-1)^{\mathrm{T}},\boldsymbol{\xi}_3 = (1,-1,-1)^{\mathrm{T}}$ 下的坐标为(k_1,k_2,k_3),所以有 $\boldsymbol{\alpha} = k_1\boldsymbol{\xi}_1 + k_2\boldsymbol{\xi}_2 + k_3\boldsymbol{\xi}_3$,即

$$\begin{cases} k_1 + k_2 + k_3 = 1, \\ k_1 + k_2 - k_3 = 2, \\ k_1 - k_2 - k_3 = 1. \end{cases}$$

$$\overline{\mathbf{A}} = \left(\begin{array}{ccc:c} 1 & 1 & 1 & 1 \\ 1 & 1 & -1 & 2 \\ 1 & -1 & -1 & 1 \end{array}\right) \rightarrow \left(\begin{array}{ccc:c} 1 & 1 & 1 & 1 \\ 0 & 0 & -2 & 1 \\ 0 & -2 & -2 & 0 \end{array}\right)$$

$$\rightarrow\left(\begin{array}{ccc:c}1&1&1&1\\0&1&1&0\\0&0&1&-\frac{1}{2}\end{array}\right)\rightarrow\left(\begin{array}{ccc:c}1&0&0&1\\0&1&0&\frac{1}{2}\\0&0&1&-\frac{1}{2}\end{array}\right),$$

从而可知 $\boldsymbol{\alpha}$ 在基 $\boldsymbol{\xi}_1,\boldsymbol{\xi}_2,\boldsymbol{\xi}_3$ 下的坐标为 $\left(1,\frac{1}{2},-\frac{1}{2}\right)$.

3. 证明：向量组 $\boldsymbol{\alpha}_1=(0,0,\cdots,0,1)^{\mathrm{T}},\boldsymbol{\alpha}_2=(0,0,\cdots,0,1,1)^{\mathrm{T}},\cdots,\boldsymbol{\alpha}_n=(1,1,\cdots,1,1)^{\mathrm{T}}$ 为 $\mathbf{R}^n$ 的一组基，并求 $\boldsymbol{\alpha}=(a_1,a_2,\cdots,a_n)^{\mathrm{T}}$ 在此基下的坐标.

证明 因为 $\boldsymbol{\alpha}_1=(0,0,\cdots,0,1)^{\mathrm{T}},\boldsymbol{\alpha}_2=(0,0,\cdots,0,1,1)^{\mathrm{T}},\cdots,\boldsymbol{\alpha}_n=(1,1,\cdots,1,1)^{\mathrm{T}}$ 构成的行列式为

$$\begin{vmatrix}0&0&\cdots&0&1\\0&0&\cdots&1&1\\\vdots&\vdots&&\vdots&\vdots\\0&1&\cdots&1&1\\1&1&\cdots&1&1\end{vmatrix}=(-1)^{\frac{n(n-1)}{2}}\neq 0,$$

所以 $\boldsymbol{\alpha}_1,\boldsymbol{\alpha}_2,\cdots,\boldsymbol{\alpha}_n$ 线性无关，从而它是 $\mathbf{R}^n$ 的一组基.

设 $\boldsymbol{\alpha}=k_1\boldsymbol{\alpha}_1+k_2\boldsymbol{\alpha}_2+\cdots+k_n\boldsymbol{\alpha}_n$，即

$$\begin{cases}k_n=a_1,\\k_{n-1}+k_n=a_2,\\\cdots\cdots\\k_2+k_3+\cdots+k_{n-1}+k_n=a_{n-1},\\k_1+k_2+k_3+\cdots+k_{n-1}+k_n=a_n,\end{cases}$$

解得

$$\begin{cases}k_1=a_n-a_{n-1},\\k_2=a_{n-1}-a_{n-2},\\\cdots\cdots\\k_{n-1}=a_2-a_1,\\k_n=a_1.\end{cases}$$

所以 $\boldsymbol{\alpha}=(a_1,a_2,\cdots,a_n)^{\mathrm{T}}$ 在此基下的坐标为 $(a_n-a_{n-1},a_{n-1}-a_{n-2},\cdots,a_2-a_1,a_1)$.

习题 4.2

1. 设 $\boldsymbol{\xi}_1,\boldsymbol{\xi}_2,\boldsymbol{\xi}_3,\boldsymbol{\xi}_4$ 为 $\mathbf{R}^4$ 的一组基，则由基 $\boldsymbol{\xi}_1,\boldsymbol{\xi}_2,\boldsymbol{\xi}_3,\boldsymbol{\xi}_4$ 到基 $\boldsymbol{\xi}_4,\boldsymbol{\xi}_3,\boldsymbol{\xi}_2,\boldsymbol{\xi}_1$ 的过渡矩阵为 ________.

解 因为

$$\begin{cases}\boldsymbol{\xi}_4=0\boldsymbol{\xi}_1+0\boldsymbol{\xi}_2+0\boldsymbol{\xi}_3+\boldsymbol{\xi}_4,\\\boldsymbol{\xi}_3=0\boldsymbol{\xi}_1+0\boldsymbol{\xi}_2+\boldsymbol{\xi}_3+0\boldsymbol{\xi}_4,\\\boldsymbol{\xi}_2=0\boldsymbol{\xi}_1+\boldsymbol{\xi}_2+0\boldsymbol{\xi}_3+0\boldsymbol{\xi}_4,\\\boldsymbol{\xi}_1=\boldsymbol{\xi}_1+0\boldsymbol{\xi}_2+0\boldsymbol{\xi}_3+0\boldsymbol{\xi}_4,\end{cases}$$

所以由基 $\boldsymbol{\xi}_1,\boldsymbol{\xi}_2,\boldsymbol{\xi}_3,\boldsymbol{\xi}_4$ 到基 $\boldsymbol{\xi}_4,\boldsymbol{\xi}_3,\boldsymbol{\xi}_2,\boldsymbol{\xi}_1$ 的过渡矩阵为 $\begin{pmatrix}0&0&0&1\\0&0&1&0\\0&1&0&0\\1&0&0&0\end{pmatrix}$.

2.设 $\boldsymbol{\alpha}_1,\boldsymbol{\alpha}_2,\cdots,\boldsymbol{\alpha}_n$ 是 $\mathbf{R}^n$ 的一组基.

(1) 求由这组基到基 $\boldsymbol{\alpha}_2,\boldsymbol{\alpha}_3,\cdots,\boldsymbol{\alpha}_n,\boldsymbol{\alpha}_1$ 的过渡矩阵;

(2) 若 $\boldsymbol{\alpha}$ 在基 $\boldsymbol{\alpha}_2,\boldsymbol{\alpha}_3,\cdots,\boldsymbol{\alpha}_n,\boldsymbol{\alpha}_1$ 下的坐标为 $(a_1,a_2,\cdots,a_n)$,求 $\boldsymbol{\alpha}$ 在基 $\boldsymbol{\alpha}_1,\boldsymbol{\alpha}_2,\cdots,\boldsymbol{\alpha}_n$ 下的坐标.

解　(1) 因为

$$\begin{cases}\boldsymbol{\alpha}_2 = 0\boldsymbol{\alpha}_1 + \boldsymbol{\alpha}_2 + 0\boldsymbol{\alpha}_3 + \cdots + 0\boldsymbol{\alpha}_n,\\ \boldsymbol{\alpha}_3 = 0\boldsymbol{\alpha}_1 + 0\boldsymbol{\alpha}_2 + \boldsymbol{\alpha}_3 + \cdots + 0\boldsymbol{\alpha}_n,\\ \quad\cdots\cdots\\ \boldsymbol{\alpha}_n = 0\boldsymbol{\alpha}_1 + 0\boldsymbol{\alpha}_2 + 0\boldsymbol{\alpha}_3 + \cdots + \boldsymbol{\alpha}_n,\\ \boldsymbol{\alpha}_1 = \boldsymbol{\alpha}_1 + 0\boldsymbol{\alpha}_2 + 0\boldsymbol{\alpha}_3 + \cdots + 0\boldsymbol{\alpha}_n,\end{cases}$$

所以由基 $\boldsymbol{\alpha}_1,\boldsymbol{\alpha}_2,\cdots,\boldsymbol{\alpha}_n$ 到基 $\boldsymbol{\alpha}_2,\boldsymbol{\alpha}_3,\cdots,\boldsymbol{\alpha}_n,\boldsymbol{\alpha}_1$ 的过渡矩阵为

$$\begin{pmatrix}0&0&\cdots&0&1\\1&0&\cdots&0&0\\0&1&\cdots&0&0\\\vdots&\vdots&&\vdots&\vdots\\0&0&\cdots&1&0\end{pmatrix}.$$

(2) 由(1) 知

$$(\boldsymbol{\alpha}_2,\boldsymbol{\alpha}_3,\cdots,\boldsymbol{\alpha}_n,\boldsymbol{\alpha}_1) = (\boldsymbol{\alpha}_1,\boldsymbol{\alpha}_2,\cdots,\boldsymbol{\alpha}_n)\begin{pmatrix}0&0&\cdots&0&1\\1&0&\cdots&0&0\\0&1&\cdots&0&0\\\vdots&\vdots&&\vdots&\vdots\\0&0&\cdots&1&0\end{pmatrix}.$$

又 $\boldsymbol{\alpha}$ 在基 $\boldsymbol{\alpha}_2,\boldsymbol{\alpha}_3,\cdots,\boldsymbol{\alpha}_n,\boldsymbol{\alpha}_1$ 下的坐标为 $(a_1,a_2,\cdots,a_n)$,所以有

$$\boldsymbol{\alpha} = (\boldsymbol{\alpha}_2,\boldsymbol{\alpha}_3,\cdots,\boldsymbol{\alpha}_n,\boldsymbol{\alpha}_1)\begin{pmatrix}a_1\\a_2\\\vdots\\a_{n-1}\\a_n\end{pmatrix},$$

从而

$$\boldsymbol{\alpha}=(\boldsymbol{\alpha}_1,\boldsymbol{\alpha}_2,\cdots,\boldsymbol{\alpha}_n)\begin{pmatrix}0&0&\cdots&0&1\\1&0&\cdots&0&0\\0&1&\cdots&0&0\\\vdots&\vdots&&\vdots&\vdots\\0&0&\cdots&1&0\end{pmatrix}\begin{pmatrix}a_1\\a_2\\\vdots\\a_{n-1}\\a_n\end{pmatrix}.$$

所以 $\boldsymbol{\alpha}$ 在基 $\boldsymbol{\alpha}_1,\boldsymbol{\alpha}_2,\cdots,\boldsymbol{\alpha}_n$ 下的坐标为

$$\begin{pmatrix}0&0&\cdots&0&1\\1&0&\cdots&0&0\\0&1&\cdots&0&0\\\vdots&\vdots&&\vdots&\vdots\\0&0&\cdots&1&0\end{pmatrix}\begin{pmatrix}a_1\\a_2\\\vdots\\a_{n-1}\\a_n\end{pmatrix}=(a_n,a_1,\cdots,a_{n-2},a_{n-1}).$$

3. 在 $\mathbf{R}^4$ 中,求由基 $\boldsymbol{\xi}_1,\boldsymbol{\xi}_2,\boldsymbol{\xi}_3,\boldsymbol{\xi}_4$ 到基 $\boldsymbol{\eta}_1,\boldsymbol{\eta}_2,\boldsymbol{\eta}_3,\boldsymbol{\eta}_4$ 的过渡矩阵,其中

$$\begin{cases}\boldsymbol{\xi}_1=(1,2,-1,0)^{\mathrm{T}},\\\boldsymbol{\xi}_2=(1,-1,1,1)^{\mathrm{T}},\\\boldsymbol{\xi}_3=(-1,2,1,1)^{\mathrm{T}},\\\boldsymbol{\xi}_4=(-1,-1,0,1)^{\mathrm{T}};\end{cases}\qquad\begin{cases}\boldsymbol{\eta}_1=(2,1,0,1)^{\mathrm{T}},\\\boldsymbol{\eta}_2=(0,1,2,2)^{\mathrm{T}},\\\boldsymbol{\eta}_3=(-2,1,1,2)^{\mathrm{T}},\\\boldsymbol{\eta}_4=(1,3,1,2)^{\mathrm{T}},\end{cases}$$

并求 $\boldsymbol{\alpha}=(1,0,0,0)^{\mathrm{T}}$ 在基 $\boldsymbol{\xi}_1,\boldsymbol{\xi}_2,\boldsymbol{\xi}_3,\boldsymbol{\xi}_4$ 下的坐标.

解 设由基 $\boldsymbol{\xi}_1,\boldsymbol{\xi}_2,\boldsymbol{\xi}_3,\boldsymbol{\xi}_4$ 到基 $\boldsymbol{\eta}_1,\boldsymbol{\eta}_2,\boldsymbol{\eta}_3,\boldsymbol{\eta}_4$ 的过渡矩阵为 $\boldsymbol{A}$,则有

$$(\boldsymbol{\eta}_1,\boldsymbol{\eta}_2,\boldsymbol{\eta}_3,\boldsymbol{\eta}_4)=(\boldsymbol{\xi}_1,\boldsymbol{\xi}_2,\boldsymbol{\xi}_3,\boldsymbol{\xi}_4)\boldsymbol{A},$$

即

$$\boldsymbol{A}=(\boldsymbol{\xi}_1,\boldsymbol{\xi}_2,\boldsymbol{\xi}_3,\boldsymbol{\xi}_4)^{-1}(\boldsymbol{\eta}_1,\boldsymbol{\eta}_2,\boldsymbol{\eta}_3,\boldsymbol{\eta}_4).$$

$$(\boldsymbol{\xi}_1,\boldsymbol{\xi}_2,\boldsymbol{\xi}_3,\boldsymbol{\xi}_4\,\vdots\,\boldsymbol{\eta}_1,\boldsymbol{\eta}_2,\boldsymbol{\eta}_3,\boldsymbol{\eta}_4)=\left(\begin{array}{cccc:cccc}1&1&-1&-1&2&0&-2&1\\2&-1&2&-1&1&1&1&3\\-1&1&1&0&0&2&1&1\\0&1&1&1&1&2&2&2\end{array}\right)$$

$$\rightarrow\left(\begin{array}{cccc:cccc}1&1&-1&-1&2&0&-2&1\\0&-3&4&1&-3&1&5&1\\0&2&0&-1&2&2&-1&2\\0&1&1&1&1&2&2&2\end{array}\right)$$

$$\rightarrow\left(\begin{array}{cccc:cccc}1&1&-1&-1&2&0&-2&1\\0&1&1&1&1&2&2&2\\0&0&7&4&0&7&11&7\\0&0&-2&-3&0&-2&-5&-2\end{array}\right)$$

$$\to \left(\begin{array}{cccc:cccc} 1 & 1 & -1 & -1 & 2 & 0 & -2 & 1 \\ 0 & 1 & 1 & 1 & 1 & 2 & 2 & 2 \\ 0 & 0 & 1 & \frac{4}{7} & 0 & 1 & \frac{11}{7} & 1 \\ 0 & 0 & 1 & \frac{3}{2} & 0 & 1 & \frac{5}{2} & 1 \end{array}\right)$$

$$\to \left(\begin{array}{cccc:cccc} 1 & 1 & -1 & -1 & 2 & 0 & -2 & 1 \\ 0 & 1 & 1 & 1 & 1 & 2 & 2 & 2 \\ 0 & 0 & 1 & \frac{4}{7} & 0 & 1 & \frac{11}{7} & 1 \\ 0 & 0 & 0 & \frac{13}{14} & 0 & 0 & \frac{13}{14} & 0 \end{array}\right)$$

$$\to \left(\begin{array}{cccc:cccc} 1 & 1 & -1 & 0 & 2 & 0 & -1 & 1 \\ 0 & 1 & 1 & 0 & 1 & 2 & 1 & 2 \\ 0 & 0 & 1 & 0 & 0 & 1 & 1 & 1 \\ 0 & 0 & 0 & 1 & 0 & 0 & 1 & 0 \end{array}\right)$$

$$\to \left(\begin{array}{cccc:cccc} 1 & 0 & 0 & 0 & 1 & 0 & 0 & 1 \\ 0 & 1 & 0 & 0 & 1 & 1 & 0 & 1 \\ 0 & 0 & 1 & 0 & 0 & 1 & 1 & 1 \\ 0 & 0 & 0 & 1 & 0 & 0 & 1 & 0 \end{array}\right),$$

所以过渡矩阵为

$$\boldsymbol{A} = \begin{pmatrix} 1 & 0 & 0 & 1 \\ 1 & 1 & 0 & 1 \\ 0 & 1 & 1 & 1 \\ 0 & 0 & 1 & 0 \end{pmatrix}.$$

设

$$\boldsymbol{\alpha} = k_1\boldsymbol{\xi}_1 + k_2\boldsymbol{\xi}_2 + k_3\boldsymbol{\xi}_3 + k_4\boldsymbol{\xi}_4,$$

即

$$\begin{cases} 1 = k_1 + k_2 - k_3 - k_4, \\ 0 = 2k_1 - k_2 + 2k_3 - k_4, \\ 0 = -k_1 + k_2 + k_3, \\ 0 = k_2 + k_3 + k_4, \end{cases}$$

解上述方程组得 $\boldsymbol{\alpha}$ 在基 $\boldsymbol{\xi}_1,\boldsymbol{\xi}_2,\boldsymbol{\xi}_3,\boldsymbol{\xi}_4$ 下的坐标为

$$(k_1,k_2,k_3,k_4) = \left(\frac{3}{13},\frac{5}{13},-\frac{2}{13},-\frac{3}{13}\right).$$

4. 求非零向量 $\boldsymbol{\alpha}$，使其在下列两组基下的坐标相同：

$$\begin{cases}\boldsymbol{\varepsilon}_1=(1,0,0,0)^{\mathrm{T}},\\ \boldsymbol{\varepsilon}_2=(0,1,0,0)^{\mathrm{T}},\\ \boldsymbol{\varepsilon}_3=(0,0,1,0)^{\mathrm{T}},\\ \boldsymbol{\varepsilon}_4=(0,0,0,1)^{\mathrm{T}};\end{cases}\quad \begin{cases}\boldsymbol{\eta}_1=(2,1,-1,1)^{\mathrm{T}},\\ \boldsymbol{\eta}_2=(0,3,1,0)^{\mathrm{T}},\\ \boldsymbol{\eta}_3=(5,3,2,1)^{\mathrm{T}},\\ \boldsymbol{\eta}_4=(6,6,1,3)^{\mathrm{T}}.\end{cases}$$

解　由题设可知由基 $\boldsymbol{\varepsilon}_1,\boldsymbol{\varepsilon}_2,\boldsymbol{\varepsilon}_3,\boldsymbol{\varepsilon}_4$ 到基 $\boldsymbol{\eta}_1,\boldsymbol{\eta}_2,\boldsymbol{\eta}_3,\boldsymbol{\eta}_4$ 的过渡矩阵为

$$\boldsymbol{A}=\begin{pmatrix}2&0&5&6\\1&3&3&6\\-1&1&2&1\\1&0&1&3\end{pmatrix}.$$

设 $\boldsymbol{\alpha}$ 关于基 $\boldsymbol{\varepsilon}_1,\boldsymbol{\varepsilon}_2,\boldsymbol{\varepsilon}_3,\boldsymbol{\varepsilon}_4$ 的坐标为(x_1,x_2,x_3,x_4)，从而由题设有

$$\begin{pmatrix}x_1\\x_2\\x_3\\x_4\end{pmatrix}=\begin{pmatrix}2&0&5&6\\1&3&3&6\\-1&1&2&1\\1&0&1&3\end{pmatrix}\begin{pmatrix}x_1\\x_2\\x_3\\x_4\end{pmatrix},$$

即

$$\begin{cases}x_1=2x_1+5x_3+6x_4,\\ x_2=x_1+3x_2+3x_3+6x_4,\\ x_3=-x_1+x_2+2x_3+x_4,\\ x_4=x_1+x_3+3x_4,\end{cases}$$

得关于 x_1,x_2,x_3,x_4 的齐次线性方程组

$$\begin{cases}x_1\qquad\quad+5x_3+6x_4=0,\\ x_1+2x_2+3x_3+6x_4=0,\\ -x_1+x_2+x_3+x_4=0,\\ x_1\qquad\quad+x_3+2x_4=0,\end{cases}$$

解得 $x_1=x_2=x_3=-x_4$. 由于 $\boldsymbol{\alpha}$ 为非零向量，因此有 $\boldsymbol{\alpha}=(a,a,a,-a)^{\mathrm{T}}$，其中 $a\neq 0$.

习题 4.3

1. 在 $\mathbf{R}^4$ 中，求向量组 $\boldsymbol{\alpha}_i(i=1,2,3,4)$ 生成的子空间的基与维数：

(1) $\begin{cases}\boldsymbol{\alpha}_1=(2,1,3,1)^{\mathrm{T}},\\ \boldsymbol{\alpha}_2=(1,2,0,1)^{\mathrm{T}},\\ \boldsymbol{\alpha}_3=(-1,1,-3,0)^{\mathrm{T}},\\ \boldsymbol{\alpha}_4=(1,1,1,1)^{\mathrm{T}};\end{cases}$　(2) $\begin{cases}\boldsymbol{\alpha}_1=(2,1,3,-1)^{\mathrm{T}},\\ \boldsymbol{\alpha}_2=(-1,1,3,1)^{\mathrm{T}},\\ \boldsymbol{\alpha}_3=(4,5,3,-1)^{\mathrm{T}},\\ \boldsymbol{\alpha}_4=(1,5,-3,1)^{\mathrm{T}}.\end{cases}$

解　求向量组 $\boldsymbol{\alpha}_1,\boldsymbol{\alpha}_2,\boldsymbol{\alpha}_3,\boldsymbol{\alpha}_4$ 的一个极大无关组即可，可得

(1) $\boldsymbol{\alpha}_1,\boldsymbol{\alpha}_2,\boldsymbol{\alpha}_4$ 是 $\boldsymbol{\alpha}_1,\boldsymbol{\alpha}_2,\boldsymbol{\alpha}_3,\boldsymbol{\alpha}_4$ 生成的子空间的一组基，维数是 3；

(2) $\boldsymbol{\alpha}_1,\boldsymbol{\alpha}_2,\boldsymbol{\alpha}_3$ 是 $\boldsymbol{\alpha}_1,\boldsymbol{\alpha}_2,\boldsymbol{\alpha}_3,\boldsymbol{\alpha}_4$ 生成的子空间的一组基，维数是 3.

2. 求齐次线性方程组

$$\begin{cases}3x_1+2x_2-5x_3+4x_4=0,\\3x_1-4x_2+11x_3-10x_4=0,\\3x_1+5x_2-13x_3+11x_4=0\end{cases}$$

的解空间的维数和一组基.

解　齐次线性方程组的一个基础解系就是其解空间的一组基,基础解系中所含向量的个数就是解空间的维数,故求齐次线性方程组的一个基础解系即可.

$$\boldsymbol{A}=\begin{pmatrix}3&2&-5&4\\3&-4&11&-10\\3&5&-13&11\end{pmatrix}\to\begin{pmatrix}3&2&-5&4\\0&-6&16&-14\\0&3&-8&7\end{pmatrix}\to\begin{pmatrix}3&2&-5&4\\0&3&-8&7\\0&0&0&0\end{pmatrix}$$

$$\to\begin{pmatrix}1&\frac{2}{3}&-\frac{5}{3}&\frac{4}{3}\\0&1&-\frac{8}{3}&\frac{7}{3}\\0&0&0&0\end{pmatrix}\to\begin{pmatrix}1&0&\frac{1}{9}&-\frac{2}{9}\\0&1&-\frac{8}{3}&\frac{7}{3}\\0&0&0&0\end{pmatrix},$$

可知齐次线性方程组解空间的维数是2,一组基为$\left(-\frac{1}{9},\frac{8}{3},1,0\right)^{\mathrm{T}}$和$\left(\frac{2}{9},-\frac{7}{3},0,1\right)^{\mathrm{T}}$.

习题 4.4

1. 填空题:

(1) 已知$\boldsymbol{\alpha}=(1,-2,3,4)^{\mathrm{T}}$,$\boldsymbol{\beta}=(0,a,2,-1)^{\mathrm{T}}$,若$\boldsymbol{\alpha}$与$\boldsymbol{\beta}$正交,则$a=$__________.

(2) 设$\|\boldsymbol{\alpha}\|=1$,$\|\boldsymbol{\beta}\|=2$,则$\|2\boldsymbol{\alpha}-3\boldsymbol{\beta}\|^2+\|2\boldsymbol{\alpha}+3\boldsymbol{\beta}\|^2=$__________.

(3) 设向量$\boldsymbol{\alpha}$为与$\boldsymbol{\beta}=(1,1,1)^{\mathrm{T}}$和$\boldsymbol{\gamma}=(1,-1,0)^{\mathrm{T}}$正交的单位向量,则$\boldsymbol{\alpha}=$__________.

解　(1) $\boldsymbol{\alpha}$与$\boldsymbol{\beta}$正交,即$\boldsymbol{\alpha}^{\mathrm{T}}\boldsymbol{\beta}=0$,解得$a=1$.

(2) $\|2\boldsymbol{\alpha}-3\boldsymbol{\beta}\|^2+\|2\boldsymbol{\alpha}+3\boldsymbol{\beta}\|^2$

$$\begin{aligned}&=(2\boldsymbol{\alpha}-3\boldsymbol{\beta})^{\mathrm{T}}(2\boldsymbol{\alpha}-3\boldsymbol{\beta})+(2\boldsymbol{\alpha}+3\boldsymbol{\beta})^{\mathrm{T}}(2\boldsymbol{\alpha}+3\boldsymbol{\beta})\\&=4\|\boldsymbol{\alpha}\|^2-12\boldsymbol{\alpha}^{\mathrm{T}}\boldsymbol{\beta}+9\|\boldsymbol{\beta}\|^2+4\|\boldsymbol{\alpha}\|^2+12\boldsymbol{\alpha}^{\mathrm{T}}\boldsymbol{\beta}+9\|\boldsymbol{\beta}\|^2\\&=8\|\boldsymbol{\alpha}\|^2+18\|\boldsymbol{\beta}\|^2=80.\end{aligned}$$

(3) 设$\boldsymbol{\alpha}=(x_1,x_2,x_3)^{\mathrm{T}}$,则有

$$\begin{cases}x_1+x_2+x_3=0,\\x_1-x_2=0.\end{cases}$$

$$\boldsymbol{A}=\begin{pmatrix}1&1&1\\1&-1&0\end{pmatrix}\to\begin{pmatrix}1&1&1\\0&-2&-1\end{pmatrix}\to\begin{pmatrix}1&1&1\\0&1&\frac{1}{2}\end{pmatrix}\to\begin{pmatrix}1&0&\frac{1}{2}\\0&1&\frac{1}{2}\end{pmatrix},$$

从而$(x_1,x_2,x_3)^{\mathrm{T}}=\left(-\frac{1}{2},-\frac{1}{2},1\right)^{\mathrm{T}}$,单位化得$\boldsymbol{\alpha}=\left(-\frac{1}{\sqrt{6}},-\frac{1}{\sqrt{6}},\frac{2}{\sqrt{6}}\right)^{\mathrm{T}}$.

2. 证明:

(1) $\|\boldsymbol{\alpha}-\boldsymbol{\gamma}\| \leqslant \|\boldsymbol{\alpha}-\boldsymbol{\beta}\|+\|\boldsymbol{\beta}-\boldsymbol{\gamma}\|$;

(2) $|\,\|\boldsymbol{\alpha}\|-\|\boldsymbol{\beta}\|\,| \leqslant \|\boldsymbol{\alpha}+\boldsymbol{\beta}\|$;

(3) $\|\boldsymbol{\alpha}+\boldsymbol{\beta}\|^2+\|\boldsymbol{\alpha}-\boldsymbol{\beta}\|^2=2\|\boldsymbol{\alpha}\|^2+2\|\boldsymbol{\beta}\|^2$;

(4) $\boldsymbol{\alpha}^{\mathrm{T}}\boldsymbol{\beta}=\frac{1}{4}\|\boldsymbol{\alpha}+\boldsymbol{\beta}\|^2-\frac{1}{4}\|\boldsymbol{\alpha}-\boldsymbol{\beta}\|^2$.

证明 (1) $\|\boldsymbol{\alpha}-\boldsymbol{\gamma}\|=\|(\boldsymbol{\alpha}-\boldsymbol{\beta})+(\boldsymbol{\beta}-\boldsymbol{\gamma})\| \leqslant \|\boldsymbol{\alpha}-\boldsymbol{\beta}\|+\|\boldsymbol{\beta}-\boldsymbol{\gamma}\|$;

(2) $|\,\|\boldsymbol{\alpha}\|-\|\boldsymbol{\beta}\|\,| \leqslant \|\boldsymbol{\alpha}+\boldsymbol{\beta}\| \Leftrightarrow -\|\boldsymbol{\alpha}+\boldsymbol{\beta}\| \leqslant \|\boldsymbol{\alpha}\|-\|\boldsymbol{\beta}\| \leqslant \|\boldsymbol{\alpha}+\boldsymbol{\beta}\|$.

不等式右端 $\|\boldsymbol{\alpha}\| \leqslant \|\boldsymbol{\alpha}+\boldsymbol{\beta}\|+\|\boldsymbol{\beta}\|$ 成立,这是因为

$$\|\boldsymbol{\alpha}\|=\|\boldsymbol{\alpha}+\boldsymbol{\beta}+(-\boldsymbol{\beta})\| \leqslant \|\boldsymbol{\alpha}+\boldsymbol{\beta}\|+\|-\boldsymbol{\beta}\|=\|\boldsymbol{\alpha}+\boldsymbol{\beta}\|+\|\boldsymbol{\beta}\|.$$

同理,不等式左端 $\|\boldsymbol{\beta}\| \leqslant \|\boldsymbol{\alpha}+\boldsymbol{\beta}\|+\|\boldsymbol{\alpha}\|$ 成立,这是因为

$$\|\boldsymbol{\beta}\|=\|\boldsymbol{\alpha}+\boldsymbol{\beta}+(-\boldsymbol{\alpha})\| \leqslant \|\boldsymbol{\alpha}+\boldsymbol{\beta}\|+\|-\boldsymbol{\alpha}\|=\|\boldsymbol{\alpha}+\boldsymbol{\beta}\|+\|\boldsymbol{\alpha}\|.$$

综上得

$$-\|\boldsymbol{\alpha}+\boldsymbol{\beta}\| \leqslant \|\boldsymbol{\alpha}\|-\|\boldsymbol{\beta}\| \leqslant \|\boldsymbol{\alpha}+\boldsymbol{\beta}\|,$$

即

$$|\,\|\boldsymbol{\alpha}\|-\|\boldsymbol{\beta}\|\,| \leqslant \|\boldsymbol{\alpha}+\boldsymbol{\beta}\|.$$

(3)
$$\begin{aligned}\|\boldsymbol{\alpha}+\boldsymbol{\beta}\|^2+\|\boldsymbol{\alpha}-\boldsymbol{\beta}\|^2 &=(\boldsymbol{\alpha}+\boldsymbol{\beta})^{\mathrm{T}}(\boldsymbol{\alpha}+\boldsymbol{\beta})+(\boldsymbol{\alpha}-\boldsymbol{\beta})^{\mathrm{T}}(\boldsymbol{\alpha}-\boldsymbol{\beta})\\ &=\|\boldsymbol{\alpha}\|^2+2\boldsymbol{\alpha}^{\mathrm{T}}\boldsymbol{\beta}+\|\boldsymbol{\beta}\|^2+\|\boldsymbol{\alpha}\|^2-2\boldsymbol{\alpha}^{\mathrm{T}}\boldsymbol{\beta}+\|\boldsymbol{\beta}\|^2\\ &=2\|\boldsymbol{\alpha}\|^2+2\|\boldsymbol{\beta}\|^2.\end{aligned}$$

(4)
$$\begin{aligned}\frac{1}{4}\|\boldsymbol{\alpha}+\boldsymbol{\beta}\|^2-\frac{1}{4}\|\boldsymbol{\alpha}-\boldsymbol{\beta}\|^2 &=\frac{1}{4}[(\boldsymbol{\alpha}+\boldsymbol{\beta})^{\mathrm{T}}(\boldsymbol{\alpha}+\boldsymbol{\beta})-(\boldsymbol{\alpha}-\boldsymbol{\beta})^{\mathrm{T}}(\boldsymbol{\alpha}-\boldsymbol{\beta})]\\ &=\frac{1}{4}(\|\boldsymbol{\alpha}\|^2+2\boldsymbol{\alpha}^{\mathrm{T}}\boldsymbol{\beta}+\|\boldsymbol{\beta}\|^2-\|\boldsymbol{\alpha}\|^2+2\boldsymbol{\alpha}^{\mathrm{T}}\boldsymbol{\beta}-\|\boldsymbol{\beta}\|^2)\\ &=\boldsymbol{\alpha}^{\mathrm{T}}\boldsymbol{\beta}.\end{aligned}$$

习题 4.5

1. 将下列向量单位正交化:

(1) $\boldsymbol{\alpha}_1=(1,-2,2)^{\mathrm{T}},\boldsymbol{\alpha}_2=(-1,0,-1)^{\mathrm{T}},\boldsymbol{\alpha}_3=(5,-3,-7)^{\mathrm{T}}$;

(2) $\boldsymbol{\alpha}_1=(1,1,1,1)^{\mathrm{T}},\boldsymbol{\alpha}_2=(3,3,-1,-1)^{\mathrm{T}},\boldsymbol{\alpha}_3=(-2,0,6,8)^{\mathrm{T}}$.

提示 先用施密特正交化方法正交化,然后单位化即可.

2. 设 $\boldsymbol{\alpha}$ 为 n 维列向量,$\boldsymbol{A}$ 为 n 阶正交矩阵,证明:$\|\boldsymbol{A}\boldsymbol{\alpha}\|=\|\boldsymbol{\alpha}\|$.

证明 因为 $\boldsymbol{A}$ 为 n 阶正交矩阵,所以 $\boldsymbol{A}^{\mathrm{T}}\boldsymbol{A}=\boldsymbol{E}$. 于是

$$\|\boldsymbol{A}\boldsymbol{\alpha}\|^2=(\boldsymbol{A}\boldsymbol{\alpha})^{\mathrm{T}}(\boldsymbol{A}\boldsymbol{\alpha})=\boldsymbol{\alpha}^{\mathrm{T}}\boldsymbol{A}^{\mathrm{T}}\boldsymbol{A}\boldsymbol{\alpha}=\boldsymbol{\alpha}^{\mathrm{T}}\boldsymbol{\alpha}=\|\boldsymbol{\alpha}\|^2,$$

从而 $\|\boldsymbol{A}\boldsymbol{\alpha}\|=\|\boldsymbol{\alpha}\|$.

3. 证明:如果 $\boldsymbol{\eta}_1,\boldsymbol{\eta}_2,\cdots,\boldsymbol{\eta}_n$ 是 $\mathbf{R}^n$ 的一组标准正交基,$\boldsymbol{A}$ 为 n 阶正交矩阵,则 $\boldsymbol{A}\boldsymbol{\eta}_1,\boldsymbol{A}\boldsymbol{\eta}_2,\cdots,\boldsymbol{A}\boldsymbol{\eta}_n$ 也是 $\mathbf{R}^n$ 的一组标准正交基.

证明　因为 $\boldsymbol{A}$ 为 n 阶正交矩阵,所以 $\boldsymbol{A}^{\mathrm{T}}\boldsymbol{A}=\boldsymbol{E}$. 又因为 $\boldsymbol{\eta}_1,\boldsymbol{\eta}_2,\cdots,\boldsymbol{\eta}_n$ 是 $\mathbf{R}^n$ 的一组标准正交基,所以

$$\boldsymbol{\eta}_i^{\mathrm{T}}\boldsymbol{\eta}_j=\begin{cases}1, & i=j,\\ 0, & i\neq j,\end{cases}$$

从而

$$(\boldsymbol{A}\boldsymbol{\eta}_i)^{\mathrm{T}}(\boldsymbol{A}\boldsymbol{\eta}_j)=\boldsymbol{\eta}_i^{\mathrm{T}}\boldsymbol{A}^{\mathrm{T}}\boldsymbol{A}\boldsymbol{\eta}_j=\boldsymbol{\eta}_i^{\mathrm{T}}\boldsymbol{\eta}_j=\begin{cases}1, & i=j,\\ 0, & i\neq j,\end{cases}$$

即 $\boldsymbol{A}\boldsymbol{\eta}_1,\boldsymbol{A}\boldsymbol{\eta}_2,\cdots,\boldsymbol{A}\boldsymbol{\eta}_n$ 也是 $\mathbf{R}^n$ 的一组标准正交基.

4. 设 $\boldsymbol{\eta}_1,\boldsymbol{\eta}_2,\boldsymbol{\eta}_3$ 为 $\mathbf{R}^3$ 的一组标准正交基,证明:

$$\boldsymbol{\xi}_1=\frac{1}{3}(2\boldsymbol{\eta}_1+2\boldsymbol{\eta}_2+\boldsymbol{\eta}_3),\quad \boldsymbol{\xi}_2=\frac{1}{3}(2\boldsymbol{\eta}_1-\boldsymbol{\eta}_2+2\boldsymbol{\eta}_3),\quad \boldsymbol{\xi}_3=\frac{1}{3}(\boldsymbol{\eta}_1-2\boldsymbol{\eta}_2-2\boldsymbol{\eta}_3)$$

也是 $\mathbf{R}^3$ 的一组标准正交基.

证明　由题设可得

$$(\boldsymbol{\xi}_1,\boldsymbol{\xi}_2,\boldsymbol{\xi}_3)=(\boldsymbol{\eta}_1,\boldsymbol{\eta}_2,\boldsymbol{\eta}_3)\begin{pmatrix}\frac{2}{3} & \frac{2}{3} & \frac{1}{3}\\ \frac{2}{3} & -\frac{1}{3} & -\frac{2}{3}\\ \frac{1}{3} & \frac{2}{3} & -\frac{2}{3}\end{pmatrix}.$$

设

$$\boldsymbol{A}=\begin{pmatrix}\frac{2}{3} & \frac{2}{3} & \frac{1}{3}\\ \frac{2}{3} & -\frac{1}{3} & -\frac{2}{3}\\ \frac{1}{3} & \frac{2}{3} & -\frac{2}{3}\end{pmatrix},$$

由于 $\boldsymbol{\eta}_1,\boldsymbol{\eta}_2,\boldsymbol{\eta}_3$ 为 $\mathbf{R}^3$ 的一组标准正交基,因此只需证明 $\boldsymbol{A}$ 是正交矩阵即可.

可验证 $\boldsymbol{A}^{\mathrm{T}}\boldsymbol{A}=\boldsymbol{E}$,即 $\boldsymbol{A}$ 为正交矩阵. 再由正交矩阵的充要条件以及正交矩阵的乘积仍为正交矩阵的性质可得矩阵 $(\boldsymbol{\xi}_1,\boldsymbol{\xi}_2,\boldsymbol{\xi}_3)$ 也是正交矩阵,从而向量组 $\boldsymbol{\xi}_1,\boldsymbol{\xi}_2,\boldsymbol{\xi}_3$ 也是 $\mathbf{R}^3$ 的一组标准正交基.

5. 求齐次线性方程组

$$\begin{cases}2x_1+x_2-x_3+x_4-3x_5=0,\\ x_1+x_2-x_3\qquad\quad +x_5=0\end{cases}$$

的解空间的一组标准正交基.

解　求齐次线性方程组的一个基础解系:

$$\boldsymbol{A}=\begin{pmatrix}2 & 1 & -1 & 1 & -3\\ 1 & 1 & -1 & 0 & 1\end{pmatrix}\to\begin{pmatrix}1 & 1 & -1 & 0 & 1\\ 0 & -1 & 1 & 1 & -5\end{pmatrix}$$

$$\to\begin{pmatrix}1 & 0 & 0 & 1 & -4\\ 0 & 1 & -1 & -1 & 5\end{pmatrix},$$

可知方程组的一个基础解系为

$$\boldsymbol{\alpha}_1=\begin{pmatrix}0\\1\\1\\0\\0\end{pmatrix},\quad \boldsymbol{\alpha}_2=\begin{pmatrix}-1\\1\\0\\1\\0\end{pmatrix},\quad \boldsymbol{\alpha}_3=\begin{pmatrix}4\\-5\\0\\0\\1\end{pmatrix}.$$

将 $\boldsymbol{\alpha}_1,\boldsymbol{\alpha}_2,\boldsymbol{\alpha}_3$ 正交化得

$$\boldsymbol{\beta}_1=\boldsymbol{\alpha}_1=\begin{pmatrix}0\\1\\1\\0\\0\end{pmatrix},\quad \boldsymbol{\beta}_2=\boldsymbol{\alpha}_2-\frac{\boldsymbol{\alpha}_2^{\mathrm{T}}\boldsymbol{\beta}_1}{\boldsymbol{\beta}_1^{\mathrm{T}}\boldsymbol{\beta}_1}\boldsymbol{\beta}_1=\begin{pmatrix}-1\\\frac{1}{2}\\-\frac{1}{2}\\1\\0\end{pmatrix},$$

$$\boldsymbol{\beta}_3=\boldsymbol{\alpha}_3-\frac{\boldsymbol{\alpha}_3^{\mathrm{T}}\boldsymbol{\beta}_1}{\boldsymbol{\beta}_1^{\mathrm{T}}\boldsymbol{\beta}_1}\boldsymbol{\beta}_1-\frac{\boldsymbol{\alpha}_3^{\mathrm{T}}\boldsymbol{\beta}_2}{\boldsymbol{\beta}_2^{\mathrm{T}}\boldsymbol{\beta}_2}\boldsymbol{\beta}_2=\begin{pmatrix}\frac{7}{5}\\-\frac{6}{5}\\\frac{6}{5}\\\frac{13}{5}\\1\end{pmatrix}.$$

再将 $\boldsymbol{\beta}_1,\boldsymbol{\beta}_2,\boldsymbol{\beta}_3$ 单位化得

$$\boldsymbol{\eta}_1=\frac{1}{\sqrt{2}}(0,1,1,0,0)^{\mathrm{T}},\quad \boldsymbol{\eta}_2=\frac{1}{\sqrt{10}}(-2,1,-1,2,0)^{\mathrm{T}},$$

$$\boldsymbol{\eta}_3=\frac{1}{\sqrt{315}}(7,-6,6,13,5)^{\mathrm{T}}\text{（不唯一）}.$$

第五章　矩阵的特征值与特征向量

一、基本概念与性质

（一）矩阵的特征值与特征向量

1. 矩阵的特征值与特征向量

设 $\boldsymbol{A}$ 为 n 阶方阵，如果存在数 λ 以及一个非零向量 $\boldsymbol{\alpha}$，使得关系式

$$\boldsymbol{A\alpha} = \lambda\boldsymbol{\alpha}$$

成立，则称数 λ 为 $\boldsymbol{A}$ 的一个**特征值**，非零向量 $\boldsymbol{\alpha}$ 称为 $\boldsymbol{A}$ 的属于特征值 λ 的**特征向量**.

注　① 矩阵 $\boldsymbol{A}$ 的特征向量一定是非零向量；

② 如果 $\boldsymbol{\alpha}$ 是 $\boldsymbol{A}$ 的属于 λ 的特征向量，c 是一个数（且 $c \neq 0$），则 $c\boldsymbol{\alpha}$ 也是 $\boldsymbol{A}$ 的属于 λ 的特征向量；

③ 如果向量组 $\boldsymbol{\alpha}_1, \boldsymbol{\alpha}_2, \cdots, \boldsymbol{\alpha}_s$ 都是矩阵 $\boldsymbol{A}$ 的属于 λ 的特征向量，$k_1, k_2, \cdots, k_s$ 是一组数，则当 $k_1\boldsymbol{\alpha}_1 + k_2\boldsymbol{\alpha}_2 + \cdots + k_s\boldsymbol{\alpha}_s \neq \boldsymbol{0}$ 时，$k_1\boldsymbol{\alpha}_1 + k_2\boldsymbol{\alpha}_2 + \cdots + k_s\boldsymbol{\alpha}_s$ 也是 $\boldsymbol{A}$ 的属于 λ 的特征向量.

2. 矩阵的特征值及特征向量的性质

(1) $\boldsymbol{A}$ 与 $\boldsymbol{A}^{\mathrm{T}}$ 的特征值相同，但特征向量不一定相同.

(2) 方阵 $\boldsymbol{A}$ 可逆的充要条件是 $\boldsymbol{A}$ 的特征值全不等于零，可逆矩阵 $\boldsymbol{A}$ 与 $\boldsymbol{A}^{-1}$ 之间的特征值成倒数关系，且对应的特征向量相同.

(3) 设 $\lambda_1, \lambda_2, \cdots, \lambda_n$ 是 n 阶方阵 $\boldsymbol{A}$ 的 n 个特征值，则有 $\mathrm{tr}(\boldsymbol{A}) = \lambda_1 + \lambda_2 + \cdots + \lambda_n$，$|\boldsymbol{A}| = \lambda_1\lambda_2\cdots\lambda_n$.

(4) 设 λ 是方阵 $\boldsymbol{A}$ 的特征值，则 $f(\lambda)$ 是 $f(\boldsymbol{A})$ 的特征值.

(5) 若 n 阶方阵 $\boldsymbol{A}$ 有 n 个互不相同的特征值，则 $\boldsymbol{A}$ 有 n 个线性无关的特征向量.

(6) 设 λ 是方阵 $\boldsymbol{A}$ 的 k 重特征值，则 $\boldsymbol{A}$ 的属于 λ 的线性无关的特征向量的个数不超过 k 个.

（二）特征矩阵、特征多项式和特征方程

矩阵 $\lambda\boldsymbol{E} - \boldsymbol{A}$ 称为 $\boldsymbol{A}$ 的**特征矩阵**，其行列式 $|\lambda\boldsymbol{E} - \boldsymbol{A}|$ 称为 $\boldsymbol{A}$ 的**特征多项式**，方程

$|\lambda \boldsymbol{E}-\boldsymbol{A}|=0$ 称为 $\boldsymbol{A}$ 的**特征方程**,其根即为 $\boldsymbol{A}$ 的特征值.

数 λ 为 $\boldsymbol{A}$ 的一个特征值 $\Leftrightarrow$ 存在非零向量 $\boldsymbol{\alpha}$,使 $\boldsymbol{A\alpha}=\lambda\boldsymbol{\alpha} \Leftrightarrow |\lambda \boldsymbol{E}-\boldsymbol{A}|=0$.

(三) 矩阵的迹

1. 矩阵的迹

设 n 阶方阵 $\boldsymbol{A}=\begin{pmatrix} a_{11} & a_{12} & \cdots & a_{1n} \\ a_{21} & a_{22} & \cdots & a_{2n} \\ \vdots & \vdots & & \vdots \\ a_{n1} & a_{n2} & \cdots & a_{nn} \end{pmatrix}$,称 $a_{11}+a_{22}+\cdots+a_{nn}$ 为 $\boldsymbol{A}$ 的**迹**,记作 $\mathrm{tr}(\boldsymbol{A})$,即 $\mathrm{tr}(\boldsymbol{A})=a_{11}+a_{22}+\cdots+a_{nn}$.

2. 矩阵的迹的性质

(1) $\mathrm{tr}(\boldsymbol{A}+\boldsymbol{B})=\mathrm{tr}(\boldsymbol{A})+\mathrm{tr}(\boldsymbol{B})$;

(2) $\mathrm{tr}(k\boldsymbol{A})=k\,\mathrm{tr}(\boldsymbol{A})$;

(3) $\mathrm{tr}(\boldsymbol{A}^{\mathrm{T}})=\mathrm{tr}(\boldsymbol{A})$;

(4) $\mathrm{tr}(\boldsymbol{AB})=\mathrm{tr}(\boldsymbol{BA})$;

(5) $\mathrm{tr}(\boldsymbol{ABC})=\mathrm{tr}(\boldsymbol{CAB})=\mathrm{tr}(\boldsymbol{BCA})$;

(6) 设 $\boldsymbol{A}$ 有 n 个特征值为 $\lambda_1,\lambda_2,\cdots,\lambda_n$,则 $\mathrm{tr}(\boldsymbol{A})=\lambda_1+\lambda_2+\cdots+\lambda_n$.

(四) 相似矩阵

1. 相似矩阵

设 $\boldsymbol{A},\boldsymbol{B}$ 为 n 阶方阵. 如果存在 n 阶可逆矩阵 $\boldsymbol{P}$,使 $\boldsymbol{P}^{-1}\boldsymbol{AP}=\boldsymbol{B}$,则称矩阵 $\boldsymbol{A}$ 与 $\boldsymbol{B}$ 相似,记为 $\boldsymbol{A}\sim\boldsymbol{B}$.

2. 相似矩阵的性质

(1) 反身性:对任意方阵 $\boldsymbol{A}$,有 $\boldsymbol{A}\sim\boldsymbol{A}$.

(2) 对称性:若 $\boldsymbol{A}\sim\boldsymbol{B}$,则 $\boldsymbol{B}\sim\boldsymbol{A}$.

(3) 传递性:若 $\boldsymbol{A}\sim\boldsymbol{B},\boldsymbol{B}\sim\boldsymbol{C}$,则 $\boldsymbol{A}\sim\boldsymbol{C}$.

(4) 若 $\boldsymbol{A}\sim\boldsymbol{B}$,则它们的特征多项式、特征值、迹、秩、行列式都相同,反之不成立.

3. 实对称矩阵

实数域上的对称矩阵称之为**实对称矩阵**.

4. n 阶实对称矩阵 $\boldsymbol{A}$ 的对角化

(1) 求出 $\boldsymbol{A}$ 的所有不同特征值 $\lambda_1,\lambda_2,\cdots,\lambda_m$.

(2) 求出 $\boldsymbol{A}$ 的对应于每个特征值 λ_i 的一组线性无关的特征向量,即求出齐次线性方程组 $(\lambda_i\boldsymbol{E}-\boldsymbol{A})\boldsymbol{X}=\boldsymbol{0}$ 的一个基础解系. 利用施密特正交化方法把基础解系正交化,再单位化,得到 $\boldsymbol{A}$ 的 n 个相互正交的单位特征向量.

(3) 以 n 个相互正交的单位特征向量为列向量组成矩阵 $\boldsymbol{Q}$,则 $\boldsymbol{Q}$ 为正交矩阵,以相应的特征值作为主对角线元素的对角形矩阵,即为所求的 $\boldsymbol{Q}^{-1}\boldsymbol{A}\boldsymbol{Q}$.

二、重要定理、公式及结论

(一) 重要定理

定理 1 n 阶方阵 $\boldsymbol{A}$ 与其转置矩阵 $\boldsymbol{A}^{\mathrm{T}}$ 有相同的特征值.

定理 2 设 $\lambda_1,\lambda_2,\cdots,\lambda_m$ 是 n 阶方阵 $\boldsymbol{A}$ 的 m 个互不相同的特征值,$\boldsymbol{\alpha}_1,\boldsymbol{\alpha}_2,\cdots,\boldsymbol{\alpha}_m$ 是分别与之对应的特征向量,则 $\boldsymbol{\alpha}_1,\boldsymbol{\alpha}_2,\cdots,\boldsymbol{\alpha}_m$ 线性无关.

定理 3 设 $\lambda_1,\lambda_2,\cdots,\lambda_n$(其中可能有重根、复根)是 n 阶方阵 $\boldsymbol{A}$ 的全部特征值,则

$$\sum_{i=1}^{n}\lambda_i=\sum_{i=1}^{n}a_{ii},\quad \prod_{i=1}^{n}\lambda_i=|\boldsymbol{A}|.$$

定理 4 n 阶方阵 $\boldsymbol{A}$ 与 n 阶对角形矩阵

$$\boldsymbol{\Lambda}=\begin{pmatrix}\lambda_1 & & & \\ & \lambda_2 & & \\ & & \ddots & \\ & & & \lambda_n\end{pmatrix}$$

相似的充要条件是 $\boldsymbol{A}$ 有 n 个线性无关的特征向量.

定理 5 若 $\boldsymbol{A}$ 与对角形矩阵

$$\boldsymbol{\Lambda}=\begin{pmatrix}\lambda_1 & & & \\ & \lambda_2 & & \\ & & \ddots & \\ & & & \lambda_n\end{pmatrix}$$

相似,则 $\lambda_1,\lambda_2,\cdots,\lambda_n$ 是 $\boldsymbol{A}$ 的 n 个特征值.

定理 6 设 λ 是矩阵 $\boldsymbol{A}$ 的特征多项式的 k 重根,则 $\boldsymbol{A}$ 的属于 λ 的线性无关的特征向量的个数最多有 k 个.

定理 7 设 $\lambda_1,\lambda_2,\cdots,\lambda_m$ 是 $\boldsymbol{A}$ 的 m 个互不相同的特征值,$\boldsymbol{\alpha}_{i1},\boldsymbol{\alpha}_{i2},\cdots,\boldsymbol{\alpha}_{is_i}$ 是 $\boldsymbol{A}$ 的属于 $\lambda_i(i=1,2,\cdots,m)$ 的线性无关的特征向量,则向量组

$$\boldsymbol{\alpha}_{11},\boldsymbol{\alpha}_{12},\cdots,\boldsymbol{\alpha}_{1s_1};\quad \boldsymbol{\alpha}_{21},\boldsymbol{\alpha}_{22},\cdots,\boldsymbol{\alpha}_{2s_2};\quad \cdots;\quad \boldsymbol{\alpha}_{m1},\boldsymbol{\alpha}_{m2},\cdots,\boldsymbol{\alpha}_{ms_m}$$

线性无关.

推论 1 若 n 阶方阵 $\boldsymbol{A}$ 有 n 个互异特征值 $\lambda_1,\lambda_2,\cdots,\lambda_n$,则 $\boldsymbol{A}$ 与对角形矩阵相似.

定理 8 实对称矩阵的特征值都是实数.

定理 9 实对称矩阵的对应于不同特征值的特征向量是正交的.

定理 10　设 $\boldsymbol{A}$ 为 n 阶实对称矩阵，则存在正交矩阵 $\boldsymbol{Q}$，使 $\boldsymbol{Q}^{-1}\boldsymbol{AQ}$ 为对角形矩阵.

（二）重要结论

结论 1　方阵 $\boldsymbol{A}$ 可逆的充要条件是 $\boldsymbol{A}$ 的特征值都不为零；矩阵 $\boldsymbol{A}$ 不可逆的充要条件是 $\boldsymbol{A}$ 至少有一个特征值为零.

结论 2　若 $\boldsymbol{A}$ 可逆，$\boldsymbol{\alpha}$ 是 $\boldsymbol{A}$ 的属于特征值 λ 的特征向量，则

(1) λ^{-1} 是 $\boldsymbol{A}^{-1}$ 的特征值，且 $\boldsymbol{\alpha}$ 为 $\boldsymbol{A}^{-1}$ 的属于 λ^{-1} 的特征向量；

(2) $\dfrac{|\boldsymbol{A}|}{\lambda}$ 是 $\boldsymbol{A}^*$ 的特征值，且 $\boldsymbol{\alpha}$ 为 $\boldsymbol{A}^*$ 的属于 $\dfrac{|\boldsymbol{A}|}{\lambda}$ 的特征向量；

(3) λ^k 是 $\boldsymbol{A}^k$ 的特征值，且 $\boldsymbol{\alpha}$ 为 $\boldsymbol{A}^k$ 的属于 λ^k 的特征向量.

结论 3　幂零矩阵（$\boldsymbol{A}^k = \boldsymbol{O}$）的特征值为零.

结论 4　幂等矩阵（$\boldsymbol{A}^2 = \boldsymbol{A}$）的特征值只能是 0 和 1.

结论 5　正交矩阵的实特征值为 1 或 -1.

结论 6　$|\lambda\boldsymbol{E}_n - \boldsymbol{BC}| = \lambda^{n-m}|\lambda\boldsymbol{E}_m - \boldsymbol{CB}|$，其中 $\boldsymbol{B}$ 为 $n\times m$ 矩阵，$\boldsymbol{C}$ 为 $m\times n$ 矩阵，且 $n\geqslant m$.

结论 7　设 $\boldsymbol{A},\boldsymbol{B}$ 的特征多项式相同，且 $\boldsymbol{A},\boldsymbol{B}$ 都可以相似对角化，则 $\boldsymbol{A}\sim\boldsymbol{B}$.

结论 8　若 $\boldsymbol{P}^{-1}\boldsymbol{AP} = \boldsymbol{B}$，$\boldsymbol{\alpha}$ 为 $\boldsymbol{A}$ 的一个特征向量，则 $\boldsymbol{P}^{-1}\boldsymbol{\alpha}$ 为 $\boldsymbol{B}$ 的一个特征向量.

结论 9　如果 n 阶方阵 $\boldsymbol{A}\sim\boldsymbol{B}$，则 $\boldsymbol{A}$ 的多项式 $f(\boldsymbol{A})$ 与 $\boldsymbol{B}$ 的多项式 $f(\boldsymbol{B})$ 相似.

结论 10　设矩阵 $\boldsymbol{A}\sim\boldsymbol{B}$，$\boldsymbol{C}\sim\boldsymbol{D}$，则

(1) $\boldsymbol{A}^k\sim\boldsymbol{B}^k$；

(2) $\boldsymbol{A}^{\mathrm{T}}\sim\boldsymbol{B}^{\mathrm{T}}$；

(3) $\boldsymbol{A}^{-1}\sim\boldsymbol{B}^{-1}$（$\boldsymbol{A}$ 与 $\boldsymbol{B}$ 都可逆时）；

(4) $\begin{pmatrix}\boldsymbol{A} & \boldsymbol{O}\\ \boldsymbol{O} & \boldsymbol{C}\end{pmatrix}\sim\begin{pmatrix}\boldsymbol{B} & \boldsymbol{O}\\ \boldsymbol{O} & \boldsymbol{D}\end{pmatrix}$；

(5) $t\boldsymbol{E}-\boldsymbol{A}\sim t\boldsymbol{E}-\boldsymbol{B}$（$t$ 为任意数）；

(6) 对一般方阵 $\boldsymbol{A}$，若 λ_i 是它的 k 重特征值，但它对应的特征向量的个数小于 k，也就是 $n-\mathrm{r}(\lambda_i\boldsymbol{E}-\boldsymbol{A})<k$，则方阵 $\boldsymbol{A}$ 必定不能对角化；

(7) 相似于单位矩阵的矩阵只能是单位矩阵.

结论 11　实对称矩阵的 k 重特征值恰好对应 k 个线性无关的特征向量，因此实对称矩阵一定可以对角化.

三、复习考试要求

1. 理解矩阵特征值、特征向量的概念，掌握特征值及特征向量的性质，熟练掌握特征值和特征向量的求法.

2. 理解矩阵相似的概念和性质，了解矩阵对角化的充要条件，掌握将矩阵化为相似对角形的方法.

3. 掌握实对称矩阵的特征值和特征向量的性质，会用正交矩阵求实对称矩阵的相似对角化.

四、典型例题

例 1　设向量 $\boldsymbol{\alpha}=(a_1,a_2,\cdots,a_n)^{\mathrm{T}}$，$\boldsymbol{\beta}=(b_1,b_2,\cdots,b_n)^{\mathrm{T}}$ 都是非零向量，且满足条件 $\boldsymbol{\alpha}^{\mathrm{T}}\boldsymbol{\beta}=0$，记 n 阶方阵 $\boldsymbol{A}=\boldsymbol{\alpha}\boldsymbol{\beta}^{\mathrm{T}}$，求：

(1) $\boldsymbol{A}^2$；

(2) 方阵 $\boldsymbol{A}$ 的特征值和特征向量.

解　(1) 由 $\boldsymbol{A}=\boldsymbol{\alpha}\boldsymbol{\beta}^{\mathrm{T}}$ 和 $\boldsymbol{\alpha}^{\mathrm{T}}\boldsymbol{\beta}=0$，有

$$\boldsymbol{A}^2=(\boldsymbol{\alpha}\boldsymbol{\beta}^{\mathrm{T}})(\boldsymbol{\alpha}\boldsymbol{\beta}^{\mathrm{T}})=\boldsymbol{\alpha}(\boldsymbol{\beta}^{\mathrm{T}}\boldsymbol{\alpha})\boldsymbol{\beta}^{\mathrm{T}}=\boldsymbol{\alpha}(\boldsymbol{\alpha}^{\mathrm{T}}\boldsymbol{\beta})\boldsymbol{\beta}^{\mathrm{T}}=0(\boldsymbol{\alpha}\boldsymbol{\beta}^{\mathrm{T}})=\boldsymbol{O}.$$

(2) 设 λ 是 $\boldsymbol{A}$ 的任一特征值，$\boldsymbol{X}$ 是 $\boldsymbol{A}$ 的属于特征值 λ 的特征向量，即 $\boldsymbol{AX}=\lambda\boldsymbol{X}$，$\boldsymbol{X}\neq\boldsymbol{0}$，所以 $\boldsymbol{A}^2\boldsymbol{X}=\lambda\boldsymbol{AX}=\lambda^2\boldsymbol{X}$. 因为 $\boldsymbol{A}^2=\boldsymbol{O}$，所以 $\lambda^2\boldsymbol{X}=\boldsymbol{0}$. 而 $\boldsymbol{X}\neq\boldsymbol{0}$，故 $\boldsymbol{A}$ 的特征值是 $\lambda=0$（n 重根）. 不妨设向量 $\boldsymbol{\alpha},\boldsymbol{\beta}$ 的第一个分量 $a_1\neq0$，$b_1\neq0$，对齐次线性方程组 $(0\boldsymbol{E}-\boldsymbol{A})\boldsymbol{X}=-\boldsymbol{AX}=\boldsymbol{0}$ 的系数矩阵施以初等行变换，有

$$-\boldsymbol{A}=\begin{pmatrix}-a_1b_1 & -a_1b_2 & \cdots & -a_1b_n\\ -a_2b_1 & -a_2b_2 & \cdots & -a_2b_n\\ \vdots & \vdots & & \vdots\\ -a_nb_1 & -a_nb_2 & \cdots & -a_nb_n\end{pmatrix}\rightarrow\begin{pmatrix}b_1 & b_2 & \cdots & b_n\\ 0 & 0 & \cdots & 0\\ \vdots & \vdots & & \vdots\\ 0 & 0 & \cdots & 0\end{pmatrix},$$

即 $x_1=-\dfrac{b_2}{b_1}x_2-\dfrac{b_3}{b_1}x_3-\cdots-\dfrac{b_n}{b_1}x_n$. 令 $\begin{pmatrix}x_2\\x_3\\\vdots\\x_n\end{pmatrix}=\begin{pmatrix}b_1\\0\\\vdots\\0\end{pmatrix},\begin{pmatrix}0\\b_1\\\vdots\\0\end{pmatrix},\cdots,\begin{pmatrix}0\\0\\\vdots\\b_1\end{pmatrix}$，得基础解系为

$$\boldsymbol{\alpha}_1=\begin{pmatrix}-b_2\\b_1\\0\\\vdots\\0\end{pmatrix},\quad\boldsymbol{\alpha}_2=\begin{pmatrix}-b_3\\0\\b_1\\\vdots\\0\end{pmatrix},\quad\cdots,\quad\boldsymbol{\alpha}_{n-1}=\begin{pmatrix}-b_n\\0\\0\\\vdots\\b_1\end{pmatrix},$$

于是 $\boldsymbol{A}$ 的属于特征值 $\lambda=0$ 的特征向量为 $k_1\boldsymbol{\alpha}_1+k_2\boldsymbol{\alpha}_2+\cdots+k_{n-1}\boldsymbol{\alpha}_{n-1}$（$k_1,k_2,\cdots,k_{n-1}$ 是不全为零的任意常数）.

例 2　设矩阵 $\boldsymbol{A}=\begin{pmatrix}2&1&1\\1&2&1\\1&1&a\end{pmatrix}$ 可逆，向量 $\boldsymbol{\alpha}=(1,b,1)^{\mathrm{T}}$ 是矩阵 $\boldsymbol{A}^*$ 的一个特征向

量，其中 $\boldsymbol{A}^*$ 是矩阵 $\boldsymbol{A}$ 的伴随矩阵，λ 是 $\boldsymbol{\alpha}$ 对应的特征值，试求 a,b 和 λ 的值.

解　已知 $\boldsymbol{A}^*\boldsymbol{\alpha}=\lambda\boldsymbol{\alpha}$，利用 $\boldsymbol{A}\boldsymbol{A}^*=|\boldsymbol{A}|\boldsymbol{E}$，有 $|\boldsymbol{A}|\boldsymbol{\alpha}=\lambda\boldsymbol{A}\boldsymbol{\alpha}$. 因为 $\boldsymbol{A}$ 可逆，所以 $|\boldsymbol{A}|\neq 0,\lambda\neq 0$. 于是有 $\boldsymbol{A}\boldsymbol{\alpha}=\dfrac{|\boldsymbol{A}|}{\lambda}\boldsymbol{\alpha}$，即 $\begin{pmatrix}2&1&1\\1&2&1\\1&1&a\end{pmatrix}\begin{pmatrix}1\\b\\1\end{pmatrix}=\dfrac{|\boldsymbol{A}|}{\lambda}\begin{pmatrix}1\\b\\1\end{pmatrix}$，由此得方程组

$$\begin{cases}3+b=\dfrac{|\boldsymbol{A}|}{\lambda}, & ①\\[2mm] 2+2b=\dfrac{|\boldsymbol{A}|}{\lambda}b, & ②\\[2mm] a+b+1=\dfrac{|\boldsymbol{A}|}{\lambda}. & ③\end{cases}$$

由等式 ① 和 ③ 得 $a=2$，由等式 ② 和 ③ 得 $b^2+ab-b=2$，从而 $b^2+b-2=0$，知 $b=1$ 或 $b=-2$. 因此

$$|\boldsymbol{A}|=\begin{vmatrix}2&1&1\\1&2&1\\1&1&a\end{vmatrix}=\begin{vmatrix}2&1&1\\1&2&1\\1&1&2\end{vmatrix}=4.$$

又由方程组的 ① 式得 $\lambda=\dfrac{|\boldsymbol{A}|}{3+b}=\dfrac{4}{3+b}$，所以当 $b=-1$ 时，$\lambda=1$；当 $b=-2$ 时，$\lambda=4$.

例 3　设矩阵

$$\boldsymbol{A}=\begin{pmatrix}1&1&a\\1&a&1\\a&1&1\end{pmatrix},\quad \boldsymbol{\beta}=\begin{pmatrix}1\\1\\-2\end{pmatrix},$$

已知线性方程组 $\boldsymbol{AX}=\boldsymbol{\beta}$ 有解但不唯一，试求：

(1) a 的值；

(2) 正交矩阵 $\boldsymbol{Q}$，使 $\boldsymbol{Q}^{\mathrm{T}}\boldsymbol{AQ}$ 为对角形矩阵.

解　(1) 对方程组 $\boldsymbol{AX}=\boldsymbol{\beta}$ 的增广矩阵进行初等行变换，有

$$\overline{\boldsymbol{A}}=\left(\begin{array}{ccc:c}1&1&a&1\\1&a&1&1\\a&1&1&-2\end{array}\right)\to\left(\begin{array}{ccc:c}1&1&a&1\\0&a-1&1-a&0\\0&1-a&1-a^2&-a-2\end{array}\right)$$

$$\to\left(\begin{array}{ccc:c}1&1&a&1\\0&a-1&1-a&0\\0&0&(a-1)(a+2)&(a+2)\end{array}\right).$$

因为方程组有无穷多解，所以 $\mathrm{r}(\boldsymbol{A})=\mathrm{r}(\overline{\boldsymbol{A}})<3$. 故 $a=-2$.

$$(2)\ |\lambda\boldsymbol{E}-\boldsymbol{A}|=\begin{vmatrix}\lambda-1&-1&2\\-1&\lambda+2&-1\\2&-1&\lambda-1\end{vmatrix}=\begin{vmatrix}\lambda&\lambda&\lambda\\-1&\lambda+2&-1\\2&-1&\lambda-1\end{vmatrix}$$

$$=\lambda\begin{vmatrix}1&1&1\\-1&\lambda+2&-1\\2&-1&\lambda-1\end{vmatrix}=\lambda\begin{vmatrix}1&1&1\\0&\lambda+3&0\\0&-3&\lambda-3\end{vmatrix}$$

$$=\lambda(\lambda+3)(\lambda-3)=0,$$

故矩阵 $\boldsymbol{A}$ 的特征值为 $\lambda_1=0,\lambda_2=-3,\lambda_3=3$.

当 $\lambda_1=0$ 时,由 $(0\boldsymbol{E}-\boldsymbol{A})\boldsymbol{X}=-\boldsymbol{A}\boldsymbol{X}=\boldsymbol{0}$,得

$$\begin{pmatrix}-1&-1&2\\-1&2&-1\\2&-1&-1\end{pmatrix}\to\begin{pmatrix}1&1&-2\\0&3&-3\\0&-3&3\end{pmatrix}\to\begin{pmatrix}1&1&-2\\0&1&-1\\0&0&0\end{pmatrix}\to\begin{pmatrix}1&0&-1\\0&1&-1\\0&0&0\end{pmatrix},$$

所以 $\begin{cases}x_1=x_3,\\x_2=x_3,\end{cases}$ 则 $\boldsymbol{A}$ 的属于 0 的特征向量为 $\boldsymbol{\alpha}_1=(1,1,1)^{\mathrm{T}}$.

当 $\lambda_2=-3$ 时,由 $(-3\boldsymbol{E}-\boldsymbol{A})\boldsymbol{X}=\boldsymbol{0}$,得

$$\begin{pmatrix}-4&-1&2\\-1&-1&-1\\2&-1&-4\end{pmatrix}\to\begin{pmatrix}1&1&1\\-4&-1&2\\2&-1&-4\end{pmatrix}\to\begin{pmatrix}1&1&1\\0&3&6\\0&-3&-6\end{pmatrix}$$

$$\to\begin{pmatrix}1&1&1\\0&1&2\\0&0&0\end{pmatrix}\to\begin{pmatrix}1&0&-1\\0&1&2\\0&0&0\end{pmatrix},$$

所以 $\begin{cases}x_1=x_3,\\x_2=-2x_3,\end{cases}$ 则 $\boldsymbol{A}$ 的属于 -3 的特征向量为 $\boldsymbol{\alpha}_2=(1,-2,1)^{\mathrm{T}}$.

当 $\lambda_3=3$ 时,由 $(3\boldsymbol{E}-\boldsymbol{A})\boldsymbol{X}=\boldsymbol{0}$,得

$$\begin{pmatrix}2&-1&2\\-1&5&-1\\2&-1&2\end{pmatrix}\to\begin{pmatrix}-1&5&-1\\0&9&0\\0&9&0\end{pmatrix}\to\begin{pmatrix}1&-5&1\\0&1&0\\0&0&0\end{pmatrix}\to\begin{pmatrix}1&0&1\\0&1&0\\0&0&0\end{pmatrix},$$

所以 $\begin{cases}x_1=-x_3,\\x_2=0,\end{cases}$ 则 $\boldsymbol{A}$ 的属于 3 的特征向量为 $\boldsymbol{\alpha}_3=(-1,0,1)^{\mathrm{T}}$.

实对称矩阵的特征值不同时,其特征向量已正交,故只需将其单位化:

$$\boldsymbol{\beta}_1=\frac{1}{\sqrt{3}}(1,1,1)^{\mathrm{T}},\quad\boldsymbol{\beta}_2=\frac{1}{\sqrt{6}}(1,-2,1)^{\mathrm{T}},\quad\boldsymbol{\beta}_3=\frac{1}{\sqrt{2}}(-1,0,1)^{\mathrm{T}}.$$

令

$$\boldsymbol{Q}=\begin{pmatrix}\frac{1}{\sqrt{3}}&\frac{1}{\sqrt{6}}&-\frac{1}{\sqrt{2}}\\\frac{1}{\sqrt{3}}&-\frac{2}{\sqrt{6}}&0\\\frac{1}{\sqrt{3}}&\frac{1}{\sqrt{6}}&\frac{1}{\sqrt{2}}\end{pmatrix},$$

则

$$Q^{T}AQ=Q^{-1}AQ=\Lambda=\begin{pmatrix}0&&\\&-3&\\&&3\end{pmatrix}.$$

例 4　设实对称矩阵 $A=\begin{pmatrix}a&1&1\\1&a&-1\\1&-1&a\end{pmatrix}$，求可逆矩阵 P，使 $P^{-1}AP$ 为对角形矩阵，并计算行列式 $|A-E|$ 的值.

解　由

$$|\lambda E-A|=\begin{vmatrix}\lambda-a&-1&-1\\-1&\lambda-a&1\\-1&1&\lambda-a\end{vmatrix}=\begin{vmatrix}\lambda-a-1&\lambda-a-1&0\\-1&\lambda-a&1\\0&a+1-\lambda&\lambda-a-1\end{vmatrix}$$

$$=(\lambda-a-1)^2\begin{vmatrix}1&1&0\\-1&\lambda-a&1\\0&-1&1\end{vmatrix}=(\lambda-a-1)^2(\lambda-a+2)=0,$$

知 A 的特征值为 $\lambda_1=\lambda_2=a+1,\lambda_3=a-2$.

对于 $\lambda=a+1$，由 $[(a+1)E-A]X=0$，得

$$(a+1)E-A=\begin{pmatrix}1&-1&-1\\-1&1&1\\-1&1&1\end{pmatrix}\to\begin{pmatrix}1&-1&-1\\0&0&0\\0&0&0\end{pmatrix},$$

所以 $x_1=x_2+x_3$，则 A 的属于 $a+1$ 的两个线性无关的特征向量为 $\alpha_1=(1,1,0)^T,\alpha_2=(1,0,1)^T$.

对于 $\lambda=a-2$，由 $[(a-2)E-A]X=0$，得

$$(a-2)E-A=\begin{pmatrix}-2&-1&-1\\-1&-2&1\\-1&1&-2\end{pmatrix}\to\begin{pmatrix}1&2&-1\\0&1&-1\\0&0&0\end{pmatrix}\to\begin{pmatrix}1&0&1\\0&1&-1\\0&0&0\end{pmatrix},$$

所以 $\begin{cases}x_1=-x_3,\\x_2=x_3,\end{cases}$ 则 A 的属于 $a-2$ 的特征向量为 $\alpha_3=(-1,1,1)^T$. 令

$$P=\begin{pmatrix}1&1&-1\\1&0&1\\0&1&1\end{pmatrix},$$

则

$$P^{-1}AP=\Lambda=\begin{pmatrix}a+1&&\\&a+1&\\&&a-2\end{pmatrix}.$$

因为 A 的特征值为 $a+1,a+1,a-2$，所以 $A-E$ 的特征值为 $a,a,a-3$，则

$$|A-E|=a^2(a-3).$$

例 5　设 $\boldsymbol{A}$ 是三阶实对称矩阵,特征值为 $1,2,-1$,矩阵 $\boldsymbol{A}$ 的属于特征值 $1,2$ 的特征向量分别为 $\boldsymbol{\alpha}_1=(1,1,1)^{\mathrm{T}}$,$\boldsymbol{\alpha}_2=(1,0,-1)^{\mathrm{T}}$,试用矩阵的特征向量表示向量 $\boldsymbol{\beta}=(-1,8,-1)^{\mathrm{T}}$,并求 $\boldsymbol{A}^{100}\boldsymbol{\beta}$.

解　因为实对称矩阵的不同特征值所对应的特征向量相互正交,即设 $\boldsymbol{\alpha}_3=(x_1,x_2,x_3)^{\mathrm{T}}$ 是 $\boldsymbol{A}$ 的属于 -1 的特征向量,则 $\boldsymbol{\alpha}_1^{\mathrm{T}}\boldsymbol{\alpha}_3=0$,$\boldsymbol{\alpha}_2^{\mathrm{T}}\boldsymbol{\alpha}_3=0$,即

$$\begin{cases} x_1+x_2+x_3=0, \\ x_1 \qquad -x_3=0, \end{cases}$$

解得 $\boldsymbol{\alpha}_3=(1,-2,1)^{\mathrm{T}}$. 设 $\boldsymbol{\beta}=k_1\boldsymbol{\alpha}_1+k_2\boldsymbol{\alpha}_2+k_3\boldsymbol{\alpha}_3$,则有

$$\left(\begin{array}{ccc:c} 1 & 1 & 1 & -1 \\ 1 & 0 & -2 & 8 \\ 1 & -1 & 1 & -1 \end{array}\right) \rightarrow \left(\begin{array}{ccc:c} 1 & 1 & 1 & -1 \\ 0 & -1 & -3 & 9 \\ 0 & -2 & 0 & 0 \end{array}\right) \rightarrow \left(\begin{array}{ccc:c} 1 & 0 & -2 & 8 \\ 0 & 1 & 0 & 0 \\ 0 & 0 & 1 & -3 \end{array}\right)$$

$$\rightarrow \left(\begin{array}{ccc:c} 1 & 0 & 0 & 2 \\ 0 & 1 & 0 & 0 \\ 0 & 0 & 1 & -3 \end{array}\right),$$

故 $\boldsymbol{\beta}=2\boldsymbol{\alpha}_1-3\boldsymbol{\alpha}_3$. 因此

$$\boldsymbol{A}^{100}\boldsymbol{\beta}=2\boldsymbol{A}^{100}\boldsymbol{\alpha}_1-3\boldsymbol{A}^{100}\boldsymbol{\alpha}_3=2\lambda_1^{100}\boldsymbol{\alpha}_1-3\lambda_3^{100}\boldsymbol{\alpha}_3=2\boldsymbol{\alpha}_1-3\boldsymbol{\alpha}_3=(-1,8,-1)^{\mathrm{T}}.$$

例 6　设 $\boldsymbol{A}$ 是 n 阶实对称矩阵,$\boldsymbol{A}^2=\boldsymbol{E}$,$\mathrm{r}(\boldsymbol{A}+\boldsymbol{E})=2$,求 $\boldsymbol{A}$ 的相似对角形矩阵.

解　设 λ 为 $\boldsymbol{A}$ 的特征值,则 λ^2-1 是 $\boldsymbol{A}^2-\boldsymbol{E}$ 的特征值. 而 $\boldsymbol{A}^2-\boldsymbol{E}=\boldsymbol{O}$,因此 $\lambda^2-1=0$. 故 $\boldsymbol{A}$ 的特征值只能是 -1 和 1,于是实对称矩阵 $\boldsymbol{A}$ 相似于对角形矩阵 $\begin{pmatrix} \boldsymbol{E}_p & \boldsymbol{O} \\ \boldsymbol{O} & -\boldsymbol{E}_{n-p} \end{pmatrix}$,$\boldsymbol{A}+\boldsymbol{E}$ 相似于对角形矩阵 $\begin{pmatrix} 2\boldsymbol{E}_p & \boldsymbol{O} \\ \boldsymbol{O} & \boldsymbol{O}_{n-p} \end{pmatrix}$,由 $\mathrm{r}(\boldsymbol{A}+\boldsymbol{E})=2$,得 $p=2$. 因此 $\boldsymbol{A}$ 相似于对角形矩阵 $\begin{pmatrix} \boldsymbol{E}_2 & \boldsymbol{O} \\ \boldsymbol{O} & -\boldsymbol{E}_{n-2} \end{pmatrix}$.

例 7　设 $\boldsymbol{A}$ 是三阶方阵,$\boldsymbol{\alpha}$ 是三维列向量,$\boldsymbol{\alpha},\boldsymbol{A\alpha},\boldsymbol{A}^2\boldsymbol{\alpha}$ 线性无关. 如果 $3\boldsymbol{A\alpha}-2\boldsymbol{A}^2\boldsymbol{\alpha}-\boldsymbol{A}^3\boldsymbol{\alpha}=\boldsymbol{0}$,证明:$\boldsymbol{A}$ 相似于对角形矩阵,并求 $|\boldsymbol{A}+\boldsymbol{E}|$.

证明　因为 $\boldsymbol{\alpha},\boldsymbol{A\alpha},\boldsymbol{A}^2\boldsymbol{\alpha}$ 线性无关,所以 $\boldsymbol{P}=(\boldsymbol{\alpha},\boldsymbol{A\alpha},\boldsymbol{A}^2\boldsymbol{\alpha})$ 可逆. 由

$$\boldsymbol{A}^3\boldsymbol{\alpha}=0\boldsymbol{\alpha}+3\boldsymbol{A\alpha}-2\boldsymbol{A}^2\boldsymbol{\alpha},$$

有

$$\boldsymbol{A}(\boldsymbol{\alpha},\boldsymbol{A\alpha},\boldsymbol{A}^2\boldsymbol{\alpha})=(\boldsymbol{A\alpha},\boldsymbol{A}^2\boldsymbol{\alpha},\boldsymbol{A}^3\boldsymbol{\alpha})=(\boldsymbol{\alpha},\boldsymbol{A\alpha},\boldsymbol{A}^2\boldsymbol{\alpha})\begin{pmatrix} 0 & 0 & 0 \\ 1 & 0 & 3 \\ 0 & 1 & -2 \end{pmatrix},$$

即 $\boldsymbol{AP}=\boldsymbol{P}\begin{pmatrix} 0 & 0 & 0 \\ 1 & 0 & 3 \\ 0 & 1 & -2 \end{pmatrix}$,因此 $\boldsymbol{P}^{-1}\boldsymbol{AP}=\begin{pmatrix} 0 & 0 & 0 \\ 1 & 0 & 3 \\ 0 & 1 & -2 \end{pmatrix}=\boldsymbol{B}$,即 $\boldsymbol{A}\sim\boldsymbol{B}$. 又

$$|\lambda\boldsymbol{E}-\boldsymbol{B}|=\begin{vmatrix}\lambda & 0 & 0\\ -1 & \lambda & -3\\ 0 & -1 & \lambda+2\end{vmatrix}=\lambda(\lambda+3)(\lambda-1)=0,$$

故 $\boldsymbol{B}$ 的特征值为 $0,1,-3$. 而 $\boldsymbol{A}\sim\boldsymbol{B}$,因此 $\boldsymbol{A}$ 的特征值也为 $0,1,-3$,即 $\boldsymbol{A}$ 有 3 个互不相同的特征值. 所以 $\boldsymbol{A}$ 相似于对角形矩阵.

由于 $\boldsymbol{A}+\boldsymbol{E}$ 的特征值为 $1,2,-2$,因此 $|\boldsymbol{A}+\boldsymbol{E}|=1\times2\times(-2)=-4$.

例 8　设三阶方阵 $\boldsymbol{A}$ 满足 $|\boldsymbol{A}+\boldsymbol{E}|=0$, $|\boldsymbol{A}+3\boldsymbol{E}|=0$, $|\boldsymbol{A}|=3$. 若矩阵 $\boldsymbol{B}$ 相似于 $\boldsymbol{A}$,求 $|\boldsymbol{B}+4\boldsymbol{E}|$ 和 $\mathrm{r}(\boldsymbol{B}+\boldsymbol{E})$.

解　由 $|\boldsymbol{A}+\boldsymbol{E}|=0$,得 $|\boldsymbol{A}-(-\boldsymbol{E})|=0$,故 $\boldsymbol{A}$ 的一个特征值为 $\lambda_1=-1$;同理,由 $|\boldsymbol{A}+3\boldsymbol{E}|=0$,知 $\lambda_2=-3$ 是 $\boldsymbol{A}$ 的一个特征值;又 $|\boldsymbol{A}|=\lambda_1\lambda_2\lambda_3=3$,因此 $\lambda_3=1$. 因为 $\boldsymbol{A}\sim\boldsymbol{B}$,所以 $\boldsymbol{B}$ 的特征值为 $-1,-3,1$,从而 $\boldsymbol{B}+4\boldsymbol{E}$ 的特征值为 $-1+4,-3+4,1+4$,即 $3,1,5$. 因此 $|\boldsymbol{B}+4\boldsymbol{E}|=3\times1\times5=15$.

因为三阶矩阵 $\boldsymbol{B}$ 有 3 个互异的特征值,所以

$$\boldsymbol{B}\sim\begin{pmatrix}-1 & 0 & 0\\ 0 & -3 & 0\\ 0 & 0 & 1\end{pmatrix},\quad \boldsymbol{B}+\boldsymbol{E}\sim\begin{pmatrix}0 & 0 & 0\\ 0 & -2 & 0\\ 0 & 0 & 2\end{pmatrix}.$$

故 $\mathrm{r}(\boldsymbol{B}+\boldsymbol{E})=2$.

例 9　设 $\boldsymbol{A}$ 为三阶方阵,$\lambda_1,\lambda_2,\lambda_3$ 是其 3 个互异的特征值,$\boldsymbol{\alpha}_1,\boldsymbol{\alpha}_2,\boldsymbol{\alpha}_3$ 是相应的特征向量,试证明:$\boldsymbol{\alpha}_1,\boldsymbol{A}(\boldsymbol{\alpha}_1+\boldsymbol{\alpha}_2),\boldsymbol{A}^2(\boldsymbol{\alpha}_1+\boldsymbol{\alpha}_2+\boldsymbol{\alpha}_3)$ 线性无关的充要条件是 $\lambda_2\lambda_3\neq0$.

证明　由 $\boldsymbol{A}(\boldsymbol{\alpha}_1+\boldsymbol{\alpha}_2)=\lambda_1\boldsymbol{\alpha}_1+\lambda_2\boldsymbol{\alpha}_2$, $\boldsymbol{A}^2(\boldsymbol{\alpha}_1+\boldsymbol{\alpha}_2+\boldsymbol{\alpha}_3)=\lambda_1^2\boldsymbol{\alpha}_1+\lambda_2^2\boldsymbol{\alpha}_2+\lambda_3^2\boldsymbol{\alpha}_3$,知

$$(\boldsymbol{\alpha}_1,\boldsymbol{A}(\boldsymbol{\alpha}_1+\boldsymbol{\alpha}_2),\boldsymbol{A}^2(\boldsymbol{\alpha}_1+\boldsymbol{\alpha}_2+\boldsymbol{\alpha}_3))=(\boldsymbol{\alpha}_1,\boldsymbol{\alpha}_2,\boldsymbol{\alpha}_3)\begin{pmatrix}1 & \lambda_1 & \lambda_1^2\\ 0 & \lambda_2 & \lambda_2^2\\ 0 & 0 & \lambda_3^2\end{pmatrix}.$$

由于 $\lambda_1,\lambda_2,\lambda_3$ 是 $\boldsymbol{A}$ 的 3 个不同特征值,因此 $\boldsymbol{\alpha}_1,\boldsymbol{\alpha}_2,\boldsymbol{\alpha}_3$ 线性无关. 所以 $\boldsymbol{\alpha}_1,\boldsymbol{A}(\boldsymbol{\alpha}_1+\boldsymbol{\alpha}_2)$, $\boldsymbol{A}^2(\boldsymbol{\alpha}_1+\boldsymbol{\alpha}_2+\boldsymbol{\alpha}_3)$ 线性无关当且仅当 $\begin{vmatrix}1 & \lambda_1 & \lambda_1^2\\ 0 & \lambda_2 & \lambda_2^2\\ 0 & 0 & \lambda_3^2\end{vmatrix}=\lambda_2\lambda_3^2\neq0$,即 $\lambda_2\lambda_3\neq0$.

例 10　设矩阵

$$\boldsymbol{A}=\begin{pmatrix}3 & 2 & 2\\ 2 & 3 & 2\\ 2 & 2 & 3\end{pmatrix},\quad \boldsymbol{P}=\begin{pmatrix}0 & 1 & 0\\ 1 & 0 & 1\\ 0 & 0 & 1\end{pmatrix},\quad \boldsymbol{B}=\boldsymbol{P}^{-1}\boldsymbol{A}^*\boldsymbol{P},$$

求 $\boldsymbol{B}+2\boldsymbol{E}$ 的特征值与特征向量,其中 $\boldsymbol{A}^*$ 为 $\boldsymbol{A}$ 的伴随矩阵,$\boldsymbol{E}$ 为三阶单位矩阵.

解　由

$$|\lambda\boldsymbol{E}-\boldsymbol{A}|=\begin{vmatrix}\lambda-3 & -2 & -2\\ -2 & \lambda-3 & -2\\ -2 & -2 & \lambda-3\end{vmatrix}=\begin{vmatrix}\lambda-7 & \lambda-7 & \lambda-7\\ -2 & \lambda-3 & -2\\ -2 & -2 & \lambda-3\end{vmatrix}$$

$$=(\lambda-7)\begin{vmatrix}1 & 1 & 1\\-2 & \lambda-3 & -2\\-2 & -2 & \lambda-3\end{vmatrix}=(\lambda-7)\begin{vmatrix}1 & 1 & 1\\0 & \lambda-1 & 0\\0 & 0 & \lambda-1\end{vmatrix}$$

$$=(\lambda-7)(\lambda-1)^2=0,$$

可知 $\boldsymbol{A}$ 的特征值为 $\lambda_1=7,\lambda_2=\lambda_3=1$.

当 $\lambda_1=7$ 时,解方程组 $(7\boldsymbol{E}-\boldsymbol{A})\boldsymbol{X}=\boldsymbol{0}$,由

$$7\boldsymbol{E}-\boldsymbol{A}=\begin{pmatrix}4 & -2 & -2\\-2 & 4 & -2\\-2 & -2 & 4\end{pmatrix}\to\begin{pmatrix}4 & -2 & -2\\-2 & 4 & -2\\0 & -6 & 6\end{pmatrix}\to\begin{pmatrix}-2 & 4 & -2\\0 & 6 & -6\\0 & -6 & 6\end{pmatrix}$$

$$\to\begin{pmatrix}1 & -2 & 1\\0 & 1 & -1\\0 & 0 & 0\end{pmatrix}\to\begin{pmatrix}1 & 0 & -1\\0 & 1 & -1\\0 & 0 & 0\end{pmatrix},$$

求得 $\begin{cases}x_1=x_3,\\x_2=x_3,\end{cases}$ 所以 $\boldsymbol{A}$ 的属于 7 的特征向量为 $\boldsymbol{\alpha}_1=(1,1,1)^{\mathrm{T}}$.

当 $\lambda_2=\lambda_3=1$ 时,解方程组 $(1\boldsymbol{E}-\boldsymbol{A})\boldsymbol{X}=\boldsymbol{0}$,由

$$1\boldsymbol{E}-\boldsymbol{A}=\begin{pmatrix}-2 & -2 & -2\\-2 & -2 & -2\\-2 & -2 & -2\end{pmatrix}\to\begin{pmatrix}-2 & -2 & -2\\0 & 0 & 0\\0 & 0 & 0\end{pmatrix}\to\begin{pmatrix}1 & 1 & 1\\0 & 0 & 0\\0 & 0 & 0\end{pmatrix},$$

求得 $x_1=-x_2-x_3$,所以 $\boldsymbol{A}$ 的属于 1 的特征向量为

$$\boldsymbol{\alpha}_2=(-1,1,0)^{\mathrm{T}},\quad \boldsymbol{\alpha}_3=(-1,0,1)^{\mathrm{T}}.$$

设 $\boldsymbol{A}$ 的属于特征值 λ 的特征向量为 $\boldsymbol{\alpha}$,则有 $\boldsymbol{A\alpha}=\lambda\boldsymbol{\alpha}$,由此可得

$$(\boldsymbol{B}+2\boldsymbol{E})\boldsymbol{P}^{-1}\boldsymbol{\alpha}=(\boldsymbol{P}^{-1}\boldsymbol{A}^*\boldsymbol{P}+2\boldsymbol{E})\boldsymbol{P}^{-1}\boldsymbol{\alpha}=\boldsymbol{P}^{-1}\boldsymbol{A}^*\boldsymbol{PP}^{-1}\boldsymbol{\alpha}+2\boldsymbol{EP}^{-1}\boldsymbol{\alpha}$$

$$=\boldsymbol{P}^{-1}\boldsymbol{A}^*\boldsymbol{\alpha}+2\boldsymbol{P}^{-1}\boldsymbol{\alpha}=\boldsymbol{P}^{-1}\frac{|\boldsymbol{A}|}{\lambda}\boldsymbol{\alpha}+2\boldsymbol{P}^{-1}\boldsymbol{\alpha}$$

$$=\left(\frac{|\boldsymbol{A}|}{\lambda}+2\right)\boldsymbol{P}^{-1}\boldsymbol{\alpha}.$$

由此可知 $\boldsymbol{B}+2\boldsymbol{E}$ 的特征值为 $\frac{|\boldsymbol{A}|}{\lambda}+2$,$\boldsymbol{B}+2\boldsymbol{E}$ 的属于特征值 $\frac{|\boldsymbol{A}|}{\lambda}+2$ 的特征向量为 $\boldsymbol{P}^{-1}\boldsymbol{\alpha}$,因此 $\boldsymbol{B}+2\boldsymbol{E}$ 的特征值为 9,9,3.

对应于 3 的特征向量为

$$k_1\boldsymbol{P}^{-1}\boldsymbol{\alpha}_1=k_1\begin{pmatrix}0 & 1 & -1\\1 & 0 & 0\\0 & 0 & 1\end{pmatrix}\begin{pmatrix}1\\1\\1\end{pmatrix}=k_1\begin{pmatrix}0\\1\\1\end{pmatrix}\quad(k_1\neq 0);$$

对应于 9 的特征向量为

$$\boldsymbol{P}^{-1}(k_2\boldsymbol{\alpha}_2+k_3\boldsymbol{\alpha}_3)=k_2\boldsymbol{P}^{-1}\boldsymbol{\alpha}_2+k_3\boldsymbol{P}^{-1}\boldsymbol{\alpha}_3=k_2\begin{pmatrix}1\\-1\\0\end{pmatrix}+k_3\begin{pmatrix}-1\\-1\\1\end{pmatrix}$$

（k_2,k_3 为不全为零的任意常数）.

例 11　若矩阵 $\boldsymbol{A}=\begin{pmatrix}2&2&0\\8&2&a\\0&0&6\end{pmatrix}$ 相似于对角形矩阵 $\boldsymbol{\Lambda}$，试确定常数 a 的值，并求可逆矩阵 $\boldsymbol{P}$，使 $\boldsymbol{P}^{-1}\boldsymbol{AP}=\boldsymbol{\Lambda}$.

解　$|\lambda\boldsymbol{E}-\boldsymbol{A}|=\begin{vmatrix}\lambda-2&-2&0\\-8&\lambda-2&-a\\0&0&\lambda-6\end{vmatrix}=(\lambda-6)\begin{vmatrix}\lambda-2&-2\\-8&\lambda-2\end{vmatrix}$

$$=(\lambda-6)(\lambda^2-4\lambda-12)=(\lambda-6)^2(\lambda+2)=0,$$

故 $\boldsymbol{A}$ 的特征值为 $\lambda_1=\lambda_2=6,\lambda_3=-2$.

由于 $\boldsymbol{A}$ 相似于对角形矩阵，故对应于特征值 6 应有 2 个线性无关的特征向量，因此 $3-\mathrm{r}(6\boldsymbol{E}-\boldsymbol{A})=2$，即 $\mathrm{r}(6\boldsymbol{E}-\boldsymbol{A})=1$. 而由

$$6\boldsymbol{E}-\boldsymbol{A}=\begin{pmatrix}4&-2&0\\-8&4&-a\\0&0&0\end{pmatrix}\to\begin{pmatrix}4&-2&0\\0&0&-a\\0&0&0\end{pmatrix}\to\begin{pmatrix}2&-1&0\\0&0&-a\\0&0&0\end{pmatrix},$$

可知 $a=0$. 易求得属于 6 的特征向量为 $\boldsymbol{\alpha}_1=(0,0,1)^{\mathrm{T}},\boldsymbol{\alpha}_2=(1,2,0)^{\mathrm{T}}$.

由

$$-2\boldsymbol{E}-\boldsymbol{A}=\begin{pmatrix}-4&-2&0\\-8&-4&0\\0&0&-8\end{pmatrix}\to\begin{pmatrix}4&2&0\\0&0&0\\0&0&1\end{pmatrix}\to\begin{pmatrix}2&1&0\\0&0&1\\0&0&0\end{pmatrix},$$

可知属于 -2 的特征向量为 $\boldsymbol{\alpha}_3=(1,-2,0)^{\mathrm{T}}$.

令 $\boldsymbol{P}=\begin{pmatrix}0&1&1\\0&2&-2\\1&0&0\end{pmatrix}$，则 $\boldsymbol{P}^{-1}\boldsymbol{AP}=\boldsymbol{\Lambda}=\begin{pmatrix}6&&\\&6&\\&&-2\end{pmatrix}$.

例 12　设矩阵 $\boldsymbol{A}=\begin{pmatrix}1&2&-3\\-1&4&-3\\1&a&5\end{pmatrix}$ 的特征方程有一个二重根，求 a 的值，并讨论 $\boldsymbol{A}$ 是否可以相似对角化.

解　$|\lambda\boldsymbol{E}-\boldsymbol{A}|=\begin{vmatrix}\lambda-1&-2&3\\1&\lambda-4&3\\-1&-a&\lambda-5\end{vmatrix}=\begin{vmatrix}\lambda-2&-\lambda+2&0\\1&\lambda-4&3\\-1&-a&\lambda-5\end{vmatrix}$

$$=\begin{vmatrix}\lambda-2&0&0\\1&\lambda-3&3\\-1&-1-a&\lambda-5\end{vmatrix}=(\lambda-2)(\lambda^2-8\lambda+18+3a).$$

若 $\lambda=2$ 是 $\boldsymbol{A}$ 的特征方程的二重根，则有 $\lambda^2-8\lambda+18+3a=0$，即

$$2^2-8\times2+18+3a=0,$$

解得 $a=-2$. 此时, $\boldsymbol{A}$ 的特征值为 2,2,6, 矩阵

$$2\boldsymbol{E}-\boldsymbol{A}=\begin{pmatrix}1&-2&3\\1&-2&3\\-1&2&-3\end{pmatrix}\rightarrow\begin{pmatrix}1&-2&3\\0&0&0\\0&0&0\end{pmatrix},$$

即 $\mathrm{r}(2\boldsymbol{E}-\boldsymbol{A})=1$, 故 $\lambda=2$ 对应有 2 个线性无关的特征向量, 从而 $\boldsymbol{A}$ 可以对角化.

若 $\lambda=2$ 不是 $\boldsymbol{A}$ 的特征方程的二重根, 则有 $\lambda^2-8\lambda+18+3a=0$ 为完全平方, 从而 $18+3a=4^2$, 解得 $a=-\frac{2}{3}$. 此时, $\boldsymbol{A}$ 的特征值为 2,4,4, 而矩阵

$$4\boldsymbol{E}-\boldsymbol{A}=\begin{pmatrix}3&-2&3\\1&0&3\\-1&\frac{2}{3}&-1\end{pmatrix}\rightarrow\begin{pmatrix}1&0&3\\0&\frac{2}{3}&2\\0&0&0\end{pmatrix},$$

即 $\mathrm{r}(4\boldsymbol{E}-\boldsymbol{A})=2$, 故 $\lambda=4$ 对应的线性无关的特征向量只有 1 个, 从而 $\boldsymbol{A}$ 不可以对角化.

例 13　设 $\boldsymbol{A}$ 为三阶方阵, $\boldsymbol{\alpha}_1,\boldsymbol{\alpha}_2,\boldsymbol{\alpha}_3$ 是线性无关的三维列向量, 且满足

$$\boldsymbol{A}\boldsymbol{\alpha}_1=\boldsymbol{\alpha}_1+\boldsymbol{\alpha}_2+\boldsymbol{\alpha}_3,\quad \boldsymbol{A}\boldsymbol{\alpha}_2=2\boldsymbol{\alpha}_2+\boldsymbol{\alpha}_3,\quad \boldsymbol{A}\boldsymbol{\alpha}_3=2\boldsymbol{\alpha}_2+3\boldsymbol{\alpha}_3,$$

求:

(1) 矩阵 $\boldsymbol{B}$, 使得 $\boldsymbol{A}(\boldsymbol{\alpha}_1,\boldsymbol{\alpha}_2,\boldsymbol{\alpha}_3)=(\boldsymbol{\alpha}_1,\boldsymbol{\alpha}_2,\boldsymbol{\alpha}_3)\boldsymbol{B}$;

(2) 矩阵 $\boldsymbol{A}$ 的特征值;

(3) 可逆矩阵 $\boldsymbol{P}$, 使得 $\boldsymbol{P}^{-1}\boldsymbol{A}\boldsymbol{P}$ 为对角形矩阵.

解　(1) 由

$$\boldsymbol{A}(\boldsymbol{\alpha}_1,\boldsymbol{\alpha}_2,\boldsymbol{\alpha}_3)=(\boldsymbol{\alpha}_1,\boldsymbol{\alpha}_2,\boldsymbol{\alpha}_3)\begin{pmatrix}1&0&0\\1&2&2\\1&1&3\end{pmatrix},$$

可知

$$\boldsymbol{B}=\begin{pmatrix}1&0&0\\1&2&2\\1&1&3\end{pmatrix}.$$

(2) 因为 $\boldsymbol{\alpha}_1,\boldsymbol{\alpha}_2,\boldsymbol{\alpha}_3$ 是线性无关的三维列向量, 可以知道 $\boldsymbol{C}=(\boldsymbol{\alpha}_1,\boldsymbol{\alpha}_2,\boldsymbol{\alpha}_3)$ 可逆, 所以 $\boldsymbol{C}^{-1}\boldsymbol{A}\boldsymbol{C}=\boldsymbol{B}$, 即矩阵 $\boldsymbol{A}$ 与 $\boldsymbol{B}$ 相似, 它们有相同的特征值. 由

$$|\lambda\boldsymbol{E}-\boldsymbol{B}|=\begin{vmatrix}\lambda-1&0&0\\-1&\lambda-2&-2\\-1&-1&\lambda-3\end{vmatrix}=(\lambda-1)^2(\lambda-4)=0,$$

求得 $\boldsymbol{B}$ 的特征值为 $\lambda_1=\lambda_2=1,\lambda_3=4$, 则也是 $\boldsymbol{A}$ 的特征值.

(3) 对于 $\lambda_1=\lambda_2=1$, 解方程组 $(1\boldsymbol{E}-\boldsymbol{B})\boldsymbol{X}=\boldsymbol{0}$, 由

$$1\boldsymbol{E}-\boldsymbol{B}=\begin{pmatrix}0&0&0\\-1&-1&-2\\-1&-1&-2\end{pmatrix}\rightarrow\begin{pmatrix}1&1&2\\0&0&0\\0&0&0\end{pmatrix},$$

求得 $x_1=-x_2-2x_3$，则 $\boldsymbol{B}$ 的属于 1 的特征向量为 $\boldsymbol{\alpha}_1=(-1,1,0)^{\mathrm{T}}$，$\boldsymbol{\alpha}_2=(-2,0,1)^{\mathrm{T}}$.

对于 $\lambda_3=4$，解方程组 $(4\boldsymbol{E}-\boldsymbol{B})\boldsymbol{X}=\boldsymbol{0}$，由

$$4\boldsymbol{E}-\boldsymbol{B}=\begin{pmatrix}3&0&0\\-1&2&-2\\-1&-1&1\end{pmatrix}\to\begin{pmatrix}1&0&0\\0&2&-2\\0&-1&1\end{pmatrix}\to\begin{pmatrix}1&0&0\\0&1&-1\\0&0&0\end{pmatrix},$$

求得 $x_1=0,x_2=x_3$，则 $\boldsymbol{B}$ 的属于 4 的特征向量为 $\boldsymbol{\alpha}_3=(0,1,1)^{\mathrm{T}}$.

令矩阵 $\boldsymbol{Q}=(\boldsymbol{\alpha}_1,\boldsymbol{\alpha}_2,\boldsymbol{\alpha}_3)=\begin{pmatrix}-1&-2&0\\1&0&1\\0&1&1\end{pmatrix}$，则

$$\boldsymbol{Q}^{-1}\boldsymbol{B}\boldsymbol{Q}=\begin{pmatrix}1&&\\&1&\\&&4\end{pmatrix}.$$

由

$$\boldsymbol{Q}^{-1}\boldsymbol{B}\boldsymbol{Q}=\boldsymbol{Q}^{-1}\boldsymbol{C}^{-1}\boldsymbol{A}\boldsymbol{C}\boldsymbol{Q}=(\boldsymbol{C}\boldsymbol{Q})^{-1}\boldsymbol{A}(\boldsymbol{C}\boldsymbol{Q})=\begin{pmatrix}1&&\\&1&\\&&4\end{pmatrix},$$

可令 $\boldsymbol{P}=\boldsymbol{C}\boldsymbol{Q}$，则

$$\boldsymbol{P}=\boldsymbol{C}\boldsymbol{Q}=(\boldsymbol{\alpha}_1,\boldsymbol{\alpha}_2,\boldsymbol{\alpha}_3)\begin{pmatrix}-1&-2&0\\1&0&1\\0&1&1\end{pmatrix}=(-\boldsymbol{\alpha}_1+\boldsymbol{\alpha}_2,-2\boldsymbol{\alpha}_1+\boldsymbol{\alpha}_3,\boldsymbol{\alpha}_2+\boldsymbol{\alpha}_3),$$

$\boldsymbol{P}$ 即为所求的可逆矩阵.

例 14 设五阶方阵

$$\boldsymbol{A}=\begin{pmatrix}1&b&b&b&b\\b&1&b&b&b\\b&b&1&b&b\\b&b&b&1&b\\b&b&b&b&1\end{pmatrix},$$

求：

(1) $\boldsymbol{A}$ 的特征值和特征向量；

(2) 可逆矩阵 $\boldsymbol{P}$，使 $\boldsymbol{P}^{-1}\boldsymbol{A}\boldsymbol{P}$ 为对角形矩阵.

解 (1) 设 $b\neq0$，则

$$|\lambda\boldsymbol{E}-\boldsymbol{A}|=\begin{vmatrix}\lambda-1&-b&-b&-b&-b\\-b&\lambda-1&-b&-b&-b\\-b&-b&\lambda-1&-b&-b\\-b&-b&-b&\lambda-1&-b\\-b&-b&-b&-b&\lambda-1\end{vmatrix}$$

$$= (\lambda-1-4b)\begin{vmatrix} 1 & 1 & 1 & 1 & 1 \\ -b & \lambda-1 & -b & -b & -b \\ -b & -b & \lambda-1 & -b & -b \\ -b & -b & -b & \lambda-1 & -b \\ -b & -b & -b & -b & \lambda-1 \end{vmatrix}$$

$$= (\lambda-1-4b)\begin{vmatrix} 1 & 1 & 1 & 1 & 1 \\ 0 & \lambda-1+b & 0 & 0 & 0 \\ 0 & 0 & \lambda-1+b & 0 & 0 \\ 0 & 0 & 0 & \lambda-1+b & 0 \\ 0 & 0 & 0 & 0 & \lambda-1+b \end{vmatrix}$$

$$= (\lambda-1-4b)(\lambda-1+b)^4 = 0,$$

故 $\boldsymbol{A}$ 的特征值为 $\lambda_1 = 1+4b, \lambda_2 = \lambda_3 = \lambda_4 = \lambda_5 = 1-b$.

对于 $\lambda = 1+4b$,解方程组 $[(1+4b)\boldsymbol{E}-\boldsymbol{A}]\boldsymbol{X} = \boldsymbol{0}$,由

$$(1+4b)\boldsymbol{E}-\boldsymbol{A} = \begin{pmatrix} 4b & -b & -b & -b & -b \\ -b & 4b & -b & -b & -b \\ -b & -b & 4b & -b & -b \\ -b & -b & -b & 4b & -b \\ -b & -b & -b & -b & 4b \end{pmatrix} \to \begin{pmatrix} 4 & -1 & -1 & -1 & -1 \\ -1 & 4 & -1 & -1 & -1 \\ -1 & -1 & 4 & -1 & -1 \\ -1 & -1 & -1 & 4 & -1 \\ 0 & 0 & 0 & 0 & 0 \end{pmatrix}$$

$$\to \begin{pmatrix} 1 & 1 & 1 & 1 & -4 \\ -1 & 4 & -1 & -1 & -1 \\ -1 & -1 & 4 & -1 & -1 \\ -1 & -1 & -1 & 4 & -1 \\ 0 & 0 & 0 & 0 & 0 \end{pmatrix} \to \begin{pmatrix} 1 & 1 & 1 & 1 & -4 \\ 0 & 5 & 0 & 0 & -5 \\ 0 & 0 & 5 & 0 & -5 \\ 0 & 0 & 0 & 5 & -5 \\ 0 & 0 & 0 & 0 & 0 \end{pmatrix}$$

$$\to \begin{pmatrix} 1 & 1 & 1 & 1 & -4 \\ 0 & 1 & 0 & 0 & -1 \\ 0 & 0 & 1 & 0 & -1 \\ 0 & 0 & 0 & 1 & -1 \\ 0 & 0 & 0 & 0 & 0 \end{pmatrix} \to \begin{pmatrix} 1 & 0 & 0 & 0 & -1 \\ 0 & 1 & 0 & 0 & -1 \\ 0 & 0 & 1 & 0 & -1 \\ 0 & 0 & 0 & 1 & -1 \\ 0 & 0 & 0 & 0 & 0 \end{pmatrix},$$

求得 $x_1 = x_2 = x_3 = x_4 = x_5$,则 $\boldsymbol{A}$ 的属于 $1+4b$ 的特征向量为

$$\boldsymbol{\alpha}_1 = (1,1,1,1,1)^{\mathrm{T}}.$$

对于 $\lambda = 1-b$,解方程组 $[(1-b)\boldsymbol{E}-\boldsymbol{A}]\boldsymbol{X} = \boldsymbol{0}$,由

$$(1-b)\boldsymbol{E}-\boldsymbol{A} = \begin{pmatrix} -b & -b & -b & -b & -b \\ -b & -b & -b & -b & -b \\ -b & -b & -b & -b & -b \\ -b & -b & -b & -b & -b \\ -b & -b & -b & -b & -b \end{pmatrix} \to \begin{pmatrix} 1 & 1 & 1 & 1 & 1 \\ 0 & 0 & 0 & 0 & 0 \\ 0 & 0 & 0 & 0 & 0 \\ 0 & 0 & 0 & 0 & 0 \\ 0 & 0 & 0 & 0 & 0 \end{pmatrix},$$

求得 $x_1=-x_2-x_3-x_4-x_5$，则 $\boldsymbol{A}$ 的属于 $1-b$ 的特征向量为

$$\boldsymbol{\alpha}_2=(-1,1,0,0,0)^{\mathrm{T}},\quad \boldsymbol{\alpha}_3=(-1,0,1,0,0)^{\mathrm{T}},$$
$$\boldsymbol{\alpha}_4=(-1,0,0,1,0)^{\mathrm{T}},\quad \boldsymbol{\alpha}_5=(-1,0,0,0,1)^{\mathrm{T}}.$$

当 $b=0$ 时，$|\lambda\boldsymbol{E}-\boldsymbol{A}|=(\lambda-1)^5=0$，$\boldsymbol{A}$ 的特征值为 $\lambda_1=\lambda_2=\lambda_3=\lambda_4=\lambda_5=1$，任意非零列向量均为特征向量.

(2) 当 $b\neq 0$ 时，$\boldsymbol{A}$ 有 5 个线性无关的特征向量，令 $\boldsymbol{P}=(\boldsymbol{\alpha}_1,\boldsymbol{\alpha}_2,\boldsymbol{\alpha}_3,\boldsymbol{\alpha}_4,\boldsymbol{\alpha}_5)$，则

$$\boldsymbol{P}^{-1}\boldsymbol{A}\boldsymbol{P}=\begin{pmatrix}1+4b &&&& \\ & 1-b &&& \\ && 1-b && \\ &&& 1-b & \\ &&&& 1-b\end{pmatrix};$$

当 $b=0$ 时，$\boldsymbol{A}=\boldsymbol{E}$，对任意可逆矩阵 $\boldsymbol{P}$，均有 $\boldsymbol{P}^{-1}\boldsymbol{A}\boldsymbol{P}=\boldsymbol{E}$.

例 15　设矩阵 $\boldsymbol{A}=\begin{pmatrix}0&0&x\\1&1&y\\1&0&0\end{pmatrix}$ 有 3 个线性无关的特征向量，求 x 和 y 应满足的条件.

解　因

$$|\lambda\boldsymbol{E}-\boldsymbol{A}|=\begin{vmatrix}\lambda&0&-x\\-1&\lambda-1&-y\\-1&0&\lambda\end{vmatrix}=\lambda^2(\lambda-1)-x(\lambda-1)$$
$$=(\lambda-1)(\lambda^2-x),$$

故当 $x\neq 1$ 时，$\boldsymbol{A}$ 有 3 个不同的特征值，从而 $\boldsymbol{A}$ 必有 3 个线性无关的特征向量.

当 $x=1$ 时，$\boldsymbol{A}$ 有特征值 $\lambda_1=\lambda_2=1,\lambda_3=-1$，所以必有 $\mathrm{r}(1\boldsymbol{E}-\boldsymbol{A})=1$. 又

$$1\boldsymbol{E}-\boldsymbol{A}=\begin{pmatrix}1&0&-1\\-1&0&-y\\-1&0&1\end{pmatrix}\to\begin{pmatrix}1&0&-1\\0&0&-1-y\\0&0&0\end{pmatrix},$$

即 $y=-1$，所以得

(1) 当 $x\neq 1$ 时，对任意的 y，$\boldsymbol{A}$ 都有 3 个线性无关的特征向量；

(2) 当 $x=1$ 且 $y=-1$ 时，$\boldsymbol{A}$ 有 3 个线性无关的特征向量.

例 16　设三阶实对称矩阵的特征值为 $\lambda_1=-1,\lambda_2=\lambda_3=1$，对应于 λ_1 的特征向量为 $\boldsymbol{\alpha}_1=(0,1,1)^{\mathrm{T}}$，求 $\boldsymbol{A}$.

解　由于实对称矩阵的不同特征值对应的特征向量是正交的，设 $\boldsymbol{A}$ 的属于 1 的特征向量为 $\boldsymbol{\alpha}=(x_1,x_2,x_3)^{\mathrm{T}}$，则有 $\boldsymbol{\alpha}_1^{\mathrm{T}}\boldsymbol{\alpha}=(0,1,1)\begin{pmatrix}x_1\\x_2\\x_3\end{pmatrix}=x_2+x_3=0$，由此得 $\boldsymbol{\alpha}_2=(1,0,0)^{\mathrm{T}}$，$\boldsymbol{\alpha}_3=(0,1,-1)^{\mathrm{T}}$. 将 $\boldsymbol{\alpha}_1,\boldsymbol{\alpha}_3$ 单位化后，令

$$Q=\begin{pmatrix}0&1&0\\ \frac{1}{\sqrt{2}}&0&\frac{1}{\sqrt{2}}\\ \frac{1}{\sqrt{2}}&0&-\frac{1}{\sqrt{2}}\end{pmatrix},$$

则有

$$Q^{-1}AQ=\begin{pmatrix}-1&&\\&1&\\&&1\end{pmatrix}.$$

故

$$A=Q\begin{pmatrix}-1&&\\&1&\\&&1\end{pmatrix}Q^{-1}=\begin{pmatrix}1&0&0\\0&0&-1\\0&-1&0\end{pmatrix}.$$

例 17 设 $\boldsymbol{A}$ 为三阶实对称矩阵,且满足条件 $\boldsymbol{A}^2+2\boldsymbol{A}=\boldsymbol{O}$,已知 $\mathrm{r}(\boldsymbol{A})=2$,求 $\boldsymbol{A}$ 的全部特征值.

解 设 λ 是 $\boldsymbol{A}$ 的特征值,$\boldsymbol{\alpha}$ 是其对应的特征向量,则 $\boldsymbol{A}^2+2\boldsymbol{A}$ 的特征值为 $\lambda^2+2\lambda$,所以 $\lambda^2+2\lambda=0$,则 $\lambda=0$ 或 $\lambda=-2$. 由于 $\boldsymbol{A}$ 是三阶实对称矩阵,因此它一定有 3 个特征值 0,0,−2 或 0,−2,−2.

当特征值为 0,0,−2 时,有 $\boldsymbol{A}\sim\begin{pmatrix}0&&\\&0&\\&&-2\end{pmatrix}$,此时 $\mathrm{r}(\boldsymbol{A})=1$,不合题意;

当特征值为 0,−2,−2 时,有 $\boldsymbol{A}\sim\begin{pmatrix}0&&\\&-2&\\&&-2\end{pmatrix}$,此时 $\mathrm{r}(\boldsymbol{A})=2$,故 $\boldsymbol{A}$ 的全部特征值为 0,−2,−2.

五、习题详解

习题 5.1

1. 求下列矩阵的特征值和特征向量:

(1) $\begin{pmatrix}2&3&2\\1&4&2\\1&-3&1\end{pmatrix}$; (2) $\begin{pmatrix}3&-2&-4\\-2&6&-2\\-4&-2&3\end{pmatrix}$.

解 (1) 特征方程为

$$|\lambda E - A| = \begin{vmatrix} \lambda-2 & -3 & -2 \\ -1 & \lambda-4 & -2 \\ -1 & 3 & \lambda-1 \end{vmatrix} = (\lambda-3)^2(\lambda-1)=0,$$

故可得特征值为 $\lambda_1=\lambda_2=3, \lambda_3=1$.

当 $\lambda=3$ 时，解齐次线性方程组 $(3E-A)X=0$，由

$$3E-A=\begin{pmatrix} 1 & -3 & -2 \\ -1 & -1 & -2 \\ -1 & 3 & 2 \end{pmatrix} \to \begin{pmatrix} 1 & 0 & 1 \\ 0 & 1 & 1 \\ 0 & 0 & 0 \end{pmatrix},$$

求得方程组的一个基础解系为 $\boldsymbol{\alpha}_1=\begin{pmatrix} -1 \\ -1 \\ 1 \end{pmatrix}$，所以属于 $\lambda=3$ 的所有特征向量为

$$c_1\boldsymbol{\alpha}_1=c_1\begin{pmatrix} -1 \\ -1 \\ 1 \end{pmatrix} \quad (c_1\neq 0).$$

当 $\lambda=1$ 时，解齐次线性方程组 $(1E-A)X=0$，由

$$1E-A=\begin{pmatrix} -1 & -3 & -2 \\ -1 & -3 & -2 \\ -1 & 3 & 0 \end{pmatrix} \to \begin{pmatrix} 1 & 0 & 1 \\ 0 & 1 & \frac{1}{3} \\ 0 & 0 & 0 \end{pmatrix},$$

求得方程组的一个基础解系为 $\boldsymbol{\alpha}_2=\begin{pmatrix} -1 \\ -\frac{1}{3} \\ 1 \end{pmatrix}$，所以属于 $\lambda=1$ 的所有特征向量为

$$c_2\boldsymbol{\alpha}_2=c_2\begin{pmatrix} -1 \\ -\frac{1}{3} \\ 1 \end{pmatrix} \quad (c_2\neq 0).$$

(2) 特征方程为

$$|\lambda E - A| = \begin{vmatrix} \lambda-3 & 2 & 4 \\ 2 & \lambda-6 & 2 \\ 4 & 2 & \lambda-3 \end{vmatrix} = (\lambda+2)(\lambda-7)^2=0,$$

故可得特征值为 $\lambda_1=\lambda_2=7, \lambda_3=-2$.

当 $\lambda=7$ 时，解齐次线性方程组 $(7E-A)X=0$，由

$$7E-A=\begin{pmatrix} 4 & 2 & 4 \\ 2 & 1 & 2 \\ 4 & 2 & 4 \end{pmatrix} \to \begin{pmatrix} 1 & \frac{1}{2} & 1 \\ 0 & 0 & 0 \\ 0 & 0 & 0 \end{pmatrix},$$

求得方程组的一个基础解系为 $\boldsymbol{\alpha}_1=\begin{pmatrix}-\frac{1}{2}\\1\\0\end{pmatrix}$，$\boldsymbol{\alpha}_2=\begin{pmatrix}-1\\0\\1\end{pmatrix}$，所以属于 $\lambda=7$ 的所有特征向量为 $c_1\boldsymbol{\alpha}_1+c_2\boldsymbol{\alpha}_2$($c_1,c_2$ 不同时为零).

当 $\lambda=-2$ 时，解齐次线性方程组 $(-2\boldsymbol{E}-\boldsymbol{A})\boldsymbol{X}=\boldsymbol{0}$，由

$$-2\boldsymbol{E}-\boldsymbol{A}=\begin{pmatrix}-5&2&4\\2&-8&2\\4&2&-5\end{pmatrix}\to\begin{pmatrix}1&0&-1\\0&1&-\frac{1}{2}\\0&0&0\end{pmatrix},$$

求得方程组的一个基础解系为 $\boldsymbol{\alpha}_3=\begin{pmatrix}1\\\frac{1}{2}\\1\end{pmatrix}$，所以属于 $\lambda=-2$ 的所有特征向量为 $c_3\boldsymbol{\alpha}_3(c_3\neq0)$.

2. 设 n 阶可逆矩阵 $\boldsymbol{A}$ 有特征值 λ，对应的特征向量为 $\boldsymbol{\alpha}$，求 $\boldsymbol{A}^{-1},\boldsymbol{A}^*,\boldsymbol{E}-\boldsymbol{A}^{-1},\boldsymbol{A}^2-\boldsymbol{A}+\boldsymbol{E}$ 的特征值和特征向量.

解 $\boldsymbol{A}^{-1}$ 的特征值为 $\frac{1}{\lambda}$，特征向量为 $\boldsymbol{\alpha}$；$\boldsymbol{A}^*$ 的特征值为 $\frac{|\boldsymbol{A}|}{\lambda}$，特征向量为 $\boldsymbol{\alpha}$；$\boldsymbol{E}-\boldsymbol{A}^{-1}$ 的特征值为 $1-\frac{1}{\lambda}$，特征向量为 $\boldsymbol{\alpha}$；$\boldsymbol{A}^2-\boldsymbol{A}+\boldsymbol{E}$ 的特征值为 $\lambda^2-\lambda+1$，特征向量为 $\boldsymbol{\alpha}$.

3. 已知 $\boldsymbol{A}_{4\times4}$ 的全部特征值为 $\lambda_1=2$(三重根)，$\lambda_2=5$，求 $\mathrm{tr}(\boldsymbol{A})$ 和 $|\boldsymbol{A}|$.

解 $\mathrm{tr}(\boldsymbol{A})=2+2+2+5=11$，$|\boldsymbol{A}|=2\times2\times2\times5=40$.

4. 已知矩阵 $\boldsymbol{A}=\begin{pmatrix}3&2&-1\\a&-2&2\\3&b&-1\end{pmatrix}$，如果 $\boldsymbol{A}$ 的特征值 λ_1 对应的特征向量为 $\boldsymbol{\alpha}_1=(1,-2,3)^{\mathrm{T}}$，求 a,b 和 λ_1 的值.

解 由

$$\begin{pmatrix}3&2&-1\\a&-2&2\\3&b&-1\end{pmatrix}\begin{pmatrix}1\\-2\\3\end{pmatrix}=\lambda_1\begin{pmatrix}1\\-2\\3\end{pmatrix},$$

得

$$\begin{cases}3-4-3=\lambda_1,\\a+4+6=-2\lambda_1,\\3-2b-3=3\lambda_1,\end{cases}$$

解得

$$\begin{cases}a=-2,\\b=6,\\\lambda_1=-4.\end{cases}$$

5. 设 $\boldsymbol{A}$ 和 $\boldsymbol{B}$ 均是 n 阶非零矩阵，且满足 $\boldsymbol{A}^2=\boldsymbol{A},\boldsymbol{B}^2=\boldsymbol{B},\boldsymbol{AB}=\boldsymbol{BA}=\boldsymbol{O}$，证明：

(1) 0 和 1 必是 $\boldsymbol{A}$ 和 $\boldsymbol{B}$ 的特征值；

(2) 若 $\boldsymbol{\alpha}$ 是 $\boldsymbol{A}$ 的属于特征值 1 的特征向量，则 $\boldsymbol{\alpha}$ 必是 $\boldsymbol{B}$ 的属于特征值 0 的特征向量.

证明 (1) 由 $\boldsymbol{A}^2=\boldsymbol{A}$，可知 $\boldsymbol{A}^2-\boldsymbol{A}=\boldsymbol{O}$，故 $\boldsymbol{A}$ 的特征值满足 $\lambda^2-\lambda=0$，所以 0 和 1 必是 $\boldsymbol{A}$ 的特征值. 同理，0 和 1 也是 $\boldsymbol{B}$ 的特征值.

(2) 由于 $\boldsymbol{A\alpha}=\boldsymbol{\alpha}$，两边同时左乘 $\boldsymbol{B}$，得 $\boldsymbol{B\alpha}=\boldsymbol{B}(\boldsymbol{A\alpha})=(\boldsymbol{BA})\boldsymbol{\alpha}=\boldsymbol{0}=0\boldsymbol{\alpha}$，故 $\boldsymbol{\alpha}$ 必是 $\boldsymbol{B}$ 的属于特征值 0 的特征向量.

6. 设 $\boldsymbol{A}$ 是 n 阶方阵，λ_1,λ_2 是 $\boldsymbol{A}$ 的两个不同的特征值，$\boldsymbol{\xi}_1,\boldsymbol{\xi}_2$ 是 $\boldsymbol{A}$ 的对应于 λ_1 的线性无关的特征向量，$\boldsymbol{\eta}_1,\boldsymbol{\eta}_2$ 是 $\boldsymbol{A}$ 的对应于 λ_2 的线性无关的特征向量，证明：

(1) $\boldsymbol{\xi}_1,\boldsymbol{\xi}_2,\boldsymbol{\eta}_1,\boldsymbol{\eta}_2$ 线性无关；

(2) $\boldsymbol{\xi}_1+\boldsymbol{\xi}_2+\boldsymbol{\eta}_1+\boldsymbol{\eta}_2$ 不是 $\boldsymbol{A}$ 的特征向量.

证明 (1) 设

$$k_1\boldsymbol{\xi}_1+k_2\boldsymbol{\xi}_2+k_3\boldsymbol{\eta}_1+k_4\boldsymbol{\eta}_2=\boldsymbol{0}, \tag{*}$$

(*) 式两边同时左乘 $\boldsymbol{A}$，则有

$$k_1\boldsymbol{A\xi}_1+k_2\boldsymbol{A\xi}_2+k_3\boldsymbol{A\eta}_1+k_4\boldsymbol{A\eta}_2=\boldsymbol{0},$$

即

$$k_1\lambda_1\boldsymbol{\xi}_1+k_2\lambda_1\boldsymbol{\xi}_2+k_3\lambda_2\boldsymbol{\eta}_1+k_4\lambda_2\boldsymbol{\eta}_2=\boldsymbol{0}. \quad ①$$

(*) 式两边同时乘以 λ_2，得

$$k_1\lambda_2\boldsymbol{\xi}_1+k_2\lambda_2\boldsymbol{\xi}_2+k_3\lambda_2\boldsymbol{\eta}_1+k_4\lambda_2\boldsymbol{\eta}_2=\boldsymbol{0}, \quad ②$$

① − ② 得

$$(\lambda_1-\lambda_2)(k_1\boldsymbol{\xi}_1+k_2\boldsymbol{\xi}_2)=\boldsymbol{0}.$$

由于 $\lambda_1\neq\lambda_2$ 且 $\boldsymbol{\xi}_1,\boldsymbol{\xi}_2$ 线性无关，可知 $k_1=k_2=0$. 同理可推得 $k_3=k_4=0$，故(1)得证.

(2) 用反证法. 假设

$$\boldsymbol{A}(\boldsymbol{\xi}_1+\boldsymbol{\xi}_2+\boldsymbol{\eta}_1+\boldsymbol{\eta}_2)=\lambda(\boldsymbol{\xi}_1+\boldsymbol{\xi}_2+\boldsymbol{\eta}_1+\boldsymbol{\eta}_2),$$

$$\boldsymbol{A\xi}_1+\boldsymbol{A\xi}_2+\boldsymbol{A\eta}_1+\boldsymbol{A\eta}_2=\lambda\boldsymbol{\xi}_1+\lambda\boldsymbol{\xi}_2+\lambda\boldsymbol{\eta}_1+\lambda\boldsymbol{\eta}_2,$$

由 $\boldsymbol{A\xi}_1=\lambda_1\boldsymbol{\xi}_1,\boldsymbol{A\xi}_2=\lambda_1\boldsymbol{\xi}_2,\boldsymbol{A\eta}_1=\lambda_2\boldsymbol{\eta}_1,\boldsymbol{A\eta}_2=\lambda_2\boldsymbol{\eta}_2$，得

$$\lambda_1\boldsymbol{\xi}_1+\lambda_1\boldsymbol{\xi}_2+\lambda_2\boldsymbol{\eta}_1+\lambda_2\boldsymbol{\eta}_2=\lambda\boldsymbol{\xi}_1+\lambda\boldsymbol{\xi}_2+\lambda\boldsymbol{\eta}_1+\lambda\boldsymbol{\eta}_2,$$

即

$$(\lambda-\lambda_1)\boldsymbol{\xi}_1+(\lambda-\lambda_1)\boldsymbol{\xi}_2+(\lambda-\lambda_2)\boldsymbol{\eta}_1+(\lambda-\lambda_2)\boldsymbol{\eta}_2=\boldsymbol{0}.$$

又由 $\boldsymbol{\xi}_1,\boldsymbol{\xi}_2,\boldsymbol{\eta}_1,\boldsymbol{\eta}_2$ 线性无关可得 $\lambda_1=\lambda_2=\lambda$，这与题设矛盾，故 $\boldsymbol{\xi}_1+\boldsymbol{\xi}_2+\boldsymbol{\eta}_1+\boldsymbol{\eta}_2$ 不是 $\boldsymbol{A}$ 的特征向量.

习题 5.2

1. 判断下列矩阵是否与对角形矩阵相似；若相似，求出可逆矩阵 $\boldsymbol{P}$ 和对角形矩阵 $\boldsymbol{\Lambda}$，使 $\boldsymbol{P}^{-1}\boldsymbol{AP}=\boldsymbol{\Lambda}$：

(1) $\begin{pmatrix} 2 & 3 & 2 \\ 1 & 4 & 2 \\ 1 & -3 & 1 \end{pmatrix}$;　　(2) $\begin{pmatrix} 3 & -2 & -4 \\ -2 & 6 & -2 \\ -4 & -2 & 3 \end{pmatrix}$.

解 (1) 特征方程为

$$|\lambda \boldsymbol{E} - \boldsymbol{A}| = \begin{vmatrix} \lambda-2 & -3 & -2 \\ -1 & \lambda-4 & -2 \\ -1 & 3 & \lambda-1 \end{vmatrix} = (\lambda-1)(\lambda-3)^2 = 0,$$

故可得特征值为 $\lambda_1 = \lambda_2 = 3, \lambda_3 = 1$.

当 $\lambda = 3$(二重)时,解齐次线性方程组 $(3\boldsymbol{E}-\boldsymbol{A})\boldsymbol{X} = \boldsymbol{0}$,由

$$3\boldsymbol{E} - \boldsymbol{A} = \begin{pmatrix} 1 & -3 & -2 \\ -1 & -1 & -2 \\ -1 & 3 & 2 \end{pmatrix} \to \begin{pmatrix} 1 & 0 & 1 \\ 0 & 1 & 1 \\ 0 & 0 & 0 \end{pmatrix},$$

求得方程组的一个基础解系为 $\boldsymbol{\alpha}_1 = \begin{pmatrix} -1 \\ -1 \\ 1 \end{pmatrix}$,只有 1 个线性无关的特征向量,故不能对角化.

(2) 特征方程为

$$|\lambda \boldsymbol{E} - \boldsymbol{A}| = \begin{vmatrix} \lambda-3 & 2 & 4 \\ 2 & \lambda-6 & 2 \\ 4 & 2 & \lambda-3 \end{vmatrix} = (\lambda+2)(\lambda-7)^2 = 0,$$

故可得特征值为 $\lambda_1 = \lambda_2 = 7, \lambda_3 = -2$.

当 $\lambda = 7$(二重)时,解齐次线性方程组 $(7\boldsymbol{E}-\boldsymbol{A})\boldsymbol{X} = \boldsymbol{0}$,由

$$7\boldsymbol{E} - \boldsymbol{A} = \begin{pmatrix} 4 & 2 & 4 \\ 2 & 1 & 2 \\ 4 & 2 & 4 \end{pmatrix} \to \begin{pmatrix} 1 & \frac{1}{2} & 1 \\ 0 & 0 & 0 \\ 0 & 0 & 0 \end{pmatrix},$$

求得方程组的一个基础解系为 $\boldsymbol{\alpha}_1 = \begin{pmatrix} -\frac{1}{2} \\ 1 \\ 0 \end{pmatrix}, \boldsymbol{\alpha}_2 = \begin{pmatrix} -1 \\ 0 \\ 1 \end{pmatrix}$.

当 $\lambda = -2$ 时,解齐次线性方程组 $(-2\boldsymbol{E}-\boldsymbol{A})\boldsymbol{X} = \boldsymbol{0}$,由

$$-2\boldsymbol{E} - \boldsymbol{A} = \begin{pmatrix} -5 & 2 & 4 \\ 2 & -8 & 2 \\ 4 & 2 & -5 \end{pmatrix} \to \begin{pmatrix} 1 & 0 & -1 \\ 0 & 1 & -\frac{1}{2} \\ 0 & 0 & 0 \end{pmatrix},$$

求得方程组的一个基础解系为 $\boldsymbol{\alpha}_3 = \begin{pmatrix} 1 \\ \frac{1}{2} \\ 1 \end{pmatrix}$.

因此,所给矩阵可对角化. 令 $\boldsymbol{\Lambda} = \begin{pmatrix} -2 & & \\ & 7 & \\ & & 7 \end{pmatrix}$,则 $\boldsymbol{P} = \begin{pmatrix} 1 & -\frac{1}{2} & -1 \\ \frac{1}{2} & 1 & 0 \\ 1 & 0 & 1 \end{pmatrix}$,可使 $\boldsymbol{P}^{-1}\boldsymbol{AP} = \boldsymbol{\Lambda}$.

2. 设有三阶方阵 $\boldsymbol{A} = \begin{pmatrix} 2 & 0 & 0 \\ 0 & 0 & 1 \\ 0 & 1 & 0 \end{pmatrix}$ 和 $\boldsymbol{B} = \begin{pmatrix} 1 & 0 & 0 \\ 0 & -1 & 0 \\ 6 & -6 & 2 \end{pmatrix}$,试判断 $\boldsymbol{A}$ 与 $\boldsymbol{B}$ 是否相似.

解　由

$$|\lambda\boldsymbol{E} - \boldsymbol{A}| = \begin{vmatrix} \lambda - 2 & 0 & 0 \\ 0 & \lambda & -1 \\ 0 & -1 & \lambda \end{vmatrix} = (\lambda - 2)(\lambda^2 - 1) = 0,$$

得 $\boldsymbol{A}$ 的特征值为 $\lambda_1 = 2, \lambda_2 = 1, \lambda_3 = -1$.

又由

$$|\lambda\boldsymbol{E} - \boldsymbol{B}| = \begin{vmatrix} \lambda - 1 & 0 & 0 \\ 0 & \lambda + 1 & 0 \\ -6 & 6 & \lambda - 2 \end{vmatrix} = (\lambda - 2)(\lambda - 1)(\lambda + 1) = 0,$$

得 $\boldsymbol{B}$ 的特征值为 $\lambda_1 = 2, \lambda_2 = 1, \lambda_3 = -1$,即 $\boldsymbol{A}$ 与 $\boldsymbol{B}$ 有 3 个同样的彼此不相同的特征值. 因此 $\boldsymbol{A}$ 与 $\boldsymbol{B}$ 都与 $\begin{pmatrix} 2 & 0 & 0 \\ 0 & 1 & 0 \\ 0 & 0 & -1 \end{pmatrix}$ 相似,由相似关系的对称性与传递性知,$\boldsymbol{A}$ 与 $\boldsymbol{B}$ 相似.

3. 填空题:

(1) 已知矩阵 $\boldsymbol{A} = \begin{pmatrix} 1 & -1 & 1 \\ 2 & 4 & -2 \\ -3 & -3 & 5 \end{pmatrix}$,$\boldsymbol{B} = \begin{pmatrix} \lambda & 0 & 0 \\ 0 & 2 & 0 \\ 0 & 0 & 2 \end{pmatrix}$,且 $\boldsymbol{A} \sim \boldsymbol{B}$,则 $\lambda =$ ________.

(2) 已知矩阵 $\boldsymbol{A} = \begin{pmatrix} 2 & 0 & 0 \\ 0 & 0 & 1 \\ 0 & 1 & x \end{pmatrix}$ 与 $\boldsymbol{B} = \begin{pmatrix} 2 & 0 & 0 \\ 0 & y & 0 \\ 0 & 0 & -1 \end{pmatrix}$ 相似,则 $x =$ ________,$y =$ ________.

(3) 若四阶方阵 $\boldsymbol{A}$ 与 $\boldsymbol{B}$ 相似,方阵 $\boldsymbol{A}$ 的特征值为 $\frac{1}{2}, \frac{1}{3}, \frac{1}{4}, \frac{1}{5}$,则行列式 $|\boldsymbol{B}^{-1} - \boldsymbol{E}| =$ ________.

解　(1) $\lambda + 2 + 2 = 1 + 4 + 5$,故 $\lambda = 6$.

(2) $\begin{cases}\mathrm{tr}(\boldsymbol{A})=\mathrm{tr}(\boldsymbol{B}),\\ |\boldsymbol{A}|=|\boldsymbol{B}|,\end{cases}$ 即 $\begin{cases}2+x=2+y-1,\\ -2=-2y,\end{cases}$ 解得 $x=0,y=1$.

(3) 由方阵 $\boldsymbol{A}$ 与 $\boldsymbol{B}$ 相似可得，方阵 $\boldsymbol{B}$ 的特征值为 $\frac{1}{2},\frac{1}{3},\frac{1}{4},\frac{1}{5}$，故 $\boldsymbol{B}^{-1}-\boldsymbol{E}$ 的特征值为 1,2,3,4，所以 $|\boldsymbol{B}^{-1}-\boldsymbol{E}|=24$.

4. 设 n 阶方阵 $\boldsymbol{A}$ 有 n 个互异的特征值 $\lambda_1,\lambda_2,\cdots,\lambda_n$，又设 n 阶方阵 $\boldsymbol{B}$ 与 $\boldsymbol{A}$ 有相同的特征值，证明：$\boldsymbol{A}\sim\boldsymbol{B}$.

证明　因为 $\boldsymbol{A}$ 有 n 个互不相同的特征值，所以 $\boldsymbol{A}$ 必与对角形矩阵相似，即存在可逆矩阵 $\boldsymbol{P}_1$，使 $\boldsymbol{P}_1^{-1}\boldsymbol{A}\boldsymbol{P}_1=\boldsymbol{\Lambda}$. 同理，有 $\boldsymbol{P}_2^{-1}\boldsymbol{B}\boldsymbol{P}_2=\boldsymbol{\Lambda}$. 故 $\boldsymbol{P}_1^{-1}\boldsymbol{A}\boldsymbol{P}_1=\boldsymbol{P}_2^{-1}\boldsymbol{B}\boldsymbol{P}_2$，即有 $\boldsymbol{P}_2\boldsymbol{P}_1^{-1}\boldsymbol{A}\boldsymbol{P}_1\boldsymbol{P}_2^{-1}=\boldsymbol{B}$. 令 $\boldsymbol{P}=\boldsymbol{P}_1\boldsymbol{P}_2^{-1}$，则 $\boldsymbol{P}$ 可逆，且 $\boldsymbol{P}^{-1}\boldsymbol{A}\boldsymbol{P}=\boldsymbol{B}$，故 $\boldsymbol{A}\sim\boldsymbol{B}$.

习题 5.3

1. 求正交矩阵 $\boldsymbol{Q}$，使 $\boldsymbol{Q}^{-1}\boldsymbol{A}\boldsymbol{Q}$ 为对角形矩阵：

(1) $\boldsymbol{A}=\begin{pmatrix}2&-1&-1\\-1&2&-1\\-1&-1&2\end{pmatrix}$；　　(2) $\boldsymbol{A}=\begin{pmatrix}1&0&2\\0&1&2\\2&2&-1\end{pmatrix}$.

解　(1) 特征方程为

$$|\lambda\boldsymbol{E}-\boldsymbol{A}|=\begin{vmatrix}\lambda-2&1&1\\1&\lambda-2&1\\1&1&\lambda-2\end{vmatrix}=\lambda(\lambda-3)^2=0,$$

故可得特征值为 $\lambda_1=\lambda_2=3,\lambda_3=0$.

当 $\lambda=3$(二重)时，解齐次线性方程组 $(3\boldsymbol{E}-\boldsymbol{A})\boldsymbol{X}=\boldsymbol{0}$，由

$$3\boldsymbol{E}-\boldsymbol{A}=\begin{pmatrix}1&1&1\\1&1&1\\1&1&1\end{pmatrix}\to\begin{pmatrix}1&1&1\\0&0&0\\0&0&0\end{pmatrix},$$

求得方程组的一个基础解系为 $\boldsymbol{\alpha}_1=\begin{pmatrix}-1\\1\\0\end{pmatrix}$，$\boldsymbol{\alpha}_2=\begin{pmatrix}-1\\0\\1\end{pmatrix}$，正交化得 $\boldsymbol{\beta}_1=\begin{pmatrix}-1\\1\\0\end{pmatrix}$，$\boldsymbol{\beta}_2=-\frac{1}{2}\begin{pmatrix}1\\1\\-2\end{pmatrix}$，再单位化得

$$\boldsymbol{\gamma}_1=\begin{pmatrix}-\frac{1}{\sqrt{2}}\\ \frac{1}{\sqrt{2}}\\ 0\end{pmatrix},\quad \boldsymbol{\gamma}_2=\begin{pmatrix}-\frac{1}{\sqrt{6}}\\ -\frac{1}{\sqrt{6}}\\ \frac{2}{\sqrt{6}}\end{pmatrix}.$$

当 $\lambda = 0$ 时，解齐次线性方程组 $(0\boldsymbol{E}-\boldsymbol{A})\boldsymbol{X}=\boldsymbol{0}$，由

$$0\boldsymbol{E}-\boldsymbol{A}=\begin{pmatrix}-2 & 1 & 1\\ 1 & -2 & 1\\ 1 & 1 & -2\end{pmatrix}\rightarrow\begin{pmatrix}1 & 0 & -1\\ 0 & 1 & -1\\ 0 & 0 & 0\end{pmatrix},$$

求得方程组的一个基础解系为 $\boldsymbol{\alpha}_3=\begin{pmatrix}1\\1\\1\end{pmatrix}$，单位化得 $\boldsymbol{\gamma}_3=\begin{pmatrix}\frac{1}{\sqrt{3}}\\ \frac{1}{\sqrt{3}}\\ \frac{1}{\sqrt{3}}\end{pmatrix}$.

令 $\boldsymbol{\Lambda}=\begin{pmatrix}3 & & \\ & 3 & \\ & & 0\end{pmatrix}$，则存在正交矩阵 $\boldsymbol{Q}=\begin{pmatrix}-\frac{1}{\sqrt{2}} & -\frac{1}{\sqrt{6}} & \frac{1}{\sqrt{3}}\\ \frac{1}{\sqrt{2}} & -\frac{1}{\sqrt{6}} & \frac{1}{\sqrt{3}}\\ 0 & \frac{2}{\sqrt{6}} & \frac{1}{\sqrt{3}}\end{pmatrix}$，使得 $\boldsymbol{Q}^{-1}\boldsymbol{A}\boldsymbol{Q}=\boldsymbol{\Lambda}$.

(2) 特征方程为

$$|\lambda\boldsymbol{E}-\boldsymbol{A}|=\begin{vmatrix}\lambda-1 & 0 & -2\\ 0 & \lambda-1 & -2\\ -2 & -2 & \lambda+1\end{vmatrix}=(\lambda+3)(\lambda-3)(\lambda-1)=0,$$

故可得特征值为 $\lambda_1=-3, \lambda_2=3, \lambda_3=1$.

当 $\lambda=-3$ 时，解齐次线性方程组 $(-3\boldsymbol{E}-\boldsymbol{A})\boldsymbol{X}=\boldsymbol{0}$，由

$$-3\boldsymbol{E}-\boldsymbol{A}=\begin{pmatrix}-4 & 0 & -2\\ 0 & -4 & -2\\ -2 & -2 & -2\end{pmatrix}\rightarrow\begin{pmatrix}1 & 0 & \frac{1}{2}\\ 0 & 1 & \frac{1}{2}\\ 0 & 0 & 0\end{pmatrix},$$

求得方程组的一个基础解系为 $\boldsymbol{\alpha}_1=\begin{pmatrix}-\frac{1}{2}\\ -\frac{1}{2}\\ 1\end{pmatrix}$，单位化得 $\boldsymbol{\gamma}_1=\begin{pmatrix}-\frac{1}{\sqrt{6}}\\ -\frac{1}{\sqrt{6}}\\ \frac{2}{\sqrt{6}}\end{pmatrix}$.

当 $\lambda=3$ 时，解齐次线性方程组 $(3\boldsymbol{E}-\boldsymbol{A})\boldsymbol{X}=\boldsymbol{0}$，由

$$3\boldsymbol{E}-\boldsymbol{A}=\begin{pmatrix}2 & 0 & -2\\ 0 & 2 & -2\\ -2 & -2 & 4\end{pmatrix}\rightarrow\begin{pmatrix}1 & 0 & -1\\ 0 & 1 & -1\\ 0 & 0 & 0\end{pmatrix},$$

求得方程组的一个基础解系为 $\boldsymbol{\alpha}_2=\begin{pmatrix}1\\1\\1\end{pmatrix}$,单位化得 $\boldsymbol{\gamma}_2=\begin{pmatrix}\frac{1}{\sqrt{3}}\\\frac{1}{\sqrt{3}}\\\frac{1}{\sqrt{3}}\end{pmatrix}$.

当 $\lambda=1$ 时,解齐次线性方程组 $(1\boldsymbol{E}-\boldsymbol{A})\boldsymbol{X}=\boldsymbol{0}$,由

$$1\boldsymbol{E}-\boldsymbol{A}=\begin{pmatrix}0&0&-2\\0&0&-2\\-2&-2&2\end{pmatrix}\rightarrow\begin{pmatrix}1&1&0\\0&0&1\\0&0&0\end{pmatrix},$$

求得方程组的一个基础解系为 $\boldsymbol{\alpha}_3=\begin{pmatrix}-1\\1\\0\end{pmatrix}$,单位化得 $\boldsymbol{\gamma}_3=\begin{pmatrix}-\frac{1}{\sqrt{2}}\\\frac{1}{\sqrt{2}}\\0\end{pmatrix}$.

令 $\boldsymbol{\Lambda}=\begin{pmatrix}1&&\\&-3&\\&&3\end{pmatrix}$,则存在正交矩阵 $\boldsymbol{Q}=\begin{pmatrix}-\frac{1}{\sqrt{2}}&-\frac{1}{\sqrt{6}}&\frac{1}{\sqrt{3}}\\\frac{1}{\sqrt{2}}&-\frac{1}{\sqrt{6}}&\frac{1}{\sqrt{3}}\\0&\frac{2}{\sqrt{6}}&\frac{1}{\sqrt{3}}\end{pmatrix}$,使得 $\boldsymbol{Q}^{-1}\boldsymbol{AQ}=\boldsymbol{\Lambda}$.

2. 设三阶实对称矩阵 $\boldsymbol{A}$ 的各行元素之和均为 3,向量 $\boldsymbol{\alpha}_1=(-1,2,-1)^{\mathrm{T}}$,$\boldsymbol{\alpha}_2=(0,-1,1)^{\mathrm{T}}$ 是线性方程组 $\boldsymbol{AX}=\boldsymbol{0}$ 的两个解.

(1) 求 $\boldsymbol{A}$ 的特征值和特征向量;

(2) 求正交矩阵 $\boldsymbol{Q}$ 和对角形矩阵 $\boldsymbol{\Lambda}$,使 $\boldsymbol{Q}^{-1}\boldsymbol{AQ}=\boldsymbol{\Lambda}$,并求 $\boldsymbol{A}$.

解 (1) 因为矩阵 $\boldsymbol{A}$ 的各行元素之和均为 3,所以 $\boldsymbol{A}\begin{pmatrix}1\\1\\1\end{pmatrix}=\begin{pmatrix}3\\3\\3\end{pmatrix}=3\begin{pmatrix}1\\1\\1\end{pmatrix}$,即 3 是 $\boldsymbol{A}$ 的一个特征值,$\boldsymbol{\alpha}=\begin{pmatrix}1\\1\\1\end{pmatrix}$ 是 $\boldsymbol{A}$ 的属于 3 的特征向量.故 $\boldsymbol{A}$ 的属于 3 的全部特征向量为 $k\begin{pmatrix}1\\1\\1\end{pmatrix}$,其中 $k\neq 0$ 为常数.

又由题设知 $\boldsymbol{A\alpha}_1=\boldsymbol{0}$,$\boldsymbol{A\alpha}_2=\boldsymbol{0}$,则 $\boldsymbol{A\alpha}_1=0\boldsymbol{\alpha}_1$,$\boldsymbol{A\alpha}_2=0\boldsymbol{\alpha}_2$,而且 $\boldsymbol{\alpha}_1,\boldsymbol{\alpha}_2$ 线性无关,所以 $\lambda=0$ 是矩阵 $\boldsymbol{A}$ 的二重特征值,$\boldsymbol{\alpha}_1,\boldsymbol{\alpha}_2$ 是其对应的特征向量,对应于 $\lambda=0$ 的全部特征向量为 $k_1\boldsymbol{\alpha}_1+k_2\boldsymbol{\alpha}_2$,其中 k_1,k_2 为不全为零的任意常数.

(2) 因为 $\boldsymbol{A}$ 是实对称矩阵,所以 $\boldsymbol{\alpha}$ 与 $\boldsymbol{\alpha}_1,\boldsymbol{\alpha}_2$ 正交.因此,只需将 $\boldsymbol{\alpha}_1,\boldsymbol{\alpha}_2$ 正交化.取

$$\boldsymbol{\beta}_1=\boldsymbol{\alpha}_1,\quad \boldsymbol{\beta}_2=\boldsymbol{\alpha}_2-\frac{\boldsymbol{\alpha}_2^{\mathrm{T}}\boldsymbol{\beta}_1}{\boldsymbol{\beta}_1^{\mathrm{T}}\boldsymbol{\beta}_1}\boldsymbol{\beta}_1=\begin{pmatrix}0\\-1\\1\end{pmatrix}-\frac{-3}{6}\begin{pmatrix}-1\\2\\-1\end{pmatrix}=\begin{pmatrix}-\frac{1}{2}\\0\\\frac{1}{2}\end{pmatrix}.$$

再将 $\boldsymbol{\alpha},\boldsymbol{\beta}_1,\boldsymbol{\beta}_2$ 单位化，得

$$\boldsymbol{\eta}_1=\frac{\boldsymbol{\alpha}}{\|\boldsymbol{\alpha}\|}=\begin{pmatrix}\frac{1}{\sqrt{3}}\\\frac{1}{\sqrt{3}}\\\frac{1}{\sqrt{3}}\end{pmatrix},\quad \boldsymbol{\eta}_2=\frac{\boldsymbol{\beta}_1}{\|\boldsymbol{\beta}_1\|}=\begin{pmatrix}-\frac{1}{\sqrt{6}}\\\frac{2}{\sqrt{6}}\\-\frac{1}{\sqrt{6}}\end{pmatrix},\quad \boldsymbol{\eta}_3=\frac{\boldsymbol{\beta}_2}{\|\boldsymbol{\beta}_2\|}=\begin{pmatrix}-\frac{1}{\sqrt{2}}\\0\\\frac{1}{\sqrt{2}}\end{pmatrix}.$$

令 $\boldsymbol{Q}=(\boldsymbol{\eta}_1,\boldsymbol{\eta}_2,\boldsymbol{\eta}_3)$，则

$$\boldsymbol{Q}^{-1}\boldsymbol{A}\boldsymbol{Q}=\begin{pmatrix}3&0&0\\0&0&0\\0&0&0\end{pmatrix}=\boldsymbol{\Lambda},$$

所以

$$\boldsymbol{A}=\boldsymbol{Q}\boldsymbol{\Lambda}\boldsymbol{Q}^{\mathrm{T}}=\begin{pmatrix}\frac{1}{\sqrt{3}}&-\frac{1}{\sqrt{6}}&-\frac{1}{\sqrt{2}}\\\frac{1}{\sqrt{3}}&\frac{2}{\sqrt{6}}&0\\\frac{1}{\sqrt{3}}&-\frac{1}{\sqrt{6}}&\frac{1}{\sqrt{2}}\end{pmatrix}\begin{pmatrix}3&0&0\\0&0&0\\0&0&0\end{pmatrix}\begin{pmatrix}\frac{1}{\sqrt{3}}&\frac{1}{\sqrt{3}}&\frac{1}{\sqrt{3}}\\-\frac{1}{\sqrt{6}}&\frac{2}{\sqrt{6}}&-\frac{1}{\sqrt{6}}\\-\frac{1}{\sqrt{2}}&0&\frac{1}{\sqrt{2}}\end{pmatrix}$$

$$=\begin{pmatrix}1&1&1\\1&1&1\\1&1&1\end{pmatrix}.$$

3. 已知 n 阶实对称矩阵 $\boldsymbol{A}$ 的特征值只能是 -1 和 1，求 $\boldsymbol{A}^2$.

解　由实对称矩阵 $\boldsymbol{A}$ 的特征值只能是 -1 和 1，可知 $\boldsymbol{A}^2$ 也是实对称矩阵，且特征值只有 1. 故存在正交矩阵 $\boldsymbol{Q}$，使得 $\boldsymbol{Q}^{-1}\boldsymbol{A}^2\boldsymbol{Q}=\boldsymbol{E}$，则 $\boldsymbol{A}^2=\boldsymbol{E}$.

4. 设三阶实对称矩阵 $\boldsymbol{A}$ 的全部特征值为 $\lambda_1=1,\lambda_2=2,\lambda_3=-2$，$\boldsymbol{\alpha}_1=(1,-1,1)^{\mathrm{T}}$ 是 $\boldsymbol{A}$ 的属于 $\lambda_1=1$ 的一个特征向量，记 $\boldsymbol{B}=\boldsymbol{A}^5-4\boldsymbol{A}^3+\boldsymbol{E}$，$\boldsymbol{E}$ 为三阶单位矩阵.

(1) 验证 $\boldsymbol{\alpha}_1$ 是矩阵 $\boldsymbol{B}$ 的特征向量，并求 $\boldsymbol{B}$ 的全部特征值与特征向量；

(2) 求矩阵 $\boldsymbol{B}$.

解　(1) 因为 $\boldsymbol{B}=\boldsymbol{A}^5-4\boldsymbol{A}^3+\boldsymbol{E}$，所以 $\boldsymbol{B}$ 的特征值为 $\lambda^5-4\lambda^3+1$，其中 λ 为 $\boldsymbol{A}$ 的特征值. 又因为 $\boldsymbol{A}$ 的特征值为 $1,2,-2$，所以 $\boldsymbol{B}$ 的特征值为 $-2,1,1$.

因为 $\boldsymbol{\alpha}_1$ 是 $\boldsymbol{A}$ 的属于 $\lambda_1=1$ 的一个特征向量，所以 $\boldsymbol{\alpha}_1$ 也是 $\boldsymbol{B}$ 的属于 $\lambda=-2$ 的一个特征向量. 又因为 $\boldsymbol{A}$ 为实对称矩阵，所以 $\boldsymbol{B}$ 也为实对阵矩阵. 设 $\boldsymbol{B}$ 的属于 $\lambda=1$ 的特征向量为 $\boldsymbol{\alpha}=(x_1,x_2,x_3)^{\mathrm{T}}$，由实对称矩阵属于不同特征值的特征向量正交可知，$\boldsymbol{\alpha}^{\mathrm{T}}\boldsymbol{\alpha}_1=0$，即

$$x_1 - x_2 + x_3 = 0,$$

得基础解系为 $\boldsymbol{\alpha}_2 = (1,1,0)^{\mathrm{T}}, \boldsymbol{\alpha}_3 = (-1,0,1)^{\mathrm{T}}$. 因此 $\boldsymbol{B}$ 的属于 $\lambda = 1$ 的特征向量为 $k_2\boldsymbol{\alpha}_2 + k_3\boldsymbol{\alpha}_3$,其中 k_2, k_3 是不全为零的任意常数.

(2) 由 $\boldsymbol{B\alpha}_1 = -2\boldsymbol{\alpha}_1, \boldsymbol{B\alpha}_2 = \boldsymbol{\alpha}_2, \boldsymbol{B\alpha}_3 = \boldsymbol{\alpha}_3$,有

$$\boldsymbol{B}(\boldsymbol{\alpha}_1, \boldsymbol{\alpha}_2, \boldsymbol{\alpha}_3) = (-2\boldsymbol{\alpha}_1, \boldsymbol{\alpha}_2, \boldsymbol{\alpha}_3).$$

所以

$$\boldsymbol{B} = (-2\boldsymbol{\alpha}_1, \boldsymbol{\alpha}_2, \boldsymbol{\alpha}_3)(\boldsymbol{\alpha}_1, \boldsymbol{\alpha}_2, \boldsymbol{\alpha}_3)^{-1} = \begin{pmatrix} 0 & 1 & -1 \\ 1 & 0 & 1 \\ -1 & 1 & 0 \end{pmatrix}.$$

5. 设 $\boldsymbol{A}$ 是 n 阶实对称矩阵,证明:$\mathrm{r}(\boldsymbol{A}) = \mathrm{r}(\boldsymbol{A}^2)$.

证明 由于 $\boldsymbol{A}$ 是实对称矩阵,因此存在正交矩阵 $\boldsymbol{Q}$,使 $\boldsymbol{Q}^{\mathrm{T}}\boldsymbol{AQ} = \boldsymbol{\Lambda}$. 于是 $\boldsymbol{A} = \boldsymbol{Q\Lambda Q}^{\mathrm{T}}$,从而 $\boldsymbol{A}^2 = \boldsymbol{Q\Lambda}^2\boldsymbol{Q}^{\mathrm{T}}$,故 $\mathrm{r}(\boldsymbol{A}^2) = \mathrm{r}(\boldsymbol{\Lambda}^2)$. 因为 $\boldsymbol{\Lambda}$ 是 n 阶对角形矩阵,所以 $\boldsymbol{\Lambda}^2$ 也是 n 阶对角形矩阵,显然 $\mathrm{r}(\boldsymbol{\Lambda}) = \mathrm{r}(\boldsymbol{\Lambda}^2)$. 故 $\mathrm{r}(\boldsymbol{A}) = \mathrm{r}(\boldsymbol{A}^2)$.

第六章　二　次　型

一、基本概念与性质

(一) 二次型及其矩阵表示

1. 二次型的概念

含有 n 个变量 $x_1,x_2,\cdots,x_n$ 的二次齐次多项式

$$\begin{aligned}f(x_1,x_2,\cdots,x_n) &= \sum_{i=1}^{n}\sum_{j=1}^{n}a_{ij}x_ix_j \\ &= a_{11}x_1^2+a_{12}x_1x_2+\cdots+a_{1n}x_1x_n \\ &\quad +a_{21}x_2x_1+a_{22}x_2^2+\cdots+a_{2n}x_2x_n \\ &\quad +\cdots+a_{n1}x_nx_1+a_{n2}x_nx_2+\cdots+a_{nn}x_n^2 \\ &= a_{11}x_1^2+2a_{12}x_1x_2+2a_{13}x_1x_3+\cdots+2a_{1n}x_1x_n \\ &\quad +a_{22}x_2^2+2a_{23}x_2x_3+\cdots+2a_{2n}x_2x_n+\cdots+a_{nn}x_n^2,\end{aligned}$$

称为数域 F 上的一个 n **元二次型**,简称**二次型**,其中 $a_{ij}=a_{ji}(i,j=1,2,\cdots,n)$ 是数域 F 上的元素.

2. 二次型的矩阵

二次型 f 的系数 a_{ij} 所构成的对称矩阵

$$\boldsymbol{A}=\begin{pmatrix}a_{11} & a_{12} & \cdots & a_{1n}\\ a_{21} & a_{22} & \cdots & a_{2n}\\ \vdots & \vdots & & \vdots\\ a_{n1} & a_{n2} & \cdots & a_{nn}\end{pmatrix},$$

称为该二次型的矩阵.

设 $\boldsymbol{X}=(x_1,x_2,\cdots,x_n)^{\mathrm{T}}$,则二次型可用矩阵的乘积表示为

$$f(\boldsymbol{X})=\boldsymbol{X}^{\mathrm{T}}\boldsymbol{A}\boldsymbol{X}.$$

3. 二次型的标准形

二次型经过可逆线性替换化为只含平方项的形式

$$f(y_1,y_2,\cdots,y_n)=d_1y_1^2+d_2y_2^2+\cdots+d_ny_n^2,$$

称为二次型的**标准形**,标准形的矩阵为对角形矩阵

$$\boldsymbol{D}=\begin{pmatrix} d_1 & & & \\ & d_2 & & \\ & & \ddots & \\ & & & d_n \end{pmatrix}.$$

标准形的秩 $\mathrm{r}(\boldsymbol{D})$ 为 $d_1,d_2,\cdots,d_n$ 中非零元素的个数.

4. 二次型的规范形

二次型

$$f(z_1,z_2,\cdots,z_n)=z_1^2+z_2^2+\cdots+z_p^2-z_{p+1}^2-\cdots-z_r^2\quad(r\leqslant n),$$

称为实数域 $\mathbf{R}$ 上二次型的**规范形**,其矩阵为

$$\boldsymbol{\Lambda}_{\mathbf{R}}=\begin{pmatrix} 1 & & & & & & & & \\ & \ddots & & & & & & & \\ & & 1 & & & & & & \\ & & & -1 & & & & & \\ & & & & \ddots & & & & \\ & & & & & -1 & & & \\ & & & & & & 0 & & \\ & & & & & & & \ddots & \\ & & & & & & & & 0 \end{pmatrix}.$$

规范形的秩 $\mathrm{r}(\boldsymbol{\Lambda}_{\mathbf{R}})=r$(其中 1 的个数为 p,-1 的个数为 $r-p$,0 的个数为 $n-r$).

(二) 线性替换

1. 线性替换及其系数矩阵

两组变量 $x_1,x_2,\cdots,x_n$ 和 $y_1,y_2,\cdots,y_n$ 之间的线性关系式

$$\begin{cases} x_1=c_{11}y_1+c_{12}y_2+\cdots+c_{1n}y_n, \\ x_2=c_{21}y_1+c_{22}y_2+\cdots+c_{2n}y_n, \\ \quad\cdots\cdots \\ x_n=c_{n1}y_1+c_{n2}y_2+\cdots+c_{nn}y_n \end{cases}$$

称为由 $x_1,x_2,\cdots,x_n$ 到 $y_1,y_2,\cdots,y_n$ 的一个**线性替换**. 它可表示成矩阵形式

$$\boldsymbol{X}=\boldsymbol{C}\boldsymbol{Y},$$

其中矩阵 $\boldsymbol{C}=(c_{ij})_{n\times n}(i,j=1,2,\cdots,n)$ 称为线性替换的**系数矩阵**.

(1) 如果 $\boldsymbol{C}$ 可逆,则 $\boldsymbol{X}=\boldsymbol{C}\boldsymbol{Y}$ 称为**可逆线性替换**(或**非奇异线性替换**),且 $\boldsymbol{Y}=\boldsymbol{C}^{-1}\boldsymbol{X}$ 为 $\boldsymbol{X}=\boldsymbol{C}\boldsymbol{Y}$ 的逆变换. 它是一个由 $y_1,y_2,\cdots,y_n$ 到 $x_1,x_2,\cdots,x_n$ 的线性替换.

(2) 如果 $\boldsymbol{C}$ 是正交矩阵,则 $\boldsymbol{X}=\boldsymbol{C}\boldsymbol{Y}$ 称为**正交替换**.

2. 线性替换的性质

如果 $x_1,x_2,\cdots,x_n$ 到 $u_1,u_2,\cdots,u_n$ 的可逆线性替换为 $\boldsymbol{X}=\boldsymbol{C}_1\boldsymbol{U}$,而 $u_1,u_2,\cdots,u_n$ 到 y_1,

$y_2,\cdots,y_n$ 的可逆线性替换为 $\boldsymbol{U}=\boldsymbol{C}_2\boldsymbol{Y}$，则 $x_1,x_2,\cdots,x_n$ 到 $y_1,y_2,\cdots,y_n$ 的可逆线性替换为

$$\boldsymbol{X}=(\boldsymbol{C}_1\boldsymbol{C}_2)\boldsymbol{Y}.$$

（三）矩阵合同

1. 矩阵合同的概念

设 $\boldsymbol{A},\boldsymbol{B}$ 为 n 阶方阵，如果存在 n 阶可逆矩阵 $\boldsymbol{C}$，使得 $\boldsymbol{B}=\boldsymbol{C}^{\mathrm{T}}\boldsymbol{A}\boldsymbol{C}$，则称 $\boldsymbol{A}$ 与 $\boldsymbol{B}$ **合同**，记作 $\boldsymbol{A}\simeq\boldsymbol{B}$.

注 定义中所指的方阵是一般方阵，但在实际中，大多数是针对对称矩阵研究合同关系的.

2. 矩阵合同的性质

(1) 反身性：对任一 n 阶方阵 $\boldsymbol{A}$，都有 $\boldsymbol{A}\simeq\boldsymbol{A}$.

(2) 对称性：若 $\boldsymbol{A}\simeq\boldsymbol{B}$，则 $\boldsymbol{B}\simeq\boldsymbol{A}$.

(3) 传递性：若 $\boldsymbol{A}_1\simeq\boldsymbol{A}_2,\boldsymbol{A}_2\simeq\boldsymbol{A}_3$，则 $\boldsymbol{A}_1\simeq\boldsymbol{A}_3$.

（四）化二次型为标准形和规范形

1. 化二次型为标准形

数域 F 上的任一 n 元二次型 f 都可经过可逆线性替换 $\boldsymbol{X}=\boldsymbol{C}\boldsymbol{Y}$ 化为标准形，即

$$\begin{aligned} f &= \boldsymbol{X}^{\mathrm{T}}\boldsymbol{A}\boldsymbol{X}=(\boldsymbol{C}\boldsymbol{Y})^{\mathrm{T}}\boldsymbol{A}(\boldsymbol{C}\boldsymbol{Y})=\boldsymbol{Y}^{\mathrm{T}}(\boldsymbol{C}^{\mathrm{T}}\boldsymbol{A}\boldsymbol{C})\boldsymbol{Y}=\boldsymbol{Y}^{\mathrm{T}}\boldsymbol{D}\boldsymbol{Y} \\ &= d_1y_1^2+d_2y_2^2+\cdots+d_ny_n^2. \end{aligned}$$

2. 化二次型为标准形的方法

(1) 配方法.

(2) 正交替换法.

实数域 $\mathbf{R}$ 上的任一二次型 f 都可经过正交替换 $\boldsymbol{X}=\boldsymbol{Q}\boldsymbol{Y}$ 化为标准形，即

$$\begin{aligned} f &= \boldsymbol{X}^{\mathrm{T}}\boldsymbol{A}\boldsymbol{X}=(\boldsymbol{Q}\boldsymbol{Y})^{\mathrm{T}}\boldsymbol{A}(\boldsymbol{Q}\boldsymbol{Y})=\boldsymbol{Y}^{\mathrm{T}}(\boldsymbol{Q}^{\mathrm{T}}\boldsymbol{A}\boldsymbol{Q})\boldsymbol{Y}=\boldsymbol{Y}^{\mathrm{T}}\boldsymbol{\Lambda}\boldsymbol{Y} \\ &= (y_1,y_2,\cdots,y_n)\begin{pmatrix}\lambda_1 & & & \\ & \lambda_2 & & \\ & & \ddots & \\ & & & \lambda_n\end{pmatrix}\begin{pmatrix}y_1\\ y_2\\ \vdots\\ y_n\end{pmatrix} \\ &= \lambda_1y_1^2+\lambda_2y_2^2+\cdots+\lambda_ny_n^2, \end{aligned}$$

其中 $\boldsymbol{Q}$ 为正交矩阵，$\lambda_1,\lambda_2,\cdots,\lambda_n$ 为 $\boldsymbol{A}$ 的全部特征值.

(3) 初等变换法.

设二次型的矩阵为 $\boldsymbol{A}$，对矩阵 $\begin{pmatrix}\boldsymbol{A}\\ \hdashline \boldsymbol{E}\end{pmatrix}$ 施以初等列变换，再对 $\boldsymbol{A}$ 施以相同的初等行变换，当二次型的矩阵 $\boldsymbol{A}$ 化为对角形矩阵时，单位矩阵 $\boldsymbol{E}$ 就化为所求可逆线性替换的系数矩阵 $\boldsymbol{C}$.

3. 化二次型为规范形

任一实二次型 f 都可经过可逆线性替换化为规范形，即

$$f(z_1,z_2,\cdots,z_n)=z_1^2+z_2^2+\cdots+z_p^2-z_{p+1}^2-\cdots-z_r^2\quad(r\leqslant n),$$

称 p 为二次型的**正惯性指数**，$r-p$ 为二次型的**负惯性指数**，$2p-r$ 为二次型的**符号差**.

（五）二次型和矩阵的正定性

1. 二次型和矩阵的正定性的概念

对于实二次型 $f(x_1,x_2,\cdots,x_n)=\boldsymbol{X}^{\mathrm{T}}\boldsymbol{A}\boldsymbol{X}(\boldsymbol{A}^{\mathrm{T}}=\boldsymbol{A})$，

(1) 若对于任意的非零实向量 $\boldsymbol{X}=(x_1,x_2,\cdots,x_n)^{\mathrm{T}}$，有 $f(x_1,x_2,\cdots,x_n)>0$，则称该二次型为**正定二次型**，矩阵 $\boldsymbol{A}$ 称为**正定矩阵**；

(2) 若对于任意的非零实向量 $\boldsymbol{X}=(x_1,x_2,\cdots,x_n)^{\mathrm{T}}$，有 $f(x_1,x_2,\cdots,x_n)<0$，则称该二次型为**负定二次型**，矩阵 $\boldsymbol{A}$ 称为**负定矩阵**；

(3) 若对于任意的 $\boldsymbol{X}=(x_1,x_2,\cdots,x_n)^{\mathrm{T}}$，有 $f(x_1,x_2,\cdots,x_n)\geqslant 0$(或 $f(x_1,x_2,\cdots,x_n)\leqslant 0$)，则称该二次型为**半正定(或半负定)二次型**，矩阵 $\boldsymbol{A}$ 称为**半正定(或半负定)矩阵**；

(4) 既不是半正定也不是半负定的二次型，就称为**不定二次型**，矩阵 $\boldsymbol{A}$ 称为**不定矩阵**.

2. 正定矩阵的性质

(1) 若 $\boldsymbol{A}$ 为正定矩阵，则 $|\boldsymbol{A}|>0$，$\boldsymbol{A}$ 可逆；

(2) 若 $\boldsymbol{A}$ 为正定矩阵，则 $\boldsymbol{A}^{\mathrm{T}}$，$\boldsymbol{A}^k$($k$ 为正整数)，$\boldsymbol{A}^{-1}$，$\boldsymbol{A}^*$ 均为正定矩阵；

(3) 若 $\boldsymbol{A}$ 和 $\boldsymbol{B}$ 均为 n 阶正定矩阵，则 $\boldsymbol{A}+\boldsymbol{B}$ 也为正定矩阵；

(4) n 阶正定矩阵 $\boldsymbol{A}=(a_{ij})$ 的主对角线元素为正值，即 $a_{ii}>0(i=1,2,\cdots,n)$；

(5) 若 $\boldsymbol{A}$ 为 n 阶正定矩阵，则存在 n 阶可逆矩阵 $\boldsymbol{P}$，使得 $\boldsymbol{A}=\boldsymbol{P}\boldsymbol{P}^{\mathrm{T}}$.

3. 判别 n 元实二次型 $f(x_1,x_2,\cdots,x_n)=\boldsymbol{X}^{\mathrm{T}}\boldsymbol{A}\boldsymbol{X}$(或对称矩阵 $\boldsymbol{A}$)的类型的方法

类别	惯性指数法	特征值法	顺序主子式法
正定	$p=n$, $q=0$	$\lambda_i>0(i=1,2,\cdots,n)$	$\lvert\boldsymbol{A}_k\rvert>0$ $(k=1,2,\cdots,n)$
负定	$p=0$, $q=n$	$\lambda_i<0(i=1,2,\cdots,n)$	$(-1)^k\lvert\boldsymbol{A}_k\rvert>0$ $(k=1,2,\cdots,n)$
半正定	$p=r\leqslant n$, $q=0$	$\lambda_i>0(i=1,2,\cdots,r)$, $\lambda_i=0(i=r+1,\cdots,n)$	
半负定	$p=0$, $q=r\leqslant n$	$\lambda_i<0(i=1,2,\cdots,r)$, $\lambda_i=0(i=r+1,\cdots,n)$	
不定	$p\neq 0$, $q\neq 0$	有的 $\lambda_i>0$, 有的 $\lambda_i=0$, 有的 $\lambda_i<0$	$\lvert\boldsymbol{A}_k\rvert$ $(k=1,2,\cdots,n)$ 的符号无规律

在上表中，p 为 f 的正惯性指数，q 为 f 的负惯性指数，r 为 f 的秩，λ_i 为 $\boldsymbol{A}$ 的特征值，$|\boldsymbol{A}_k|$

为 $\boldsymbol{A}$ 的 k 阶顺序主子式,即

$$|\boldsymbol{A}_k| = \begin{vmatrix} a_{11} & a_{12} & \cdots & a_{1k} \\ a_{21} & a_{22} & \cdots & a_{2k} \\ \vdots & \vdots & & \vdots \\ a_{k1} & a_{k2} & \cdots & a_{kk} \end{vmatrix}.$$

二、重要定理、公式及结论

定理 1　经过可逆线性替换,原二次型的矩阵与新二次型的矩阵合同.

定理 2　数域 F 上的任一 n 元二次型都可经过可逆线性替换化为标准形.

定理 3　数域 F 上的任一对称矩阵都与一个对角形矩阵合同.

定理 4　实数域 $\mathbf{R}$ 上的任一二次型都可经过正交替换化为标准形.

定理 5　二次型的标准形中系数不为零的平方项的个数是唯一确定的.

定理 6　任一实二次型 f 都可经过可逆线性替换化为规范形

$$f(z_1, z_2, \cdots, z_n) = z_1^2 + z_2^2 + \cdots + z_p^2 - z_{p+1}^2 - \cdots - z_r^2 \quad (r \leqslant n),$$

其中 r 为二次型 f 的秩,且规范形是唯一确定的.

推论 1　在实二次型 f 的任一标准形中,系数为正的平方项的个数唯一确定,它等于 f 的正惯性指数 p;系数为负的平方项的个数也唯一确定,它等于 f 的负惯性指数 $r-p$.

定理 7　任一实对称矩阵 $\boldsymbol{A}$ 与对角形矩阵

$$\begin{pmatrix} 1 & & & & & & & & \\ & \ddots & & & & & & & \\ & & 1 & & & & & & \\ & & & -1 & & & & & \\ & & & & \ddots & & & & \\ & & & & & -1 & & & \\ & & & & & & 0 & & \\ & & & & & & & \ddots & \\ & & & & & & & & 0 \end{pmatrix}$$

合同,其中 1 和 -1 的个数共有 $\mathrm{r}(\boldsymbol{A})$ 个,1 的个数由 $\boldsymbol{A}$ 唯一确定,称为 $\boldsymbol{A}$ 的正惯性指数.

推论 2　两个 n 阶实对称矩阵合同的充要条件是它们的秩和正惯性指数分别相等.

定理 8　n 阶实二次型 $f(x_1, x_2, \cdots, x_n) = \boldsymbol{X}^{\mathrm{T}}\boldsymbol{AX}$ 为正定二次型的充要条件是它的正惯性指数为 n.

定理 9　实对称矩阵 $\boldsymbol{A}$ 为正定矩阵的充要条件是它的特征值均为正值.

推论 3　如果 $\boldsymbol{A}$ 为正定矩阵,则 $|\boldsymbol{A}| > 0$.

定理 10 n 元实二次型

$$f(x_1,x_2,\cdots,x_n)=d_1x_1^2+d_2x_2^2+\cdots+d_nx_n^2$$

正定的充要条件是 $d_i>0(i=1,2,\cdots,n)$.

定理 11 n 元实二次型 $f(x_1,x_2,\cdots,x_n)$ 正定的充要条件是 f 的规范形为

$$f=z_1^2+z_2^2+\cdots+z_n^2.$$

定理 12 n 阶实对称矩阵 $\boldsymbol{A}$ 为正定矩阵的充要条件是 $\boldsymbol{A}$ 合同于单位矩阵 $\boldsymbol{E}$.

定理 13 n 阶实对称矩阵 $\boldsymbol{A}$ 为正定矩阵的充要条件是 $\boldsymbol{A}$ 的各阶顺序主子式均为正值,即

$$|\boldsymbol{A}_1|=a_{11}>0,\quad |\boldsymbol{A}_2|=\begin{vmatrix}a_{11}&a_{12}\\a_{21}&a_{22}\end{vmatrix}>0,$$

$$|\boldsymbol{A}_3|=\begin{vmatrix}a_{11}&a_{12}&a_{13}\\a_{21}&a_{22}&a_{23}\\a_{31}&a_{32}&a_{33}\end{vmatrix}>0,\quad\cdots,\quad |\boldsymbol{A}_n|=|\boldsymbol{A}|>0.$$

三、复习考试要求

1. 了解二次型的概念,会用矩阵形式表示二次型,了解合同替换和合同矩阵的概念.

2. 理解二次型的秩、二次型的标准形、规范形等概念,了解惯性定理的条件和结论,掌握用可逆线性替换化二次型为标准形及规范形的方法.

3. 理解正定二次型、正定矩阵的概念,掌握正定矩阵的性质及判断二次型(矩阵)是否为正定二次型(矩阵)的方法.

四、典型例题

例 1 设二次型 $f(x_1,x_2,x_3)=3x_1^2+x_2^2+9x_3^2-10x_1x_2+12x_1x_3$,试求二次型的矩阵 $\boldsymbol{A}$.

解 显然 $a_{11}=3,a_{22}=1,a_{33}=9,a_{12}=a_{21}=-5,a_{13}=a_{31}=6,a_{23}=a_{32}=0$,于是得

$$\boldsymbol{A}=\begin{pmatrix}3&-5&6\\-5&1&0\\6&0&9\end{pmatrix}.$$

例 2 设二次型 $f(x_1,x_2)=(x_1,x_2)\begin{pmatrix}2&1\\3&1\end{pmatrix}\begin{pmatrix}x_1\\x_2\end{pmatrix}$,试求二次型的矩阵 $\boldsymbol{A}$.

解 $f(x_1,x_2)=(x_1,x_2)\begin{pmatrix}2&1\\3&1\end{pmatrix}\begin{pmatrix}x_1\\x_2\end{pmatrix}=(2x_1+3x_2,x_1+x_2)\begin{pmatrix}x_1\\x_2\end{pmatrix}$

$=2x_1^2+x_2^2+4x_1x_2$,

其矩阵为 $\boldsymbol{A}=\begin{pmatrix}2&2\\2&1\end{pmatrix}$.

例 3 已知三元二次型的矩阵为 $\boldsymbol{A}=\begin{pmatrix}0&\frac{1}{2}&-\frac{1}{2}\\\frac{1}{2}&0&\frac{1}{2}\\-\frac{1}{2}&\frac{1}{2}&0\end{pmatrix}$,试求它所对应的二次型.

解 二次型为 $f(x_1,x_2,x_3)=(x_1,x_2,x_3)\boldsymbol{A}\begin{pmatrix}x_1\\x_2\\x_3\end{pmatrix}=x_1x_2-x_1x_3+x_2x_3$.

例 4 设二次型 $f(x_1,x_2,x_3)=2x_1^2+x_2^2-4x_1x_2-4x_2x_3$,分别做下列 3 个可逆线性替换:

(1) $\begin{pmatrix}x_1\\x_2\\x_3\end{pmatrix}=\begin{pmatrix}1&1&-2\\0&1&-2\\0&0&1\end{pmatrix}\begin{pmatrix}y_1\\y_2\\y_3\end{pmatrix}$; (2) $\begin{pmatrix}x_1\\x_2\\x_3\end{pmatrix}=\begin{pmatrix}0&1&-2\\1&2&-2\\0&0&1\end{pmatrix}\begin{pmatrix}y_1\\y_2\\y_3\end{pmatrix}$;

(3) $\begin{pmatrix}x_1\\x_2\\x_3\end{pmatrix}=\begin{pmatrix}1&-1&0\\0&1&2\\0&0&1\end{pmatrix}\begin{pmatrix}y_1\\y_2\\y_3\end{pmatrix}$.

解 (1) 解法一:将线性关系式直接代入得

$$\begin{aligned}f&=2(y_1+y_2-2y_3)^2+(y_2-2y_3)^2\\&\quad-4(y_1+y_2-2y_3)(y_2-2y_3)-4y_3(y_2-2y_3)\\&=2y_1^2-y_2^2+4y_3^2.\end{aligned}$$

解法二:二次型的矩阵为 $\boldsymbol{A}=\begin{pmatrix}2&-2&0\\-2&1&-2\\0&-2&0\end{pmatrix}$,则

$$\begin{aligned}f&=\boldsymbol{X}^{\mathrm{T}}\boldsymbol{A}\boldsymbol{X}=(\boldsymbol{C}\boldsymbol{Y})^{\mathrm{T}}\boldsymbol{A}(\boldsymbol{C}\boldsymbol{Y})=\boldsymbol{Y}^{\mathrm{T}}(\boldsymbol{C}^{\mathrm{T}}\boldsymbol{A}\boldsymbol{C})\boldsymbol{Y}\\&=(y_1,y_2,y_3)\begin{pmatrix}1&0&0\\1&1&0\\-2&-2&1\end{pmatrix}\begin{pmatrix}2&-2&0\\-2&1&-2\\0&-2&0\end{pmatrix}\begin{pmatrix}1&1&-2\\0&1&-2\\0&0&1\end{pmatrix}\begin{pmatrix}y_1\\y_2\\y_3\end{pmatrix}\\&=(y_1,y_2,y_3)\begin{pmatrix}2&0&0\\0&-1&0\\0&0&4\end{pmatrix}\begin{pmatrix}y_1\\y_2\\y_3\end{pmatrix}\end{aligned}$$

$$= 2y_1^2 - y_2^2 + 4y_3^2.$$

(2) $$\boldsymbol{C}^{\mathrm{T}}\boldsymbol{A}\boldsymbol{C} = \begin{pmatrix} 0 & 1 & 0 \\ 1 & 2 & 0 \\ -2 & -2 & 1 \end{pmatrix}\begin{pmatrix} 2 & -2 & 0 \\ -2 & 1 & -2 \\ 0 & -2 & 0 \end{pmatrix}\begin{pmatrix} 0 & 1 & -2 \\ 1 & 2 & -2 \\ 0 & 0 & 1 \end{pmatrix}$$

$$= \begin{pmatrix} 1 & 0 & 0 \\ 0 & -2 & 0 \\ 0 & 0 & 4 \end{pmatrix},$$

则

$$f = (y_1, y_2, y_3)\begin{pmatrix} 1 & 0 & 0 \\ 0 & -2 & 0 \\ 0 & 0 & 4 \end{pmatrix}\begin{pmatrix} y_1 \\ y_2 \\ y_3 \end{pmatrix} = y_1^2 - 2y_2^2 + 4y_3^2.$$

(3) $$\boldsymbol{C}^{\mathrm{T}}\boldsymbol{A}\boldsymbol{C} = \begin{pmatrix} 1 & 0 & 0 \\ -1 & 1 & 0 \\ 0 & 2 & 1 \end{pmatrix}\begin{pmatrix} 2 & -2 & 0 \\ -2 & 1 & -2 \\ 0 & -2 & 0 \end{pmatrix}\begin{pmatrix} 1 & -1 & 0 \\ 0 & 1 & 2 \\ 0 & 0 & 1 \end{pmatrix}$$

$$= \begin{pmatrix} 2 & -4 & -4 \\ -4 & 7 & 4 \\ -4 & 4 & -4 \end{pmatrix},$$

则

$$f = (y_1, y_2, y_3)\begin{pmatrix} 2 & -4 & -4 \\ -4 & 7 & 4 \\ -4 & 4 & -4 \end{pmatrix}\begin{pmatrix} y_1 \\ y_2 \\ y_3 \end{pmatrix}$$

$$= 2y_1^2 + 7y_2^2 - 4y_3^2 - 8y_1y_2 - 8y_1y_3 + 8y_2y_3.$$

注　① 二次型的标准形不是唯一的,如(1)和(2)的结果都是给定二次型的标准形.但二次型的标准形中系数不为零的平方项与系数为正的平方项的个数是唯一确定的.

② 可以对一个二次型做不同的可逆线性替换,但并不是任意一个可逆线性替换都能使二次型化为标准形(如上例题(3)).

③ 对二次型做可逆线性替换化为标准形时,相应的二次型的矩阵经合同变换化为对角形矩阵.

例 5　将二次型 $f(x_1, x_2, x_3) = 4x_2^2 - 3x_3^2 + 4x_1x_2 - 4x_1x_3 + 8x_2x_3$ 化为标准形.

解　解法一(配方法):此二次型中不含有 x_1 的平方项,故先将含有 x_2 的各项合并在一起,配成完全平方项,得

$$\begin{aligned} f(x_1, x_2, x_3) &= (4x_2^2 + 4x_1x_2 + 8x_2x_3) - 3x_3^2 - 4x_1x_3 \\ &= (x_1 + 2x_2 + 2x_3)^2 - x_1^2 - 7x_3^2 - 8x_1x_3. \end{aligned}$$

再将其余含有 x_1 的项合并在一起,配成完全平方项,得

$$\begin{aligned} f(x_1, x_2, x_3) &= (x_1 + 2x_2 + 2x_3)^2 - (x_1^2 + 8x_1x_3) - 7x_3^2 \\ &= (x_1 + 2x_2 + 2x_3)^2 - (x_1 + 4x_3)^2 + 9x_3^2. \end{aligned}$$

令

$$\begin{cases} y_1 = x_1 + 2x_2 + 2x_3, \\ y_2 = x_1 + 4x_3, \\ y_3 = x_3, \end{cases}$$

则二次型的标准形为 $f = y_1^2 - y_2^2 + 9y_3^2$.

从 x_1, x_2, x_3 到 y_1, y_2, y_3 的线性替换为

$$\begin{cases} x_1 = y_2 - 4y_3, \\ x_2 = \dfrac{1}{2}y_1 - \dfrac{1}{2}y_2 + y_3, \\ x_3 = y_3. \end{cases}$$

由于 $|\boldsymbol{C}| = \begin{vmatrix} 0 & 1 & -4 \\ \dfrac{1}{2} & -\dfrac{1}{2} & 1 \\ 0 & 0 & 1 \end{vmatrix} = -\dfrac{1}{2} \neq 0$,因此它是可逆线性替换.

解法二(正交替换法):二次型的矩阵为

$$\boldsymbol{A} = \begin{pmatrix} 0 & 2 & -2 \\ 2 & 4 & 4 \\ -2 & 4 & -3 \end{pmatrix},$$

矩阵 $\boldsymbol{A}$ 的特征多项式为

$$|\lambda\boldsymbol{E} - \boldsymbol{A}| = \begin{vmatrix} \lambda & -2 & 2 \\ -2 & \lambda - 4 & -4 \\ 2 & -4 & \lambda + 3 \end{vmatrix} = (\lambda - 1)(\lambda - 6)(\lambda + 6),$$

可得 $\boldsymbol{A}$ 的特征值为 $\lambda_1 = 1, \lambda_2 = 6, \lambda_3 = -6$.

对于 $\lambda_1 = 1$,解齐次线性方程组 $(\boldsymbol{E} - \boldsymbol{A})\boldsymbol{X} = \boldsymbol{0}$,得基础解系为 $\boldsymbol{\eta}_1 = (2, 0, -1)^{\mathrm{T}}$.

对于 $\lambda_2 = 6$,解齐次线性方程组 $(6\boldsymbol{E} - \boldsymbol{A})\boldsymbol{X} = \boldsymbol{0}$,得基础解系为 $\boldsymbol{\eta}_2 = (1, 5, 2)^{\mathrm{T}}$.

对于 $\lambda_3 = -6$,解齐次线性方程组 $(-6\boldsymbol{E} - \boldsymbol{A})\boldsymbol{X} = \boldsymbol{0}$,得基础解系为 $\boldsymbol{\eta}_3 = (1, -1, 2)^{\mathrm{T}}$.

由于 $\boldsymbol{A}$ 为实对称矩阵,其不同特征值对应的特征向量正交,因此 $\boldsymbol{\eta}_1, \boldsymbol{\eta}_2, \boldsymbol{\eta}_3$ 已是正交向量组,只需将它们单位化,即

$$\boldsymbol{\alpha}_1 = \frac{1}{\|\boldsymbol{\eta}_1\|}\boldsymbol{\eta}_1 = \left(\frac{2}{\sqrt{5}}, 0, -\frac{1}{\sqrt{5}}\right)^{\mathrm{T}},$$

$$\boldsymbol{\alpha}_2 = \frac{1}{\|\boldsymbol{\eta}_2\|}\boldsymbol{\eta}_2 = \left(\frac{1}{\sqrt{30}}, \frac{5}{\sqrt{30}}, \frac{2}{\sqrt{30}}\right)^{\mathrm{T}},$$

$$\boldsymbol{\alpha}_3 = \frac{1}{\|\boldsymbol{\eta}_3\|}\boldsymbol{\eta}_3 = \left(\frac{1}{\sqrt{6}}, -\frac{1}{\sqrt{6}}, \frac{2}{\sqrt{6}}\right)^{\mathrm{T}}.$$

令 $\boldsymbol{Q} = (\boldsymbol{\alpha}_1, \boldsymbol{\alpha}_2, \boldsymbol{\alpha}_3)$,则 $\boldsymbol{Q}$ 为正交矩阵,且

$$\boldsymbol{Q}^{-1}\boldsymbol{A}\boldsymbol{Q} = \boldsymbol{Q}^{\mathrm{T}}\boldsymbol{A}\boldsymbol{Q} = \boldsymbol{\Lambda} = \begin{pmatrix} 1 & & \\ & 6 & \\ & & -6 \end{pmatrix},$$

做正交替换 $\boldsymbol{X}=\boldsymbol{QY}$,得标准形为 $f=y_1^2+6y_2^2-6y_3^2$.

解法三(初等变换法):二次型的矩阵为 $\boldsymbol{A}=\begin{pmatrix}0&2&-2\\2&4&4\\-2&4&-3\end{pmatrix}$,对矩阵 $\begin{pmatrix}\boldsymbol{A}\\ \cdots\\ \boldsymbol{E}\end{pmatrix}$ 施以初等列变换,再对 $\boldsymbol{A}$ 施以相同的初等行变换,当二次型的矩阵 $\boldsymbol{A}$ 化为对角形矩阵时,单位矩阵 $\boldsymbol{E}$ 就化为所求可逆线性替换的系数矩阵 $\boldsymbol{C}$.

$$\begin{pmatrix}\boldsymbol{A}\\ \cdots\\ \boldsymbol{E}\end{pmatrix}=\begin{pmatrix}0&2&-2\\2&4&4\\-2&4&-3\\ \hline 1&0&0\\0&1&0\\0&0&1\end{pmatrix}\to\begin{pmatrix}2&0&-2\\4&2&4\\4&-2&-3\\ \hline 0&1&0\\1&0&0\\0&0&1\end{pmatrix}\to\begin{pmatrix}4&2&4\\2&0&-2\\4&-2&-3\\ \hline 0&1&0\\1&0&0\\0&0&1\end{pmatrix}$$

$$\to\begin{pmatrix}4&0&0\\2&-1&-4\\4&-4&-7\\ \hline 0&1&0\\1&-\frac{1}{2}&-1\\0&0&1\end{pmatrix}\to\begin{pmatrix}4&0&0\\0&-1&-4\\0&-4&-7\\ \hline 0&1&0\\1&-\frac{1}{2}&-1\\0&0&1\end{pmatrix}\to\begin{pmatrix}4&0&0\\0&-1&0\\0&-4&9\\ \hline 0&1&-4\\1&-\frac{1}{2}&1\\0&0&1\end{pmatrix}$$

$$\to\begin{pmatrix}4&0&0\\0&-1&0\\0&0&9\\ \hline 0&1&-4\\1&-\frac{1}{2}&1\\0&0&1\end{pmatrix},$$

由最后的矩阵可知,二次型的标准形为

$$f=4y_1^2-y_2^2+9y_3^2.$$

由于 $|\boldsymbol{C}|=\begin{vmatrix}0&1&-4\\1&-\frac{1}{2}&1\\0&0&1\end{vmatrix}=-1\neq 0$,因此它是可逆线性替换.

例 6　将二次型 $f(x_1,x_2,x_3)=(x_1-x_2)^2+(x_2-x_3)^2+(x_3-x_1)^2$ 化为标准形.

错解　令

$$\begin{cases}y_1=x_1-x_2,\\y_2=x_2-x_3,\\y_3=x_3-x_1,\end{cases}$$

则得标准形为 $f = y_1^2 + y_2^2 + y_3^2$.

错解分析 将二次型化为标准形是指经过可逆线性替换，将含有交叉项的二次型化为只含平方项的二次型. 上述题解之所以错误，就是因为线性替换的系数矩阵 $\boldsymbol{C}$ 的行列式

$|\boldsymbol{C}| = \begin{vmatrix} 1 & -1 & 0 \\ 0 & 1 & -1 \\ -1 & 0 & 1 \end{vmatrix} = 0$，所以所用的线性替换不是可逆的.

正确解法 令 $\begin{cases} u_1 = x_1 - x_2, \\ u_2 = x_2 - x_3, \end{cases}$ 则 $x_3 - x_1 = -(u_1 + u_2)$，于是

$$f = u_1^2 + u_2^2 + (u_1 + u_2)^2 = 2\left(u_1 + \frac{1}{2}u_2\right)^2 + \frac{3}{2}u_2^2$$

$$= 2\left(x_1 - \frac{1}{2}x_2 - \frac{1}{2}x_3\right)^2 + \frac{3}{2}(x_2 - x_3)^2.$$

令

$$\begin{cases} y_1 = x_1 - \frac{1}{2}x_2 - \frac{1}{2}x_3, \\ y_2 = x_2 - x_3, \\ y_3 = x_3, \end{cases}$$

则得标准形为 $f = 2y_1^2 + \frac{3}{2}y_2^2$.

从 x_1, x_2, x_3 到 y_1, y_2, y_3 的线性替换为

$$\begin{cases} x_1 = y_1 + \frac{1}{2}y_2 + y_3, \\ x_2 = y_2 + y_3, \\ x_3 = y_3. \end{cases}$$

由于 $|\boldsymbol{C}| = \begin{vmatrix} 1 & \frac{1}{2} & 1 \\ 0 & 1 & 1 \\ 0 & 0 & 1 \end{vmatrix} = 1 \neq 0$，因此它是可逆线性替换.

例 7 将二次型 $f(x_1, x_2, x_3) = 4x_1x_2 - 2x_1x_3 - 2x_2x_3$ 化为规范形.

解 解法一(配方法)：由于已知二次型中仅含有交叉项，故先做线性替换. 令

$$\begin{cases} x_1 = u_1 + u_2, \\ x_2 = u_1 - u_2, \\ x_3 = u_3, \end{cases}$$

则原二次型化为

$$f = 4u_1^2 - 4u_2^2 - 4u_1u_3 = 4\left(u_1 - \frac{1}{2}u_3\right)^2 - 4u_2^2 - u_3^2.$$

令

$$\begin{cases} y_1 = u_1 - \dfrac{1}{2}u_3, \\ y_2 = u_2, \\ y_3 = u_3, \end{cases}$$

得标准形为 $f = 4y_1^2 - 4y_2^2 - y_3^2$.

令

$$\begin{cases} z_1 = 2y_1, \\ z_2 = 2y_2, \\ z_3 = y_3, \end{cases}$$

得规范形为 $f = z_1^2 - z_2^2 - z_3^2$.

从 x_1, x_2, x_3 到 u_1, u_2, u_3 的线性替换为

$$\begin{cases} x_1 = u_1 + u_2, \\ x_2 = u_1 - u_2, \\ x_3 = u_3, \end{cases}$$

由于 $|\boldsymbol{C}_1| = \begin{vmatrix} 1 & 1 & 0 \\ 1 & -1 & 0 \\ 0 & 0 & 1 \end{vmatrix} = -2 \neq 0$,因此它是可逆线性替换.

从 u_1, u_2, u_3 到 y_1, y_2, y_3 的线性替换为

$$\begin{cases} u_1 = y_1 + \dfrac{1}{2}y_3, \\ u_2 = y_2, \\ u_3 = y_3, \end{cases}$$

由于 $|\boldsymbol{C}_2| = \begin{vmatrix} 1 & 0 & \dfrac{1}{2} \\ 0 & 1 & 0 \\ 0 & 0 & 1 \end{vmatrix} = 1 \neq 0$,因此它是可逆线性替换.

从 y_1, y_2, y_3 到 z_1, z_2, z_3 的线性替换为

$$\begin{cases} y_1 = \dfrac{1}{2}z_1, \\ y_2 = \dfrac{1}{2}z_2, \\ y_3 = z_3, \end{cases}$$

由于 $|\boldsymbol{C}_3| = \begin{vmatrix} \dfrac{1}{2} & 0 & 0 \\ 0 & \dfrac{1}{2} & 0 \\ 0 & 0 & 1 \end{vmatrix} = \dfrac{1}{4} \neq 0$,因此它是可逆线性替换.

从 x_1, x_2, x_3 到 z_1, z_2, z_3 的线性替换为 $\boldsymbol{X} = (\boldsymbol{C}_1\boldsymbol{C}_2\boldsymbol{C}_3)\boldsymbol{Z}$,由于 $\boldsymbol{C}_1, \boldsymbol{C}_2, \boldsymbol{C}_3$ 可逆,因此

$\boldsymbol{X}=(\boldsymbol{C}_1\boldsymbol{C}_2\boldsymbol{C}_3)\boldsymbol{Z}$ 为可逆线性替换.

解法二:二次型的矩阵为 $\boldsymbol{A}=\begin{pmatrix}0 & 2 & -1\\ 2 & 0 & -1\\ -1 & -1 & 0\end{pmatrix}$,矩阵 $\boldsymbol{A}$ 的特征多项式为

$$|\lambda\boldsymbol{E}-\boldsymbol{A}|=\begin{vmatrix}\lambda & -2 & 1\\ -2 & \lambda & 1\\ 1 & 1 & \lambda\end{vmatrix}=(\lambda+2)(\lambda^2-2\lambda-2),$$

可得 $\boldsymbol{A}$ 的特征值为 $\lambda_1=1+\sqrt{3}>0,\lambda_2=1-\sqrt{3}<0,\lambda_3=-2<0$.

由此可知,二次型的规范形为 $f=z_1^2-z_2^2-z_3^2$.

注 ① 利用配方法时,每一次都需将含有某个变量的平方项和交叉项集中在一起以配成完全平方的形式,具体某个变量选择哪一个,可视情况而定.

② 利用正交替换将二次型化为标准形,实际上就是上一章讲过的将实对称矩阵通过正交矩阵化为对角形矩阵.

③ 当二次型中没有平方项时,必须先经过可逆线性替换,使二次型中出现平方项,然后按配方法求标准形,进而化成规范形.

④ 将二次型化为标准形或规范形,要求利用可逆线性替换,否则是错误的.

例 8 判断二次型 $f(x_1,x_2,x_3)=3x_1^2+x_2^2+3x_3^2-2x_1x_2-4x_1x_3$ 是否为正定二次型.

解 解法一(惯性指数法):

$$\begin{aligned}f(x_1,x_2,x_3)&=3x_1^2+x_2^2+3x_3^2-2x_1x_2-4x_1x_3\\&=(x_2-x_1)^2+2(x_1-x_3)^2+x_3^2,\end{aligned}$$

令

$$\begin{cases}y_1=x_2-x_1,\\ y_2=x_1-x_3,\\ y_3=x_3,\end{cases}$$

从 x_1,x_2,x_3 到 y_1,y_2,y_3 的线性替换为

$$\begin{cases}x_1=y_2+y_3,\\ x_2=y_1+y_2+y_3,\\ x_3=y_3.\end{cases}$$

由于 $|\boldsymbol{C}|=\begin{vmatrix}0 & 1 & 1\\ 1 & 1 & 1\\ 0 & 0 & 1\end{vmatrix}=-1\neq 0$,因此它是可逆线性替换.

二次型的标准形为 $f=y_1^2+2y_2^2+y_3^2$.由于二次型的正惯性指数 $p=n=3$,因此二次型为正定二次型.

解法二(顺序主子式法):二次型的矩阵为

$$A=\begin{pmatrix}3&-1&-2\\-1&1&0\\-2&0&3\end{pmatrix}.$$

因为 A 的各阶顺序主子式为

$$|A_1|=3>0,\quad |A_2|=\begin{vmatrix}3&-1\\-1&1\end{vmatrix}=2>0,$$

$$|A_3|=|A|=\begin{vmatrix}3&-1&-2\\-1&1&0\\-2&0&3\end{vmatrix}=2>0,$$

所以 A 是正定矩阵,它所对应的二次型为正定二次型.

注 二次型正定等价于二次型的矩阵正定,故判断实对称矩阵正定的方法也适用于判断二次型正定.一般来说,当矩阵阶数不高时,用顺序主子式法判断正定比较方便,其他情况下可考虑用别的方法.

例 9 当 t 取何值时,二次型 $f(x_1,x_2,x_3)=x_1^2+4x_2^2+4x_3^2+2tx_1x_2-2x_1x_3+4x_2x_3$ 为正定二次型?

解 二次型的矩阵为

$$A=\begin{pmatrix}1&t&-1\\t&4&2\\-1&2&4\end{pmatrix}.$$

当且仅当 A 的各阶顺序主子式均大于零时,A 是正定的,即

$$|A_1|=1>0,\quad |A_2|=\begin{vmatrix}1&t\\t&4\end{vmatrix}=4-t^2>0,$$

$$|A_3|=|A|=\begin{vmatrix}1&t&-1\\t&4&2\\-1&2&4\end{vmatrix}=-4(t-1)(t+2)>0,$$

解得 $-2<t<1$ 时,A 正定,它所对应的二次型为正定二次型.

例 10 设 n 元实二次型

$$f(x_1,x_2,\cdots,x_n)=(x_1+a_1x_2)^2+(x_2+a_2x_3)^2+\cdots+(x_{n-1}+a_{n-1}x_n)^2+(x_n+a_nx_1)^2,$$

其中 $a_i(i=1,2,\cdots,n)$ 为实数,试问:当 $a_1,a_2,\cdots,a_n$ 满足什么条件时,二次型正定?

解 由题设条件知,对任意的 $(x_1,x_2,\cdots,x_n)$,有 $f(x_1,x_2,\cdots,x_n)\geqslant 0$,其中等号成立,当且仅当

$$\begin{cases}x_1+a_1x_2=0,\\x_2+a_2x_3=0,\\\quad\cdots\cdots\\x_{n-1}+a_{n-1}x_n=0,\\x_n+a_nx_1=0.\end{cases}\qquad(*)$$

方程组(*)仅有零解的充要条件是其系数行列式

$$\begin{vmatrix} 1 & a_1 & 0 & \cdots & 0 & 0 \\ 0 & 1 & a_2 & \cdots & 0 & 0 \\ \vdots & \vdots & \vdots & & \vdots & \vdots \\ 0 & 0 & 0 & \cdots & 1 & a_{n-1} \\ a_n & 0 & 0 & \cdots & 0 & 1 \end{vmatrix} = 1 + (-1)^{n+1} a_1 a_2 \cdots a_n \neq 0,$$

所以当 $1+(-1)^{n+1}a_1a_2\cdots a_n \neq 0$ 时,对任意不全为零的 $x_1,x_2,\cdots,x_n$,必使 $x_1+a_1x_2, x_2+a_2x_3,\cdots,x_n+a_nx_1$ 中至少有一个不等于零,故 $f(x_1,x_2,\cdots,x_n)>0$,即当 $a_1a_2\cdots a_n \neq (-1)^n$ 时,二次型 $f(x_1,x_2,\cdots,x_n)$ 为正定二次型.

例 11　设 $\boldsymbol{A}$ 为 $m\times n$ 实矩阵,已知 $\boldsymbol{B}=\lambda\boldsymbol{E}+\boldsymbol{A}^{\mathrm{T}}\boldsymbol{A}$,试证:当 $\lambda>0$ 时,矩阵 $\boldsymbol{B}$ 为正定矩阵.

证明　因为 $\boldsymbol{B}^{\mathrm{T}}=(\lambda\boldsymbol{E}+\boldsymbol{A}^{\mathrm{T}}\boldsymbol{A})^{\mathrm{T}}=\lambda\boldsymbol{E}+\boldsymbol{A}^{\mathrm{T}}\boldsymbol{A}=\boldsymbol{B}$,所以 $\boldsymbol{B}$ 为 n 阶对称矩阵.对任意的 $\boldsymbol{X}=(x_1,x_2,\cdots,x_n)^{\mathrm{T}}$,有

$$\boldsymbol{X}^{\mathrm{T}}\boldsymbol{B}\boldsymbol{X}=\boldsymbol{X}^{\mathrm{T}}(\lambda\boldsymbol{E}+\boldsymbol{A}^{\mathrm{T}}\boldsymbol{A})\boldsymbol{X}=\lambda\boldsymbol{X}^{\mathrm{T}}\boldsymbol{X}+\boldsymbol{X}^{\mathrm{T}}\boldsymbol{A}^{\mathrm{T}}\boldsymbol{A}\boldsymbol{X}=\lambda\boldsymbol{X}^{\mathrm{T}}\boldsymbol{X}+(\boldsymbol{A}\boldsymbol{X})^{\mathrm{T}}(\boldsymbol{A}\boldsymbol{X}).$$

当 $\boldsymbol{X}=(x_1,x_2,\cdots,x_n)^{\mathrm{T}}\neq\boldsymbol{0}$ 时,有 $\boldsymbol{X}^{\mathrm{T}}\boldsymbol{X}>0$,$(\boldsymbol{A}\boldsymbol{X})^{\mathrm{T}}(\boldsymbol{A}\boldsymbol{X})\geqslant 0$.因此,当 $\lambda>0$ 时,有 $\boldsymbol{X}^{\mathrm{T}}\boldsymbol{B}\boldsymbol{X}=\lambda\boldsymbol{X}^{\mathrm{T}}\boldsymbol{X}+(\boldsymbol{A}\boldsymbol{X})^{\mathrm{T}}(\boldsymbol{A}\boldsymbol{X})>0$,即 $\boldsymbol{B}$ 为正定矩阵.

五、习题详解

习题 6.1

1. 写出下列二次型的矩阵:

(1) $f(x_1,x_2,x_3)=2x_1^2+x_2^2+5x_3^2-x_1x_2+2x_1x_3-4x_2x_3$;

(2) $f(x_1,x_2,x_3)=(x_1,x_2,x_3)\begin{pmatrix}1&2&3\\4&3&4\\5&4&7\end{pmatrix}\begin{pmatrix}x_1\\x_2\\x_3\end{pmatrix}$.

解　(1) $\begin{pmatrix}2&-\frac{1}{2}&1\\-\frac{1}{2}&1&-2\\1&-2&5\end{pmatrix}$;　　(2) $\begin{pmatrix}1&3&4\\3&3&4\\4&4&7\end{pmatrix}$.

2. 给定下列矩阵,写出相应的二次型:

(1) $\boldsymbol{A}=\begin{pmatrix}3&1&0\\1&-1&-1\\0&-1&2\end{pmatrix}$;　　(2) $\boldsymbol{A}=\begin{pmatrix}-1&2&3\\2&-1&0\\3&0&-1\end{pmatrix}$.

解　(1) $f(x_1,x_2,x_3)=3x_1^2-x_2^2+2x_3^2+2x_1x_2-2x_2x_3$.

(2) $f(x_1,x_2,x_3)=-x_1^2-x_2^2-x_3^2+4x_1x_2+6x_1x_3$.

3. 试证矩阵 $\boldsymbol{A}$ 与 $\boldsymbol{B}$ 为合同矩阵：

(1) $\boldsymbol{A}=\begin{pmatrix}a_1&0&0\\0&a_2&0\\0&0&a_3\end{pmatrix}$，$\boldsymbol{B}=\begin{pmatrix}a_2&0&0\\0&a_3&0\\0&0&a_1\end{pmatrix}$；

(2) $\boldsymbol{A}=\begin{pmatrix}0&1&1\\1&2&1\\1&1&0\end{pmatrix}$，$\boldsymbol{B}=\begin{pmatrix}2&1&1\\1&0&1\\1&1&0\end{pmatrix}$.

证明 (1) 可逆矩阵 $\boldsymbol{C}=\begin{pmatrix}0&0&1\\1&0&0\\0&1&0\end{pmatrix}$可使 $\boldsymbol{B}=\boldsymbol{C}^{\mathrm{T}}\boldsymbol{A}\boldsymbol{C}$ 成立,故 $\boldsymbol{A}\simeq\boldsymbol{B}$.

(2) 可逆矩阵 $\boldsymbol{C}=\begin{pmatrix}0&1&0\\1&0&0\\0&0&1\end{pmatrix}$可使 $\boldsymbol{B}=\boldsymbol{C}^{\mathrm{T}}\boldsymbol{A}\boldsymbol{C}$ 成立,故 $\boldsymbol{A}\simeq\boldsymbol{B}$.

习题 6.2

1. 用可逆线性替换将下列二次型化为标准形：

(1) $f(x_1,x_2,x_3)=x_1^2-3x_2^2-2x_1x_2+2x_1x_3-6x_2x_3$；

(2) $f(x_1,x_2,x_3)=-4x_1x_2+2x_1x_3+2x_2x_3$.

解 (1) $f(x_1,x_2,x_3)=(x_1-x_2+x_3)^2-4x_2^2-x_3^2-4x_2x_3$
$$=(x_1-x_2+x_3)^2-(2x_2+x_3)^2,$$

设$\begin{cases}y_1=x_1-x_2+x_3,\\y_2=2x_2+x_3,\\y_3=x_3,\end{cases}$ 即可逆线性替换$\begin{cases}x_1=y_1+\dfrac{1}{2}y_2-\dfrac{3}{2}y_3,\\x_2=\dfrac{1}{2}y_2-\dfrac{1}{2}y_3,\\x_3=y_3\end{cases}$ 可将原二次型化为标准形
$$f=y_1^2-y_2^2.$$

(2) 令$\begin{cases}x_1=u_1+u_2,\\x_2=u_1-u_2,\\x_3=u_3,\end{cases}$则二次型化为 $f=-4u_1^2+4u_2^2+4u_1u_3$,配方可得
$$f=-4u_1^2+4u_2^2+4u_1u_3=-4\left(u_1-\frac{1}{2}u_3\right)^2+4u_2^2+u_3^2.$$

故令$\begin{cases}y_1=u_1-\dfrac{1}{2}u_3,\\y_2=u_2,\\y_3=u_3,\end{cases}$ 即可逆线性替换$\begin{cases}x_1=y_1+y_2+\dfrac{1}{2}y_3,\\x_2=y_1-y_2+\dfrac{1}{2}y_3,\\x_3=y_3\end{cases}$可使原二次型化为标准形
$$f=-4y_1^2+4y_2^2+y_3^2.$$

2. 若用正交替换已将二次型

$$f(x_1,x_2,x_3)=5x_1^2+5x_2^2+2x_3^2+8x_1x_2+4x_1x_3+2ax_2x_3$$

化为标准形 $f(y_1,y_2,y_3)=y_1^2+y_2^2+10y_3^2$，求 a（a 为整数）及所用的正交替换.

解 给定二次型的矩阵为 $\boldsymbol{A}=\begin{pmatrix}5&4&2\\4&5&a\\2&a&2\end{pmatrix}$，而正交替换下标准形的系数为二次型的矩阵 $\boldsymbol{A}$ 的特征值. 再由矩阵特征值的性质 $|\boldsymbol{A}|=1\times1\times10$，得 $a=2$.

又经计算得 $\boldsymbol{A}$ 的属于特征值 $\lambda=1$ 的特征向量为 $\boldsymbol{\alpha}_1=\begin{pmatrix}\dfrac{1}{\sqrt{2}}\\-\dfrac{1}{\sqrt{2}}\\0\end{pmatrix}$，$\boldsymbol{\alpha}_2=\begin{pmatrix}\dfrac{\sqrt{2}}{6}\\\dfrac{\sqrt{2}}{6}\\-\dfrac{2\sqrt{2}}{3}\end{pmatrix}$；$\boldsymbol{A}$ 的属于特征值 $\lambda=10$ 的特征向量为 $\boldsymbol{\alpha}_3=\begin{pmatrix}\dfrac{2}{3}\\\dfrac{2}{3}\\\dfrac{1}{3}\end{pmatrix}$，且 $\boldsymbol{\alpha}_1,\boldsymbol{\alpha}_2,\boldsymbol{\alpha}_3$ 为标准正交向量组. 故所用的正交替换为

$$\begin{pmatrix}x_1\\x_2\\x_3\end{pmatrix}=\begin{pmatrix}\dfrac{1}{\sqrt{2}}&\dfrac{\sqrt{2}}{6}&\dfrac{2}{3}\\-\dfrac{1}{\sqrt{2}}&\dfrac{\sqrt{2}}{6}&\dfrac{2}{3}\\0&-\dfrac{2\sqrt{2}}{3}&\dfrac{1}{3}\end{pmatrix}\begin{pmatrix}y_1\\y_2\\y_3\end{pmatrix}.$$

3. 试证：当且仅当 $b^2-4ac\neq0$ 时，二次型 $f(x_1,x_2)=ax_1^2+bx_1x_2+cx_2^2(a\neq0)$ 的秩等于 2.

证明 所给二次型的矩阵为 $\boldsymbol{A}=\begin{pmatrix}a&\dfrac{b}{2}\\\dfrac{b}{2}&c\end{pmatrix}$，故当且仅当 $|\boldsymbol{A}|=ac-\dfrac{b^2}{4}\neq0$，即 $b^2-4ac\neq0$ 时，二次型 $f(x_1,x_2)=ax_1^2+bx_1x_2+cx_2^2(a\neq0)$ 的秩等于 2.

4. 用正交替换化实二次型为标准形，其中

$$f(x_1,x_2,x_3,x_4)=x_1^2+x_2^2+x_3^2+x_4^2+2x_1x_2-2x_1x_4-2x_2x_3+2x_3x_4.$$

解 所给二次型的矩阵为 $\boldsymbol{A}=\begin{pmatrix}1&1&0&-1\\1&1&-1&0\\0&-1&1&1\\-1&0&1&1\end{pmatrix}$，故其特征方程为

$$|\lambda \boldsymbol{E}-\boldsymbol{A}|=(\lambda-1)^2(\lambda-3)(\lambda+1)=0,$$

解得 $\boldsymbol{A}$ 的特征值为 $\lambda_1=\lambda_2=1,\lambda_3=3,\lambda_4=-1$.

经计算得 $\boldsymbol{A}$ 的属于 1 的正交单位化的特征向量为 $\boldsymbol{\alpha}_1=\frac{1}{2}\begin{pmatrix}\sqrt{2}\\0\\\sqrt{2}\\0\end{pmatrix}$，$\boldsymbol{\alpha}_2=\frac{1}{2}\begin{pmatrix}0\\\sqrt{2}\\0\\\sqrt{2}\end{pmatrix}$；$\boldsymbol{A}$ 的属于 3 的单位化的特征向量为 $\boldsymbol{\alpha}_3=\frac{1}{2}\begin{pmatrix}1\\1\\-1\\-1\end{pmatrix}$；$\boldsymbol{A}$ 的属于 -1 的单位化的特征向量为 $\boldsymbol{\alpha}_4=\frac{1}{2}\begin{pmatrix}-1\\1\\1\\-1\end{pmatrix}$.

故正交替换 $\begin{pmatrix}x_1\\x_2\\x_3\\x_4\end{pmatrix}=\frac{1}{2}\begin{pmatrix}\sqrt{2}&0&1&-1\\0&\sqrt{2}&1&1\\\sqrt{2}&0&-1&1\\0&\sqrt{2}&-1&-1\end{pmatrix}\begin{pmatrix}y_1\\y_2\\y_3\\y_4\end{pmatrix}$ 可将原二次型化为标准形

$$f=y_1^2+y_2^2+3y_3^2-y_4^2.$$

习题 6.3

1. 求实二次型 $f(x_1,x_2,x_3)=2x_1x_2-6x_1x_3+2x_2x_3+x_3^2$ 的规范形，并求出二次型的正惯性指数和符号差.

解 运用配方法，

$$\begin{aligned}f(x_1,x_2,x_3)&=2x_1x_2-6x_1x_3+2x_2x_3+x_3^2\\&=(-3x_1+x_2+x_3)^2-9x_1^2-x_2^2+8x_1x_2\\&=17x_1^2-(-4x_1+x_2)^2+(-3x_1+x_2+x_3)^2\\&=(\sqrt{17}x_1)^2+(-3x_1+x_2+x_3)^2-(-4x_1+x_2)^2.\end{aligned}$$

故令

$$\begin{cases}z_1=\sqrt{17}x_1,\\z_2=-3x_1+x_2+x_3,\\z_3=-4x_1+x_2,\end{cases}$$

即可逆线性替换

$$\begin{cases} x_1 = \dfrac{z_1}{\sqrt{17}}, \\ x_2 = \dfrac{4}{\sqrt{17}}z_1 + z_3, \\ x_3 = -\dfrac{1}{\sqrt{17}}z_1 + z_2 - z_3 \end{cases}$$

可使原二次型化为实数域上的规范形 $f = z_1^2 + z_2^2 - z_3^2$，正惯性指数为 $p = 2$，负惯性指数为 $r - p = 3 - 2 = 1$，符号差为 1.

2. 求实二次型 $f(x_1, x_2, x_3) = -4x_1x_2 + 2x_1x_3 + 2x_2x_3$ 的规范形，并求出二次型的正惯性指数和符号差.

解　令 $\begin{cases} x_1 = u_1 + u_2, \\ x_2 = u_1 - u_2, \\ x_3 = u_3, \end{cases}$ 则二次型化为 $f = -4u_1^2 + 4u_2^2 + 4u_1u_3$，配方可得

$$f = -4u_1^2 + 4u_2^2 + 4u_1u_3 = -4\left(u_1 - \frac{1}{2}u_3\right)^2 + 4u_2^2 + u_3^2.$$

故令

$$\begin{cases} y_1 = u_1 - \dfrac{1}{2}u_3, \\ y_2 = u_2, \\ y_3 = u_3, \end{cases}$$

即可逆线性替换

$$\begin{cases} x_1 = y_1 + y_2 + \dfrac{1}{2}y_3, \\ x_2 = y_1 - y_2 + \dfrac{1}{2}y_3, \\ x_3 = y_3 \end{cases}$$

可使原二次型化为标准形

$$f = -4y_1^2 + 4y_2^2 + y_3^2.$$

再令

$$\begin{cases} z_1 = 2y_2, \\ z_2 = y_3, \\ z_3 = 2y_1, \end{cases}$$

即

$$\begin{cases} x_1 = \dfrac{1}{2}z_1 + \dfrac{1}{2}z_2 + \dfrac{1}{2}z_3, \\ x_2 = -\dfrac{1}{2}z_1 + \dfrac{1}{2}z_2 + \dfrac{1}{2}z_3, \\ x_3 = z_2 \end{cases}$$

可使原二次型化为实数域上的规范形 $f=z_1^2+z_2^2-z_3^2$，正惯性指数为 $p=2$，负惯性指数为 $r-p=3-2=1$，符号差为 1.

3. 二次型 $f(x_1,x_2,x_3)=x_1x_2+x_1x_3+x_2x_3$ 的规范形是(　　).

A. $z_1^2+z_2^2+z_3^2$　　　　B. $z_1^2-z_2^2-z_3^2$

C. $z_1^2+z_2^2-z_3^2$　　　　D. $z_1^2-z_2^2$

解　方法与习题 2 一致，先化为标准形，再化为规范形，答案为 B.

习题 6.4

1. 判断下列矩阵是否为正定矩阵：

(1) $\boldsymbol{A}=\begin{pmatrix}1&0&2\\0&0&1\\2&1&3\end{pmatrix}$；　　(2) $\boldsymbol{A}=\begin{pmatrix}2&1&2\\1&1&1\\2&1&5\end{pmatrix}$.

解　(1) 该矩阵的顺序主子式分别为 $|\boldsymbol{A}_1|=1>0$，$|\boldsymbol{A}_2|=\begin{vmatrix}1&0\\0&0\end{vmatrix}=0$，故不是正定矩阵.

(2) 该矩阵的顺序主子式分别为 $|\boldsymbol{A}_1|=2>0$，$|\boldsymbol{A}_2|=\begin{vmatrix}2&1\\1&1\end{vmatrix}=1>0$，$|\boldsymbol{A}|=3$，故是正定矩阵.

2. 判断二次型 $f(x_1,x_2,x_3)=4x_1^2+9x_2^2+2x_3^2+6x_1x_2+6x_1x_3+8x_2x_3$ 是否为正定二次型.

解　解法一：通过配方法将二次型化为标准形：

$$\begin{aligned}f(x_1,x_2,x_3)&=4x_1^2+9x_2^2+2x_3^2+6x_1x_2+6x_1x_3+8x_2x_3\\&=\left(2x_1+\frac{3}{2}x_2+\frac{3}{2}x_3\right)^2+\frac{27}{4}x_2^2-\frac{1}{4}x_3^2+\frac{7}{2}x_2x_3\\&=\left(2x_1+\frac{3}{2}x_2+\frac{3}{2}x_3\right)^2+\left(\frac{\sqrt{27}}{2}x_2+\frac{7\sqrt{27}}{54}x_3\right)^2-\frac{19}{27}x_3^2,\end{aligned}$$

故不是正定二次型.

解法二：所给二次型的矩阵为 $\boldsymbol{A}=\begin{pmatrix}4&3&3\\3&9&4\\3&4&2\end{pmatrix}$，其顺序主子式分别为

$$|\boldsymbol{A}_1|=4>0,\quad |\boldsymbol{A}_2|=27>0,\quad |\boldsymbol{A}_3|=-19<0,$$

故不是正定矩阵，其对应的二次型不是正定二次型.

3. 当 t 取何值时，二次型

$$f(x_1,x_2,x_3)=t(x_1^2+x_2^2+x_3^2)+2x_1x_2+2x_1x_3-2x_2x_3$$

是正定的.

解　所给二次型的矩阵为 $\boldsymbol{A}=\begin{pmatrix}t&1&1\\1&t&-1\\1&-1&t\end{pmatrix}$，$\boldsymbol{A}$ 正定的充要条件为各阶顺序主子

式都大于零.故

$$|A_1| = t > 0,\quad |A_2| = \begin{vmatrix} t & 1 \\ 1 & t \end{vmatrix} = t^2 - 1 > 0,\quad |A_3| = |A| = (t+1)^2(t-2) > 0,$$

解得 $t > 2$ 时,正定.

4. 设 $\boldsymbol{A}$ 为 n 阶正定矩阵,证明:$\boldsymbol{A}+\boldsymbol{E}$ 的行列式大于 1.

证明 设 $\boldsymbol{A}$ 的全部特征值为 $\lambda_i(i=1,2,\cdots,n)$,则 $|\lambda_i\boldsymbol{E}-\boldsymbol{A}|=0$,即

$$|(\lambda_i+1)\boldsymbol{E}-(\boldsymbol{A}+\boldsymbol{E})|=0,$$

所以 $\lambda_i+1(i=1,2,\cdots,n)$ 是 $\boldsymbol{A}+\boldsymbol{E}$ 的特征值.因为 $\boldsymbol{A}$ 为正定矩阵,所以

$$\lambda_i > 0\quad (i=1,2,\cdots,n).$$

故

$$|\boldsymbol{A}+\boldsymbol{E}| = \prod_{i=1}^{n}(\lambda_i+1) > 1.$$

5. 设实对称矩阵 $\boldsymbol{A}$ 为 m 阶正定矩阵,$\boldsymbol{B}$ 为 $m\times n$ 实矩阵,试证:$\boldsymbol{B}^{\mathrm{T}}\boldsymbol{A}\boldsymbol{B}$ 为正定矩阵的充要条件是 $\mathrm{r}(\boldsymbol{B})=n$.

证明 **充分性** 因为 $(\boldsymbol{B}^{\mathrm{T}}\boldsymbol{A}\boldsymbol{B})^{\mathrm{T}}=\boldsymbol{B}^{\mathrm{T}}\boldsymbol{A}^{\mathrm{T}}\boldsymbol{B}=\boldsymbol{B}^{\mathrm{T}}\boldsymbol{A}\boldsymbol{B}$,所以 $\boldsymbol{B}^{\mathrm{T}}\boldsymbol{A}\boldsymbol{B}$ 为实对称矩阵.若 $\mathrm{r}(\boldsymbol{B})=n$,则齐次线性方程组 $\boldsymbol{B}\boldsymbol{X}=\boldsymbol{0}$ 仅有零解.因此,对任意的 $\boldsymbol{X}\neq\boldsymbol{0}$,必有 $\boldsymbol{B}\boldsymbol{X}\neq\boldsymbol{0}$,又 $\boldsymbol{A}$ 为正定矩阵,对于 $\boldsymbol{B}\boldsymbol{X}\neq\boldsymbol{0}$,有 $(\boldsymbol{B}\boldsymbol{X})^{\mathrm{T}}\boldsymbol{A}(\boldsymbol{B}\boldsymbol{X})>0$,于是当 $\boldsymbol{X}\neq\boldsymbol{0}$ 时,有

$$\boldsymbol{X}^{\mathrm{T}}(\boldsymbol{B}^{\mathrm{T}}\boldsymbol{A}\boldsymbol{B})\boldsymbol{X}=(\boldsymbol{B}\boldsymbol{X})^{\mathrm{T}}\boldsymbol{A}(\boldsymbol{B}\boldsymbol{X})>0,$$

即 $\boldsymbol{B}^{\mathrm{T}}\boldsymbol{A}\boldsymbol{B}$ 为正定矩阵.

必要性 设 $\boldsymbol{B}^{\mathrm{T}}\boldsymbol{A}\boldsymbol{B}$ 为正定矩阵,对任意的 $\boldsymbol{X}\neq\boldsymbol{0}$,有 $\boldsymbol{X}^{\mathrm{T}}(\boldsymbol{B}^{\mathrm{T}}\boldsymbol{A}\boldsymbol{B})\boldsymbol{X}>0$,即

$$\boldsymbol{X}^{\mathrm{T}}(\boldsymbol{B}^{\mathrm{T}}\boldsymbol{A}\boldsymbol{B})\boldsymbol{X}=(\boldsymbol{B}\boldsymbol{X})^{\mathrm{T}}\boldsymbol{A}(\boldsymbol{B}\boldsymbol{X})>0.$$

于是 $\boldsymbol{B}\boldsymbol{X}\neq\boldsymbol{0}$,因此齐次线性方程组 $\boldsymbol{B}\boldsymbol{X}=\boldsymbol{0}$ 仅有零解,从而 $\mathrm{r}(\boldsymbol{B})=n$.

6. 填空题:

(1) 如果二次型 $f(x_1,x_2,x_3)=2x_1^2+x_2^2+x_3^2+2x_1x_2+tx_2x_3$ 是正定的,则 t 的取值范围是__________.

(2) 若 n 阶实对称矩阵 $\boldsymbol{A}$ 的秩为 $r(<n)$ 且 $\boldsymbol{A}^2=\boldsymbol{A}$,则 $\boldsymbol{A}$ 是__________矩阵(正定、半正定 ……),正惯性指数为__________.

解 (1) 二次型的矩阵是 $\boldsymbol{A}=\begin{pmatrix} 2 & 1 & 0 \\ 1 & 1 & \frac{t}{2} \\ 0 & \frac{t}{2} & 1 \end{pmatrix}$,其顺序主子式分别为

$$|A_1|=2>0,\quad |A_2|=1>0,\quad |A_3|=|A|=1-\frac{t^2}{2}>0,$$

解得 $|t|<\sqrt{2}$.

(2) 由 $\boldsymbol{A}^2=\boldsymbol{A}$ 可知矩阵 $\boldsymbol{A}$ 的特征值只能是 1 或 0.又 $\boldsymbol{A}$ 的秩为 $r<n$,所以特征值中必有 0.故 $\boldsymbol{A}$ 是半正定矩阵,且正惯性指数为 r.

参 考 文 献

[1] 内蒙古财经大学统计与数学学院.经济数学基础二:线性代数[M].上海:复旦大学出版社,2015.

[2] 李梵蓓,胡格吉乐吐.线性代数[M].呼和浩特:远方出版社,2008.

[3] 熊维玲.线性代数[M].2版.上海:复旦大学出版社,2017.

[4] 卢刚.线性代数中的典型例题分析与习题[M].3版.北京:高等教育出版社,2015.

[5] 褚永增.线性代数学习与考试参考题集[M].北京:中国人民大学出版社,2000.

[6] 龚德恩.经济数学基础:第二分册:线性代数[M].5版.成都:四川人民出版社,2016.

[7] 北京大学数学系前代数小组.高等代数[M].4版.北京:高等教育出版社,2013.

[8] 周勇.线性代数[M].北京:北京大学出版社,2018.

[9] 卢刚.线性代数[M].3版.北京:高等教育出版社,2009.